KB073660

ITQ
>HANGUL

스타트업 Information Technology Qualification

ITQ 한글 2010

DIM연구소 저

집필진 약력

송복민
- ITQ 공인강사, 시험 감독위원
- GTQ, IEQ, DIAT, 문서실무 공인강사
- 관공서 직원정보교육, 주민정보교육 강사

이전공
- 인천대 교육대학원 컴퓨터 교육학과 졸업
- ITQ 공인강사, 시험 감독위원
- 건설기술 교육원 현대산업개발 신입사원 컴퓨터활용 교육
- 시청 및 군청 관공서 직원 ITQ 강의

남계화
- ITQ 공인강사, 시험 감독위원
- GTQ, DIAT, 문서실무 공인강사
- 직업전문학교 OA 강의

스타트업
ITQ 한글 2010

저자	DIM연구소
인쇄일	2013년 8월 10일
초판발행	2013년 8월 15일
발행처	이한미디어
발행인	한길만
기획	김찬기, 박남일, 한두희
편집	이경은, 이재덕
디자인	인지영
교정	양원준
영업	심규남, 염의섭, 김정환
주소	경기도 고양시 일산서구 한류월드로 407 킨텍스 제2전시장 오피스동 1305호
연락처	031)924-1563, 팩스 031)924-0362
등록번호	제1-1520호
등록일자	1993. 5. 17
ISBN	978-89-8241-796-2 13000
가격	13,000원
홈페이지	http://www.ehan.co.kr
이메일	admin@ehan.co.kr

Preface

시간의 흐름이 빠르게 느껴지는 IT 시대에서 각 개인의 컴퓨터 활용 능력은 필요를 넘어 필수로 여겨집니다. 특히 학교 교육 과정, 관공서 및 회사의 업무 처리를 한글, PowerPoint, Excel로 사용하고 있으며, 한글, PowerPoint, Excel은 오랫동안 버전이 업그레이드되면서 기존 기능들이 더욱 강화되거나 새로운 기능들이 추가되곤 했습니다.

하지만 현실에서는 많은 사용자들이 새롭게 추가되는 기능보다는 기존의 기능에 의존하면서 변화를 두려워하여 새로운 시도를 하지 않았습니다.

새로운 변화는 어느 정도의 반복적인 연습과 노력이 있어야 하며, 조금 번거롭긴 해도 이러한 과정은 피해갈 수 없는 수많은 문서 작성과 관리를 매우 편리하고 효율적으로 하게 해주어 사용자들을 만족스럽게 해 줍니다.

그러한 면에서 한글, PowerPoint, Excel 2010 버전은 새롭고 유용한 여러 기능들이 추가되거나 기존의 기능들이 더욱 강화되었으며, 편리한 화면 구성으로 사용자들의 업무 능률을 높일 수 있게 구성되었습니다.

피할 수 없으면 즐기라고 했습니다. 아직도 예전 버전에 의존하시면서 변화를 두려워하신다면 조금은 과감히 새 버전에 도전해 보시기 바랍니다.

처음의 생소함은 어느새 멀리 사라지고 한글, PowerPoint, Excel 2010 버전의 편리함과 구성에 금세 익숙해져 있는 자신을 발견하실 수 있습니다.

그것은 분명 여러분에게 커다란 만족과 기쁨을 안겨드릴 겁니다.

마지막으로, 이 책을 만들면서 저자는 한 챕터 한 챕터마다 시인이 되려 하였습니다.

눈으로만 보는, 단순히 기능들만을 전달하는 책이 아니고 과거의 수많은 경험에서 느꼈던 실타래들을 한 올 한 올 풀어 나가듯이 정성을 들이면서 누군가 이 책을 공부하실 분들을 미리 사랑하고 또한 그분들도 이 책을 사랑할 수 있게 해 달라고 기도를 하였습니다.

끝으로 본 교재가 나올 수 있도록 도와주신 이한 미디어 관계자 여러분께 깊은 감사를 드립니다. 또한, 늘 한결같이 믿어 주고 힘이 되어 준 사랑하는 가족과 주위 분들에게 이 모든 영광을 돌립니다.

늘 고단한 우리 집 건넛방 컴퓨터에게도 감사함을 전하며, 까만 밤을 지새울 때 밤하늘을 환하게 비춰 준 별님과 달님에게도 감사드립니다.

저자 드림

이 책의 특징

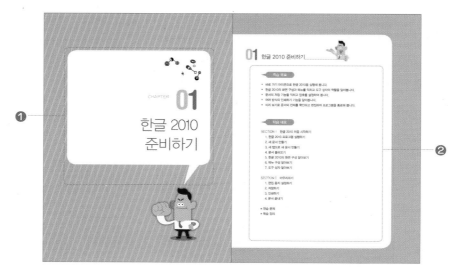

1 학습할 내용의 제목: 학습할 단원의 주제를 한눈에 알아볼 수 있도록 제시합니다.
2 학습목표 및 내용: 학습할 목표와 방향을 제시하고, 학습 내용을 미리 알려줍니다.

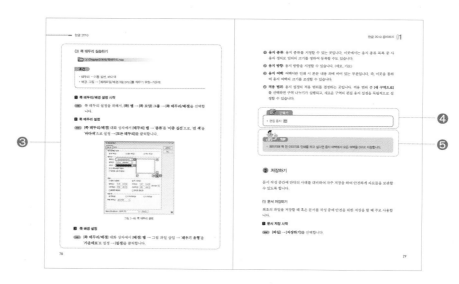

3 실습하기: 풀이 과정을 상세하고 깔끔하게 설명하였고, 그림을 통해 문제의 이해도를 높여 줍니다.
4 단축키: 실무에서 필요한 유용한 단축키를 제공합니다.
5 TIP: 추가적인 유용한 내용이나 기본적인 사항을 더 배울 수 있도록 도와주며, 책을 보면서 막힘 없이 풀리도록 구성하였습니다.

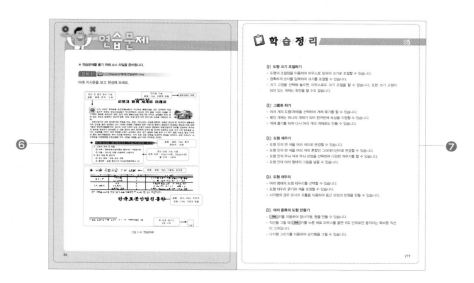

❻ 연습문제: 챕터마다 연습문제로 학습을 더욱 단단하게 합니다.

❼ 학습정리: 챕터마다 학습정리를 통해 핵심 내용을 수록하였습니다. 학습 시 모르는 부분이 있다면, 학습정리만 보아도 문제를 해결할 수 있도록 구성하였습니다.

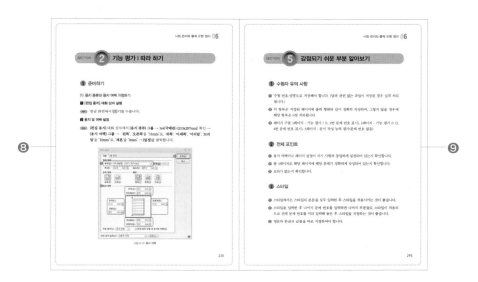

❽ 따라하기: 따라 하기를 통해 고사장에서 시험 진행이 이루어지는 순서부터 문제를 푸는 과정 및 답안을 전송하는 방법까지 정리하였습니다. ITQ 시험이 어떻게 진행되는지 한눈에 파악이 가능하도록 구성하여 모의고사를 풀기 전에 학습하면 효과가 높습니다.

❾ 감점되기 쉬운 부분 알아보기: 저자가 ITQ 시험 감독을 하면서 수험자들이 많이 틀리고, 어려워하는 부분을 정리하였습니다.

홈페이지 이용 방법

1. 회원가입

http://www.ehan.co.kr (이한미디어 홈페이지)에 접속하면 왼쪽에 **회원 가입** 버튼을 클릭하고 회원가입 절차에 맞게 정보를 입력합니다.

주의사항: 회원 구분을 꼭 **일반/학생 회원**으로 가입해야 자료를 받을 수 있습니다.

2. 검색

로그인 후, 상단에 있는 **빠른 도서 및 자료 검색**에 책 제목을 입력하고 **검색** 버튼을 클릭합니다. (예: ITQ)

3. 자료받기

검색된 결과에서 원하는 도서를 선택하면 **도서 상세 정보** 페이지가 나타나고. 거기서 **제공 자료받기**에 **소스**를 클릭하면 필요한 자료를 받을 수 있습니다.

Contents

Contents

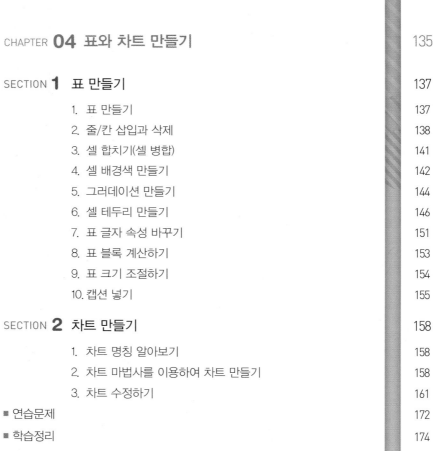

2 한글 2010 출제 유형 대비하기

Contents

PART 1

한글 2010
따라 하기

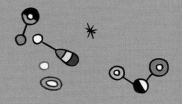

CHAPTER **01**

한글 2010
준비하기

01 한글 2010 준비하기

학습 목표

- 바로 가기 아이콘으로 한글 2010을 실행해 봅니다.
- 한글 2010의 화면 구성과 메뉴를 익히고 도구 상자의 역할을 알아봅니다.
- 문서의 저장 기능을 익히고 암호를 설정하여 봅니다.
- 여러 방식의 인쇄하기 기능을 알아봅니다.
- 미리 보기로 문서의 전체를 확인하고 편집하여 프로그램을 종료해 봅니다.

학습 내용

SECTION 1   한글 2010 처음 시작하기
   1. 한글 2010 프로그램 실행하기
   2. 새 문서 만들기
   3. 새 탭으로 새 문서 만들기
   4. 문서 불러오기
   5. 한글 2010의 화면 구성 알아보기
   6. 메뉴 구성 알아보기
   7. 도구 상자 알아보기

SECTION 2   마무리하기
   1. 편집 용지 설정하기
   2. 저장하기
   3. 인쇄하기
   4. 문서 끝내기

■ 연습문제
■ 학습정리

SECTION **1** 한글 2010 처음 시작하기

1 한글 2010 프로그램 실행하기

(1) 한글 2010 실행하기 방법

1 한글 2010 실행

▶▶ 바탕 화면의 [시작] → [모든 프로그램] → [한글과컴퓨터] → [한컴오피스 한글
2010 SE] → [한컴오피스 한글 2010]을 클릭하여 실행합니다.

(2) 바로 가기를 만들어 실행하기

1 바로 가기 만들기

▶▶ 바탕 화면의 [시작] → [모든 프로그램] → [한글과컴퓨터] → [한컴오피스 한글 2010
SE] → [한컴오피스 한글 2010] → 마우스 오른쪽 버튼(바로 가기 메뉴) → [보내기] →
[바탕 화면에 바로 가기 만들기]를 클릭하여 바탕 화면에 '한컴오피스 한글 2010 바로
가기' 메뉴를 생성합니다.

그림 1-1 바로 가기 아이콘 만들기

2 바로 가기 메뉴를 통해서 실행하기

▶▶ 앞서 생성한 바탕 화면의 '**한컴오피스 한글 2010 바로 가기**' 메뉴를 더블 클릭하면 한컴오피스 한글 2010이 실행됩니다.

2 새 문서 만들기

한글 2010을 실행한 상황에서 새 문서를 실행하는 방법을 알아보겠습니다.

1 새 문서 열기

▶▶ [**파일**] → [**새 문서**]를 클릭하면, 새로운 창으로 새 문서가 열리게 됩니다.

그림 1-2 새 문서 열기

3 새 탭으로 새 문서 만들기

한글 2010을 실행한 상황에서 **새 탭을 이용하여 새 문서를 만드는** 방법은 여러 가지 방법이 있습니다. 이에 대해서 하나씩 알아보겠습니다.

(1) 메뉴를 이용하여 새 탭 만들기

1 메뉴 이용 새 탭 만들기

▶▶ [**파일**] → [**새 문서**] → [**새 탭**]을 선택합니다.

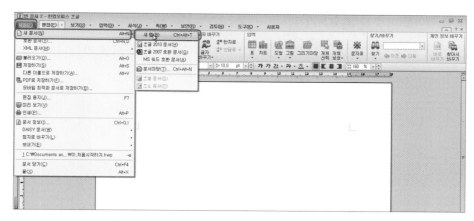

그림 1-3 새 탭으로 열기

2 새 탭 생성 확인

▶▶ 하나의 창에서 새 탭이 생성되고, 새 탭을 클릭하면 새 문서를 확인할 수 있습니다.

그림 1-4 새 탭으로 빈 문서 활성화

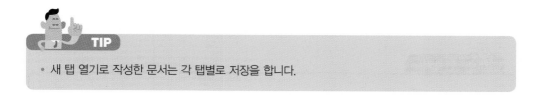

• 새 탭 열기로 작성한 문서는 각 탭별로 저장을 합니다.

(2) 새 탭 아이콘을 이용하여 새 탭 만들기

문서 하단의 탭 항목에 있는 **새 탭 아이콘을 이용**하여 새 탭을 만드는 방법을 알아보겠습니다.

1 새 탭 아이콘 이용 새 탭 만들기

▶▶ 문서 하단 탭 항목에 있는 **[새 탭]** 아이콘을 클릭하여 새 문서를 만듭니다.

그림 1-5 새 탭 클릭으로 빈 문서 만들기

(3) 바로 가기 메뉴를 이용하여 새 탭 만들기

1 바로 가기 메뉴 이용 새 탭 만들기

▶▶ 아래 탭에서 마우스 오른쪽 버튼 → 바로 가기 메뉴 → **[새 탭]**을 선택하여 새 탭을 생성하고, 새 문서를 열 수 있습니다.

그림 1-6 바로 가기 메뉴로 새 탭 열기

단축키

• 새 문서 열기: [Alt] + [N]

TIP

• 프로그램 실행하기: 바탕 화면 바로 가기 아이콘을 활용
• 문서 탭으로 새 문서 열기(작업 표시 줄에서 파일을 이동하지 않아 편리합니다.)

④ 문서 불러오기

저장된 문서를 불러와 수정하는 작업을 위한 문서 불러오기 작업에 대해서 알아보겠습
니다.

(1) 문서 불러오기

■ 문서 불러오기 실행

▶▶ **[파일]** → **[불러오기]**를 실행합니다.

그림 1-7 불러오기 메뉴 선택

② 문서 불러오기

▶▶ **[불러오기]** 대화 상자가 나타나면, 미리 저장된 문서의 경로를 찾아 파일을 선택
→ **[열기]**를 클릭합니다.

그림 1-8 [불러오기] 대화 상자

(2) [불러오기] 대화 상자 알아보기

그림 1-9 [불러오기] 대화 상자 알아보기

❶ **최근 문서**: 최근에 작업한 목록이 나타납니다.

❷ **파일 형식**: 여러 형식의 파일들을 불러옵니다.

❸ **현재 창에**: '**현재 창에**'를 체크한 후 [**열기**] 버튼을 클릭하면 현재 창에 탭 추가로 문서 가 열립니다.

❹ **복사본으로 열기**: '**복사본으로 열기**'를 체크한 후 [**열기**] 버튼을 클릭하면 열고자 하는 문서의 복사본으로 열립니다.

❺ **새 폴더 만들기**: 현재 대화 상자에서 새 폴더를 만들 수 있습니다.

❻ **보기**: 여러 형식으로 파일 목록을 보여 줍니다.(작은 그림, 아이콘, 간단히, 자세히, 경로 보기, 미리 보기)

단축키

• 파일 불러오기: Alt + O

TIP

[보기] → [미리 보기]

• 파일 불러오기에서 **[보기]**의 여러 형식 중 **[미리 보기]**를 이용하면 이미지로 확인하여 문서를 불러
올 수 있습니다.

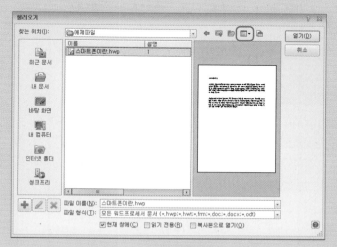

그림 1-10 **미리 보기 형식**

[보기] → [자세히]

• 파일 불러오기에서 **[보기]**의 여러 형식 중 **[자세히]**를 이용하면 파일의 크기와 저장 시간을 확인할
수 있습니다.

⑤ 한글 2010의 화면 구성 알아보기

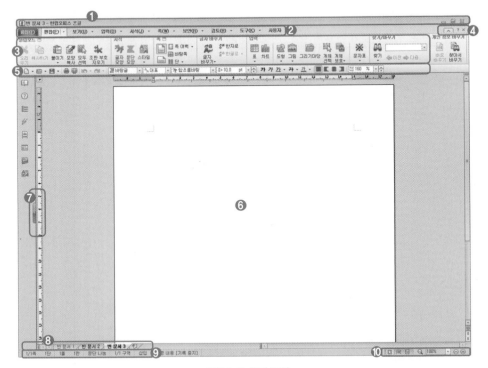

그림 1-11 **화면 구성**

❶ **제목 표시 줄**
- 제목 표시 줄 왼쪽: 파일의 경로와 제목이 표시됩니다.
- 제목 표시 줄 오른쪽: 화면의 최소화, 최대화, 닫기 단추가 있습니다.

❷ **메뉴 표시 줄**: 프로그램에서 사용하는 메뉴들을 모아 놓은 곳입니다.

❸ **기본 도구 상자(열림 상자)**: 각 메뉴에서 자주 사용하는 기능들을 그룹별로 모아서
탭 형식으로 표현하여 메뉴를 선택하면 해당되는 기능들이 나타납니다.

❹ **도구 상자 단계별 접기와 펴기**: 기본 도구 상자 및 서식 도구 상자를 접었다 펼쳤다 할
수 있어 편집 창의 크기를 조절할 수 있습니다. ([?] 아이콘: 도움말 기능, [문서 닫기] 아이
콘: 현재 작업 중인 문서만 종료)

❺ **서식 도구 상자**: 문서를 편집할 때 자주 사용하는 아이콘들을 모아 놓은 곳입니다.

❻ **편집 창**: 문서의 내용을 입력하는 곳입니다.

❼ **작업 창 접기/펴기**: 사용자가 자주 사용하는 기능을 모아 놓아 사용자가 원하는 메뉴를 클릭하면 메뉴의 작업 창이 나타납니다.

❽ **문서 탭**: 현재 작업 중인 파일명이 표시되고 같은 창에 여러 개의 문서 탭을 만들 수 있습니다.

❾ **상황선**: 현재 문서 편집 창의 상태 및 정보를 보여 줍니다.(페이지 위치, 삽입/수정 상태, 구역 표시 등)

❿ **화면 확대/축소**: 문서 창의 크기를 조절하여 줍니다.

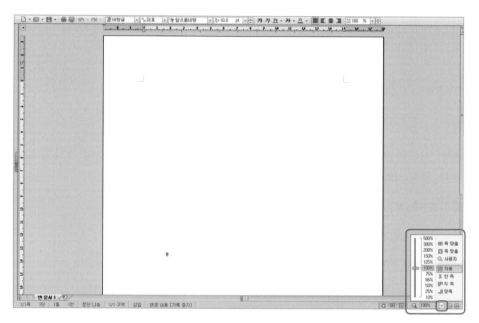

그림 1-12 **화면 확대/축소**

단축키

- 도구 상자 접기/펴기: Ctrl + F1
- 화면 확대/축소: Ctrl + 마우스 휠

❻ 메뉴 구성 알아보기

메뉴의 구성 형태를 알아보면, 먼저 각 메뉴의 도구 상자가 탭 형태로 펼쳐지고 메뉴 옆의 펼침 단추(▼)를 클릭하면 원하는 하위 메뉴를 선택할 수 있습니다.

그림 1-13 메뉴 구성

❶ **메뉴**: 선택한 메뉴의 도구 상자가 탭 형태로 펼쳐집니다. 탭 형태로 펼쳐지는 도구 상자를 열림 상자라고 합니다.

❷ **펼침 단추(▼)**: 선택한 메뉴의 하위 메뉴가 펼쳐집니다.

❸ **하위 메뉴**: 펼침 단추를 클릭하면 나타나는 메뉴입니다.

❹ **[파일] 메뉴**: [파일] 메뉴는 도구 상자 없이 하위 메뉴가 바로 펼쳐집니다.

❼ 도구 상자 알아보기

도구 상자는 문서를 작성하면서 자주 사용하는 기능들을 아이콘 모양으로 만들어 모아 놓은 곳입니다.

그림 1-14 도구 상자

그림 1-15 선택된 메뉴

❶ **기본 도구 상자**: 각 메뉴에서 자주 사용하는 기능들을 그룹별로 모아서 탭 형식으로 표현하여 메뉴를 선택하면 해당되는 기능들이 나타납니다.

❷ **서식 도구 상자**: 자주 사용하는 서식 관련 기능을, 대화 상자를 거치지 않고 한 번의 동작으로 바로 실행할 수 있도록 대화 상자의 항목을 아이콘으로 만들어 모아 놓은 곳입니다.

❸ **선택된 메뉴**: 기본 도구 상자에서 원하는 메뉴를 선택하면 대화 상자가 열리게 됩니다.

27

SECTION **2** 마무리하기

1 편집 용지 설정하기

편집 용지는 크기와 방향, 여백 크기를 변경하여 조절이 가능합니다.

(1) 편집 용지 변경하기

❶ 편집 용지 변경하기 실행

▶▶ [파일] → [편집 용지] 또는 [쪽] → [편집 용지]를 선택합니다.

❷ 편집 용지 설정하기

▶▶ **[편집 용지]** 대화 상자가 나타나고, 여기에서 필요한 설정을 한 후 **[설정]**을 클릭합니다.

(2) [편집 용지] 대화 상자 알아보기

그림 1-16 **편집 용지**

❶ **용지 종류**: 용지 종류를 지정할 수 있는 곳입니다. 이곳에서는 용지 종류 목록 중 사용자 정의로 임의의 크기를 정하여 등록할 수도 있습니다.

❷ **용지 방향**: 용지 방향을 지정할 수 있습니다. (세로, 가로)

❸ **용지 여백**: 여백이란 인쇄 시 본문 내용 외에 비어 있는 부분입니다. 즉, 이곳을 통하여 용지 여백의 크기를 조정할 수 있습니다.

❹ **적용 범위**: 용지 설정의 적용 범위를 결정하는 곳입니다. 적용 범위 중 **[새 구역으로]** 를 선택하면 구역 나누기가 실행되고, 새로운 구역의 편집 용지 설정을 독립적으로 설정할 수 있습니다.

- 편집 용지: F7

- 페이지에 꽉 찬 이미지로 인쇄를 하고 싶다면 용지 여백에서 모든 여백을 0으로 지정합니다.

2 저장하기

문서 작성 중간에 만약의 사태를 대비하여 자주 저장을 하여 안전하게 자료들을 보관할 수 있도록 합니다.

(1) 문서 저장하기

최초의 파일을 저장할 때 혹은 문서를 작성 중에 안전을 위한 저장을 할 때 주로 사용합니다.

1 문서 저장 시작

▶▶ [파일] → [저장하기]를 선택합니다.

2 저장 위치 설정과 문서 저장

▶▶ **[다른 이름으로 저장하기]** 대화 상자가 나타나고, 여기에서 '저장 경로', '이름 및 형식'을 설정한 후 **[저장]**을 클릭합니다.

그림 1-17 문서 저장하기

 **TIP**

• 저장된 문서를 불러와서 문서 작업을 시행하다 **[파일] → [저장하기]**를 선택하면, 기존의 문서를 바로 덮어써서 저장됩니다.

(2) 다른 이름으로 문서 저장하기

다른 이름으로 문서 저장하기는 미리 저장된 문서를 불러와서 작업을 하던 중 원본 파일을 변경하거나 다른 이름의 복사본으로 저장할 때 사용합니다.

1 다른 이름으로 문서 저장 시작

▶▶ **[파일] → [다른 이름으로 저장]**을 선택합니다.

2 저장 위치 설정과 문서 저장

▶▶ **[다른 이름으로 저장하기]** 대화 상자가 나타나고, 여기에서 '저장 경로', '이름 및 형식'을 설정한 후 **[저장]**을 클릭합니다.

(3) 문서 탭에서 저장하기

문서 탭을 이용한 문서 저장 방법을 알아보겠습니다.

■ 문서 탭에서 문서 저장

▶▶ 문서 탭에서 마우스 오른쪽 버튼 → 바로 가기 메뉴 → **[저장하기]** 또는 문서 탭에서 마우스 오른쪽 버튼 → 바로 가기 메뉴 → **[다른 이름으로 저장하기]**를 클릭하여 저장하기 또는 다른 이름으로 저장하기를 진행합니다.

그림 1-18 **문서 탭에서 저장**

단축키

- 저장하기: Alt + S
- 다른 이름으로 저장하기: Alt + V

TIP

자동 저장

- 설정 시간 간격으로 무조건 자동 저장을 설정하기 위해서는 [도구] → [환경 설정] → [편집] 탭 → [무조건 자동 저장]에 체크 → '시간 지정' → [설정]을 클릭합니다.

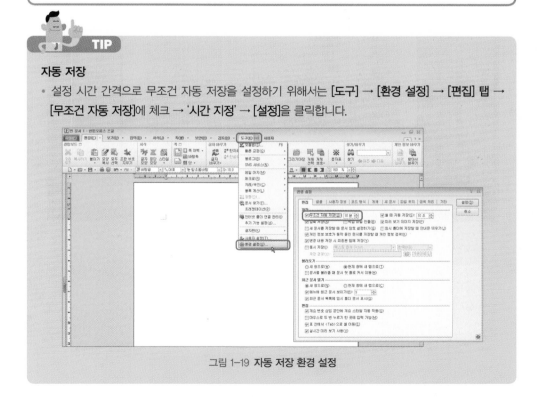

그림 1-19 **자동 저장 환경 설정**

(4) 문서에 암호 저장과 해제

저장할 때 암호를 지정하여 보안을 설정할 수 있습니다.

1 문서 저장하기 시작

▶▶ [파일] → [저장하기] 또는 [파일] → [다른 이름으로 저장]를 실행합니다.

2 암호 설정

▶▶ [다른 이름으로 저장] 대화 상자 → [문서 암호] → [문서 암호 설정] 대화 상자 →
'문서 암호' 입력 → '암호 확인'에 다시 같은 암호 입력 → [문서 암호 설정] 대화
상자의 [설정] → [다른 이름으로 저장하기] 대화 상자의 [저장]을 클릭하여 문서를
저장합니다.

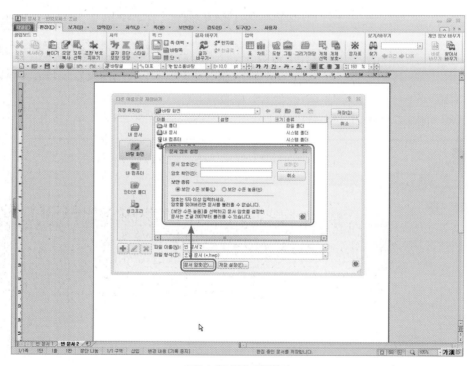

그림 1-20 암호 저장하기

❸ 암호가 설정된 문서 불러오기

▶▶ 문서 불러오기 실행 → **[문서 암호]** 대화 상자 → 설정된 암호 입력 → **[확인]**을 클릭합니다.

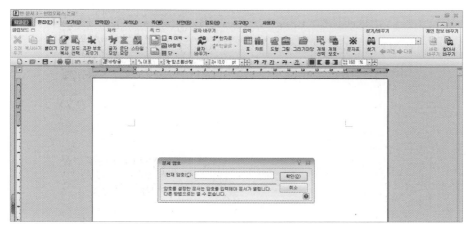

그림 1-21 암호 입력으로 문서 열기

❹ 암호 해제

▶▶ 암호가 설정된 문서에서 **[보안]** → **[문서 암호 변경 및 해제]**를 선택합니다. 그리고 **[암호 변경/해제]** 대화 상자가 나오면, 여기에서 **[암호 해제]** 선택 → 암호 입력 → **[해제]**를 선택합니다.

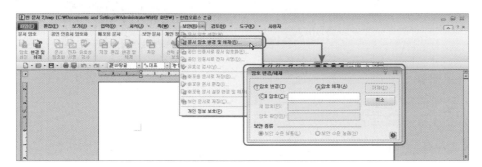

그림 1-22 암호 해제

TIP

• 암호를 해제하고 난 후 문서를 저장하지 않고, 종료를 하였다면 암호는 그대로 설정되어 있습니다.

③ 인쇄하기

완성된 문서를 마지막으로 인쇄하기 전 꼼꼼히 검토를 하고 미리 보기로 전체적인 배치와 비율을 확인한 후 인쇄를 시작합니다.

(1) [인쇄] 대화 상자의 [기본] 탭 알아보기

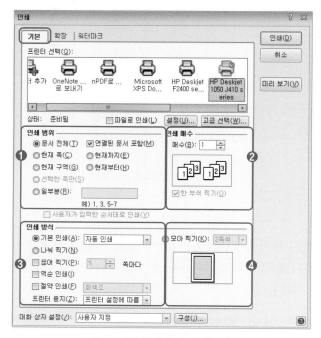

그림 1-23 [인쇄] 대화 상자의 [기본] 탭

❶ 인쇄 범위
- 문서 전체: 현재 파일에 있는 문서 전체를 인쇄합니다.
- 현재 쪽: 커서가 위치해 있는 쪽을 인쇄합니다.
- 일부분: 직접 인쇄할 쪽 번호를 입력하여 인쇄합니다.
  (예 1페이지부터 4페이지까지만 인쇄 1-4 또는 1, 2, 3, 4)

❷ 인쇄 매수: 인쇄하고자 하는 매수를 입력합니다.
❸ 인쇄 방식
- 기본 인쇄, 자동 인쇄: 기본적인 인쇄 방법입니다.

- 기본 인쇄, 공급 용지에 맞추어 인쇄: 공급 용지의 크기에 따라 자동으로 문서의
  크기를 확대하거나 축소하여 인쇄할 수 있습니다.
  (예 A3크기의 파일을 열어 A4로 인쇄합니다.)

❹ **모아 찍기**: 한 페이지에 여러 쪽을 인쇄하고자 할 때 사용합니다.

단축키

- 인쇄: Alt + P

TIP

- B4(또는 A3)로 용지 크기 설정이 되어 있는 파일을 A4로 인쇄하고 싶으시다면 [**인쇄**] 대화 상자의
  [**기본**] 탭에서 '**인쇄 방식**'의 [**기본 인쇄**]를 [**공급 용지에 맞추어**]로 변경하세요.

(2) [인쇄] 대화 상자의 [확장] 탭 알아보기

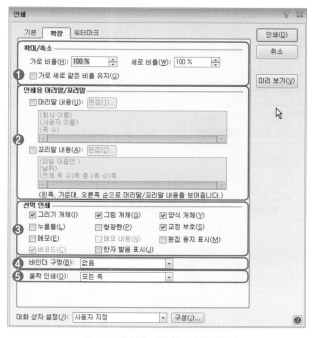

그림 1-24 [인쇄] 대화 상자의 [확장] 탭

❶ **확대/축소**: 인쇄 시 문서를 확대/축소시켜 줍니다.(문서의 크기가 변하는 것은 아닙니다.)

❷ **인쇄용 머리말/꼬리말**: 인쇄 출력물의 쪽 윗부분에 인쇄될 머리말과 쪽 아랫부분에 인쇄될 꼬리말의 내용을 직접 설정할 수 있습니다.

❸ **선택 인쇄**: 하위 항목을 선택하여 다양한 개체의 인쇄를 선택하여 지정할 수 있습니다.

❹ **바인더 구멍**: 문서를 출력하여 바인더에 넣어서 보관하고자 할 경우 바인더 구멍 위치를 인쇄하여 주는 것입니다.

❺ **홀짝 인쇄**: 모든 쪽, 홀수 쪽, 짝수 쪽을 구별하여 인쇄할 수 있습니다.

(3) [인쇄] 대화 상자의 [워터마크] 탭 알아보기

워터마크란 문서의 보안을 위해서 내용 뒤쪽에 같이 인쇄되어 나오는 부분을 뜻합니다. **[인쇄]** 대화 상자의 **[워터마크] 탭**을 이용하여 인쇄할 때에만 문서에 적용되어 나타나도록 그림 워터마크 및 글자 워터마크를 설정할 수 있습니다.

그림 1-25 [인쇄] 대화 상자의 [워터마크] 탭

❶ **그림 워터마크**: 그림 파일을 불러와 그림 워터마크를 문서에 삽입합니다.

❷ **글자 워터마크**: 글자를 입력하여 글자 워터마크를 문서에 삽입합니다.

❸ **미리 보기**: 워터마크 미리 보기를 통해 인쇄되는 형태를 미리 확인합니다. (본문에는 나타나지 않습니다.)

❹ **워터마크 없음**: 워터마크 없음 옵션 단추를 클릭하면 워터마크가 다시 없어집니다.

❹ 문서 끝내기

여러 가지 방법으로 한글 2010 프로그램을 종료할 수 있습니다.

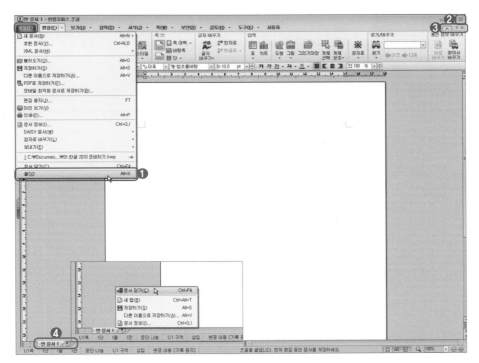

그림 1-26 여러 가지 문서 끝내기

(1) 문서 전체 종료하기

❶ 문서 전체 종료하기

▶▶ [파일] → [끝] 메뉴를 선택 또는 **제목 표시 줄의 [닫기]**를 클릭합니다.

(2) 현재 작업 중인 문서만 종료

■ 현재 작업 중인 문서만 종료하기

▶▶ 메뉴 표시 줄의 우측 끝 **[문서 닫기]**를 클릭 또는 한글 2010 하단의 문서 탭에서 마우스 오른쪽 버튼 → 바로 가기 메뉴 → **[문서 닫기]**를 클릭하면 현재 작업 중인 문서만 종료됩니다.

단축키

- 끝내기: Alt + X , Alt + F4
- 문서 닫기: Ctrl + F4
- 도움말: F1

연습문제

문제 1

한글 2010 바로 가기 아이콘을 만들어 봅니다.

문제 2 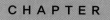 ⊙ Chapter1/예제/연습문제1.txt

텍스트 파일을 한글 2010에서 불러옵니다.

문제 3

파일에 임의의 5자리 암호를 지정하고 텍스트 파일을 바탕 화면에 '**연습문제1.hwp**'로 저장해 봅니다.

문제 4

'**연습문제1.hwp**' 파일을 종료합니다.

문제 5

바탕 화면의 '**연습문제1.hwp**' 파일을 불러올 때 암호를 입력하여 파일을 실행합니다.
그리고 지정한 암호를 해제해 봅니다.

문제 6

[도움말] → [**찾아보기**] → [**내용 찾기**]를 이용하여 되돌리기 기능에 대해 알아봅니다.

문제 7

[인쇄] → [확장] → [확대/축소] 기능을 이용하여 '**연습문제1.hwp**' 파일을 '**가로 비율 80%**', '**세로 비율 80%**'로 맞추어 미리 보기를 해 봅니다.

문제 8 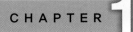 ⊙Chapter1/예제/연습문제2.hwp

위 파일을 불러와 스마트폰이라는 글자 워터마크를 만들어 봅니다.

문제 9

문제 8번의 워터마크를 없애 봅니다.

문제 10

현재 열려 있는 프로그램을 모두 종료합니다.

01 프로그램 실행하기

- [시작] → [모든 프로그램] → [한글과컴퓨터] → [한컴오피스 한글 2010 SE] → [한컴오피스 한글 2010]
- 한글 2010 바로 가기 아이콘으로 실행합니다.

02 새 문서 열기 (Alt + N)

- [파일] → [새 문서]
- 문서 탭 → 마우스 오른쪽 버튼 → 바로 가기 메뉴 → 새 탭 (Ctrl + Alt + T)

03 문서 불러오기 (Alt + O)

- [파일] → [불러오기]
- 여러 형식의 파일들을 불러올 수 있습니다.

04 편집 용지 (F7)

- 용지 종류와 크기, 방향, 여백 등을 지정할 수 있습니다.

05 인쇄(Alt + P)

- [파일] → [인쇄]
- 인쇄 매수, 부분별 인쇄 등의 여러 인쇄 방법을 지정할 수 있습니다.

06 종료하기

- [파일] → [끝] (Alt + X , Alt + F4)
- [파일] → [문서 닫기] (Ctrl + F4)

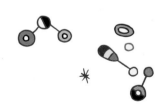

CHAPTER **02**

글자와 문단 만들고
배경 지정하기

02 글자와 문단 만들고 배경 지정하기

한글 2010에서는 다양한 형태의 문자를 입력할 수 있으며, 입력된 문자에는 다양한 효과를 적용할 수 있습니다.

1 [글자] 그룹 알아보기

입력된 문자를 블록으로 선택하고, **[서식] 탭 → [글자] 그룹**을 이용하여 다양한 글자 서식 적용이 가능합니다.

그림 2-1 [서식] 탭 → [글자] 그룹

2 [글자 모양] 대화 상자 알아보기

[서식] → [글자 모양]을 선택하면, **[글자 모양]** 대화 상자가 나타납니다. **[글자 모양]** 대화 상자에서는 글꼴, 글자 크기, 장평, 자간 등을 언어 종류에 상관없이 일괄적으로 지정할 수도 있고, 한글, 영문, 한자, 일어, 외국어, 기호 등의 글자마다 각각 따로 지정할 수도 있습니다. 또한 글자 색 바꾸기, 기울임, 진하게, 밑줄, 그림자, 양각, 음각, 외곽선, 첨자 등의 다양한 글자 속성을 적용하여 글자를 꾸밀 수 있습니다.

단축키

- [글자 모양] 대화 상자 열기: Alt + L

(1) [글자 모양] 대화 상자의 [기본] 탭

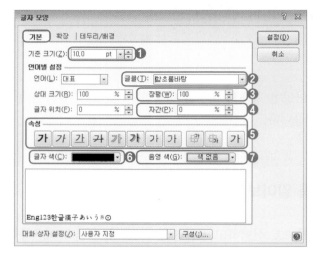

그림 2-2 [글자 모양] 대화 상자의 [기본] 탭

❶ **글자 크기**: 원하는 글자 크기를 조정합니다.

❷ **글꼴**: 다양한 글자 모양을 지원해 줍니다.(기본 값은: 함초롬바탕)

❸ **장평**: 글자의 **'가로/세로'**의 비율을 나타냅니다.(글자의 가로 폭이 조절됩니다.)

❹ **자간**: 글자와 글자 사이의 간격을 조절해 줍니다.

❺ **속성**: 진하게, 기울임, 밑줄, 취소선, 외곽선, 그림자, 양각, 음각, 위첨자, 아래첨자, 보통
모양의 글자 속성을 지정해 줍니다.

❻ **글자 색**: 다양한 글자 색을 지정할 수 있습니다.

❼ **음영 색**: 선택한 개체의 채우기 색 밝기 비율을 증가시켜 줍니다.

(예 한글과 컴퓨터)

(2) [글자 모양] 대화 상자의 [확장] 탭

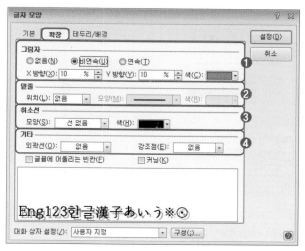

그림 2-3 [글자 모양] 대화 상자의 [확장] 탭

❶ **그림자**: 글자에 그림자 효과를 주는 곳입니다. 이곳에서는 X방향, Y방향, %값을 조절하여 글자와 그림자의 간격을 조절하고, 그림자 색을 변경할 수 있습니다.
- **비연속**: 글자와 그림자가 떨어져 있습니다. (ex: **한글과컴퓨터**)
- **연속**: 글자와 그림자가 연속적으로 이어져 있습니다.(ex: **한글과컴퓨터**)

❷ **밑줄**: 글자 아래 밑줄에 좀 더 다양한 모양을 줄 수 있습니다.
- **위치**: 없음, 아래쪽, 위쪽으로 표현이 가능합니다.
- **모양**: 위치를 아래와 위로 하였을 때 다양한 선 유형을 선택할 수 있습니다.
- **색**: 밑줄의 다양한 색을 선택할 수 있습니다.

❸ **취소선**: 글자의 가운데로 선이 지나가면서 취소 표시를 합니다. 취소선은 다양한 모양과 색을 선택하여 삽입이 가능합니다.

❹ **기타**: 글자의 외곽선과 강조점으로 글자를 강조할 수 있습니다.
- **외곽선**: 글자의 외곽선 모양을 다양하게 선택할 수 있습니다.
- **강조점**: 글자 위에 여러 모양의 강조점을 주어 문자를 강조할 수 있습니다.
  (예 한글과컴퓨터, 한글과컴퓨터, 한글과컴퓨터)

(3) [글자 모양] 대화 상자의 [테두리/배경] 탭

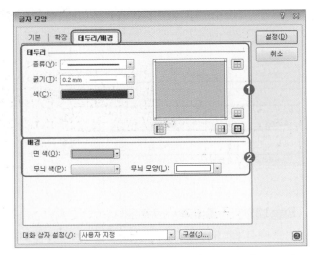

그림 2-4 [글자 모양] 대화 상자의 [테두리/배경] 탭

❶ **테두리**: 글자 테두리의 종류와 굵기, 색을 설정합니다.

❷ **배경**: 글자의 배경을 색과 무늬로 설정합니다.

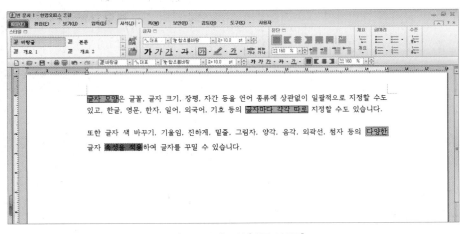

그림 2-5 글자 모양 [테두리/배경]

한영 자동 전환 동작 설정/해제

• 문서의 내용을 입력하는 과정에서 한글이 영어로, 영어가 한글로 바뀌는 경우가 종종 있습니다. 이러한 경우 [도구] 탭 → [설정] 그룹 → [글자판] → [한영 자동 전환 동작]의 (∨)표시를 해제합니다.

그림 2-6 한/영 자동 전환 동작

바로 가기 메뉴 활용

• 마우스 오른쪽 버튼을 클릭하여 나타나는 바로 가기 메뉴를 이용하면 빠르게 명령을 수행할 수 있습니다.

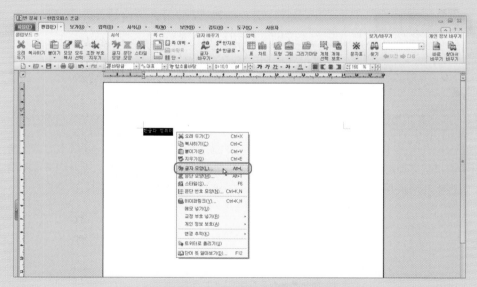

그림 2-7 바로 가기 메뉴를 이용한 글자 모양

③ 문자표로 특수 문자 만들기

한글 2010에서는 키보드에 없는 다양한 특수 문자들을 입력할 수 있습니다.

■ 특수 문자 입력 시작

▶▶ [입력] 탭 → [입력 도우미] 그룹 → [문자표] → [문자표]를 선택합니다.

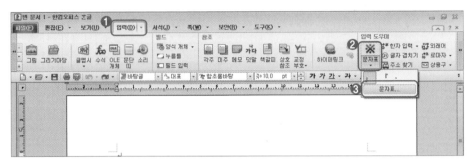

그림 2-8 문자표

단축키

• 문자표 입력: Ctrl + F10

TIP

• 한글에서 주로 많이 사용되는 특수 문자는 '**전각 기호(일반)**'과 '**전각 기호(원)**'입니다. 이를 문서에 삽입하기 위해서는 [문자표 입력] 대화 상자 → [**호글(HNC) 문자표** 문자표] 탭 → '**문자 영역**' 항목의 [**전각 기호(일반)**] 또는 [**전각 기호(원)**] → 특수 문자 선택 → [넣기]를 클릭합니다.

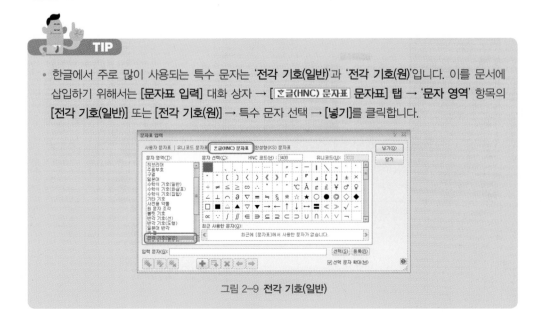

그림 2-9 **전각 기호(일반)**

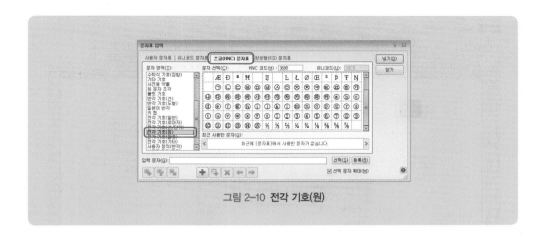

그림 2-10 **전각 기호(원)**

④ 한자 만들기

한글 2010에서 한자의 입력은 한 글자씩 변경하여 입력하거나, 단어를 한꺼번에 바꾸어
입력이 가능합니다.

1 한자 변경 문자 선택

▶▶ 한자로 변경하고자 하는 단어나 글자에 드래그나 클릭을 한 후 F9 키를 누릅니다.

2 한자 입력 형태 선택

▶▶ [한자로 바꾸기] 대화 상자에서 원하는 입력 형식을 선택합니다.

예 한자 사전에 등록된 단어는 세 번째 옵션을 선택하여 괄호 안에 한자가 들어갈
수 있도록 합니다.

3 한자 입력 완료

▶▶ [한자로 바꾸기] 대화 상자의 [바꾸기]를 클릭합니다.

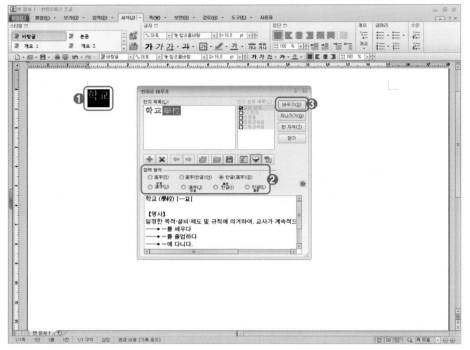

그림 2-11 한자 입력

• 한자로 바꾸기: F9 또는 한자

⑤ 글자 겹치기

글자 겹치기 기능은 여러 문자를 겹쳐 표현하여 문자표에 없는 문자들을 만들 수 있습니다. (예 ⑩, ㉠, Ⅵ)

1 글자 겹치기 메뉴 선택

▶▶ [입력] 탭 → [입력 도우미] 그룹 → [글자 겹치기]를 클릭합니다.

그림 2-12 글자 겹치기

2 [글자 겹치기] 대화 상자 설정 및 겹친 글자 삽입

▶▶ [글자 겹치기] 대화 상자가 나타납니다. 여기에서 '**겹쳐 쓸 글자**'에 글자를 입력
→ 글자와 겹치게 되는 모양 선택 → 모양 안의 글자 크기 조절 → 미리 보기 확
인 → [**넣기**]를 클릭하여 겹쳐진 글자를 문서에 삽입합니다.

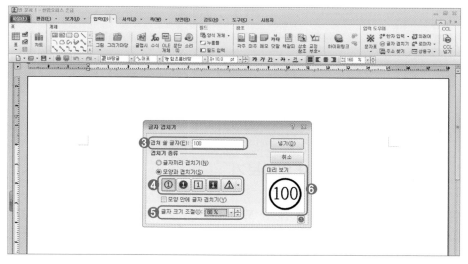

그림 2-13 글자 겹치기 대화 상자

단축키

• 글자 겹치기: Alt + D, W

SECTION **2** 문단 만들기

여러 문장이 이어지다가 문맥에 따라 줄이 바뀌는 부분이 있습니다. 이렇게 바뀌는 부분을 '**문단**'이라고 합니다. 한글 2010에서는 사용자가 입력하는 도중에 Enter 키를 누르면 문단이 나누어집니다. 이러한 문단의 전체적인 변화에 필요한 여러 기능들을 알아봅니다.

① [문단] 그룹 알아보기

입력된 문단에 블록 또는 커서를 위치시키고, **[서식] 탭** → **[문단] 그룹**을 이용하면 다양한 문단 서식을 적용할 수 있습니다.

그림 2-14 [서식] 탭 → [문단] 그룹

② [문단 모양] 대화 상자 알아보기

[서식] → **[문단 모양]**을 선택하면, **[문단 모양]** 대화 상자가 나타납니다. **[문단 모양]** 대화 상자에서는 문단의 왼쪽/오른쪽 여백, 들여 쓰기/내어 쓰기, 정렬 방식, 줄 간격, 문단 테두리, 문단 배경, 문단 종류, 탭 설정 등을 바꿀 수 있습니다.

단축키

- 문단 모양: Alt + T

(1) [문단 모양] 대화 상자의 [기본] 탭

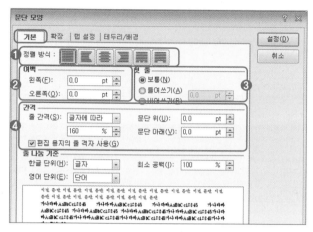

그림 2-15 [문단 모양] 대화 상자의 [기본] 탭

❶ **정렬 방식**: 양쪽 정렬, 왼쪽 정렬, 가운데 정렬, 배분 정렬, 나눔 정렬의 종류가 있습니다.

❷ **여백**: 문단 전체 여백값을 조정합니다.

❸ **첫 줄**: 문단의 첫 줄 들여(내어)쓰기값을 조정합니다.

❹ **간격**: 줄과 줄 사이의 간격이나 문단 전체의 위, 아래 간격값을 조정합니다.

(2) [문단 모양] 대화 상자의 [테두리/배경] 탭

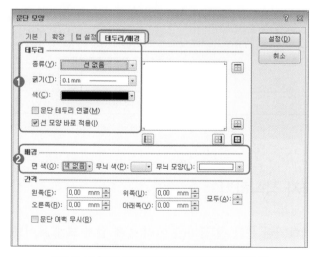

그림 2-16 [문단 모양] 대화 상자의 [테두리/배경] 탭

❶ **테두리**: 문단 단위로 적용되는 테두리의 종류와 굵기, 색을 선택합니다.

❷ **배경**: 문단 단위로 적용되는 배경을 색과 무늬로 채울 수 있습니다.

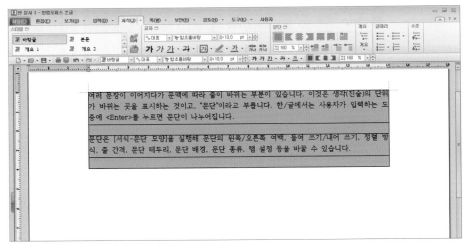

그림 2-17 **문단 테두리와 배경**

• 표 안에서 배분 정렬과 여백 활용(표 안 배분 정렬, 왼쪽(오른쪽) 여백 30pt)

표 2-1 **표 안에서의 정렬**

과목	점수	문제
ITQ파워포인트	A등급	6개의 슬라이드
ITQ 한 글	A등급	3개의 기능 평가
ITQ 엑 셀	A등급	4 작 업 시 트
ITQ인 터 넷	A등급	인 터 넷 활 용

❸ 문단 첫 글자 장식하기

문단 첫 글자 장식하기란 문단 첫 글자를 여러 줄에 걸쳐 크게 보이도록 장식하는 기능입니다.

1 첫 글자 장식 메뉴 선택

▶▶ 첫 글자를 장식하고자 하는 문단에 커서를 위치시키고, **[서식] 탭 → [문단] 그룹 → [문단 첫 글자 장식]**을 선택합니다.

그림 2-18 **문단 첫 글자 장식**

TIP

• 문단 첫 글자를 장식하기 시작할 때 첫 글자를 드래그하여 블록 설정하면, **[문단 첫 글자 장식]** 메뉴가 선택되지 않습니다.

2 문단 첫 글자 장식 삽입

▶▶ **[문단 첫 글자 장식]** 대화 상자에서 첫 번째 글자의 모양, 글꼴 및 테두리, 면 색을 선택하고, **[설정]**을 클릭하면 문단 첫 글자가 장식되어 삽입됩니다.

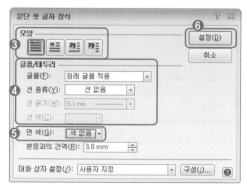

그림 2-19 **[문단 첫 글자 장식]** 대화 상자

④ 글머리표 만들기

여러 개의 항목을 나열할 때 문단의 머리에 번호를 매기거나 글머리표를 붙여 가면서 입력할 수 있는데, 이렇게 문단 앞에 붙는 번호 또는 기호를 글머리표라 합니다. 글머리표는 7수준까지 다단계 번호 또는 기호를 매겨 주고, 글머리표를 사용한 문장의 순서가 바뀌면 문단 번호도 그에 맞게 자동으로 바꾸어 줍니다.

(1) [글머리] 그룹 알아보기

입력된 문단을 블록 또는 커서를 위치시키고, **[서식] 탭 → [글머리] 그룹**을 이용하면 다양한 글머리를 적용할 수 있습니다.

그림 2-20 [서식] 탭 → [글머리] 그룹

(2) [문단 번호/글머리표] 대화 상자 알아보기

[서식] 탭 → [글머리] 그룹 → [문단 번호 모양]을 선택하면, **[문단 번호/글머리표]** 대화 상자가 나타납니다. **[문단 번호/글머리표]** 대화 상자에서는 다양한 종류의 글머리표를 설정할 수 있습니다.

단축키

• 문단 번호/글머리표: Ctrl + K , N

① [문단 번호/글머리표] 대화 상자의 [문단 번호] 탭

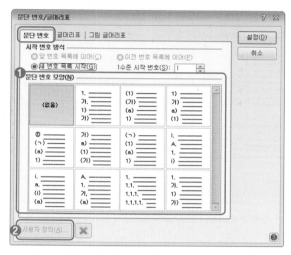

그림 2-21 [문단 번호/글머리표] 대화 상자의 [문단 번호] 탭

❶ **문단 번호 모양**: 목록에 있는 문단 번호 모양을 선택하거나, 취소합니다.

❷ **사용자 정의**: 문단 번호 모양을 사용자 정의 모양 도구를 이용하여 각 수준별 세부 사항을 적용할 수 있습니다. 문단 번호 사용자 정의 순서는 수준 선택 → 번호 서식 선택 → 번호 모양 선택 → 번호 위치의 너비 조정과 정렬을 이용하여 각 수준별 위치 와 여백 조정의 순서로 진행됩니다.

TIP

• 문단 번호 사용자 정의는 1수준의 번호 모양까지 선택이 끝나면, 2수준을 선택하고 1수준의 진행 순서 그대로 다시 진행합니다.

② [문단 번호/글머리표] 대화 상자의 [글머리표] 탭

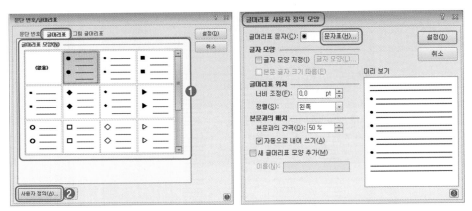

그림 2–22 [문단 번호/글머리표] 대화 상자의 [글머리표] 탭

❶ **글머리표 모양**: 목록에 있는 글머리표 모양을 선택 또는 취소합니다.

❷ **사용자 정의**: 사용자 정의를 통해서 글머리표 모양을 취향에 맞게 다시 구성할 수 있습니다. 방법은 다음과 같습니다. **[문단 번호/글머리표]** 대화 상자의 **[사용자 정의]** → **[글머리표 사용자 정의 모양]** 대화 상자의 **[문자표]** → 원하는 모양의 글머리표 선택 → **[글머리표 사용자 정의 모양]** 대화 상자의 **[설정]** → **[문단 번호/글머리표]** 대화 상자의 **[설정]**을 클릭합니다.

③ [문단 번호/글머리표] 대화 상자의 [그림 글머리표] 탭

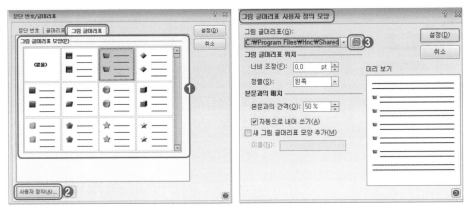

그림 2–23 [문단 번호/글머리표] 대화 상자의 [그림 글머리표] 탭

❶ **그림 글머리표 모양**: 목록에 있는 그림 글머리표 모양을 선택 또는 취소합니다.

❷ **사용자 정의**: 사용자 정의를 통해서 그림 글머리표 모양을 취향에 맞게 다시 구성할 수 있습니다. 방법은 다음과 같습니다. **[문단 번호/글머리표]** 대화 상자의 **[사용자 정의]** → **[그림 글머리표 사용자 정의 모양]** 대화 상자의 **[파일]** → 원하는 모양의 그림 글머리표 선택 → **[그림 글머리표 사용자 정의 모양]** 대화 상자의 **[설정]** → **[문단 번호/글머리표]** 대화 상자의 **[설정]**을 클릭합니다.

(3) 글머리표 실습하기

 ⊙ Chapter2/예제/문단번호.hwp

문단 번호 넣기 기능을 연습하기 위해 소스 파일을 준비합니다.

조건

- 문단 번호 기능 사용
- 왼쪽 여백: 15pt(1수준), 25pt(2수준)
- 줄 간격: 180%

보기

> 가) 일시 및 장소
> a) 일시: 2012. 3. 28(수) ~ 2012. 3. 30(금) 10:00 ~17:00
> b) 장소: 스리랑카 콜롬보 시리아보 무역 전시장
> 나) 참여 기업 혜택
> a) 비즈니스 미팅 및 행사장 프로그램 무료 제공
> b) 공장 견학 및 방문, 현지 비즈니스 무료 주선

■1 문단 번호 삽입 시작

▶▶ 문단 번호를 삽입할 문장을 블록으로 선택하고, 마우스 오른쪽 버튼 → 바로 가기 메뉴 → **[문단 번호 모양]**을 선택합니다.

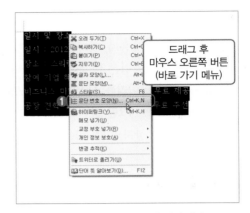

그림 2-24 문단 번호 모양 설정 시작

■2 문단 번호 선택

▶▶ **[문단 번호/글머리표]** 대화 상자에서 문단 번호 모양 선택 → **[사용자 정의]**를 클릭합니다.

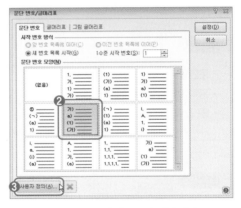

그림 2-25 문단 번호 모양 설정 시작

■3 1수준 설정

▶▶ 1수준의 문단 번호를 설정하기 위해서 **[문단 번호 사용자 정의 모양]** 대화 상자에서 **[1수준]** → '번호 서식'을 "^1)"로, '번호 모양'을 "가, 나, 다"로, '너비 조정'을 "15pt", '정렬'을 '오른쪽'으로 설정합니다.

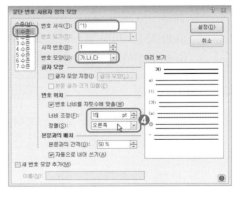

그림 2-26 문단 번호 모양 설정 시작

❹ 2수준 설정

▶▶ 2수준의 문단 번호를 설정하기 위해서 **[문단 번호 사용자 정의 모양]** 대화 상자에서 **[2수준]** → '**번호 서식**'을 "**^2**)"로, '**번호 모양**'을 "**a, b, c**"로, '**너비 조정**'을 "**25pt**", '**정렬**'을 '**오른쪽**' → **[설정]**을 클릭합니다. 모든 설정이 완료되었으므로 **[문단 번호/글머리표]** 대화 상자의 **[설정]**을 클릭합니다.

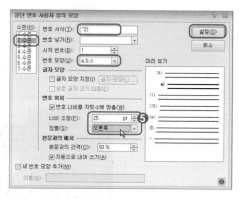

그림 2-27 문단 번호 모양 설정 시작

❺ 문단 한수준 감소, 줄 간격 조절하기

▶▶ 두 번째 줄 클릭 → **[서식]** 탭 → **[수준]** 그룹 → **[한 수준 감소]** 클릭, 세 번째 줄 클릭 → **[서식]** 탭 → **[수준]** 그룹 → **[한 수준 감소]** 클릭, 다섯 번째 줄 클릭 → **[서식]** 탭 → **[수준]** 그룹 → **[한 수준 감소]** 클릭, 여섯 번째 줄 클릭 → **[서식]** 탭 → **[수준]** 그룹 → **[한 수준 감소]** 클릭합니다. 마지막으로 전체를 드래그 한 후 **[서식 도구 상자]**에서 '**줄 간격**'을 "**180%**"로 수정하면 문단 번호 삽입 및 문단 설정이 완료됩니다.

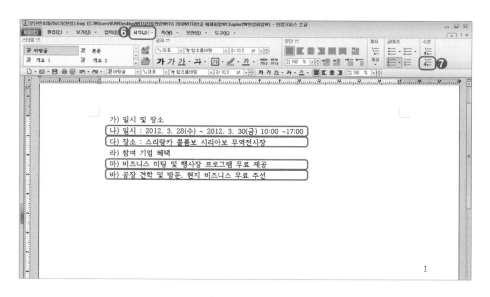

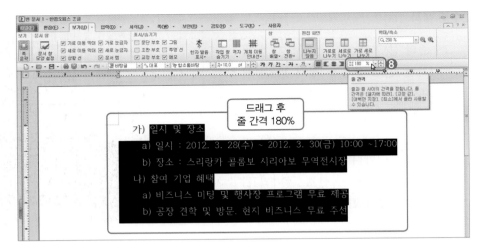

그림 2-28 문단 번호 사용자 정의 모양

❺ 스타일 만들기

스타일이란 자주 사용하는 글자 모양이나 문단 모양을 미리 정해 놓고 쓰는 것입니다. 스타일을 만들어 놓으면 필요할 때 그 스타일을 선택하는 것만으로 해당 문단의 글자 모양과 문단 모양을 한꺼번에 바꿀 수 있습니다.

스타일은 단순히 글자 모양이나 문단 모양을 간편하게 선택하기 위해서라기 보다는, 긴 글에 대하여 일관성 있는 문단 모양을 유지하면서 편집 작업을 하는 데 꼭 필요한 기능 입니다.

(1) [스타일] 그룹 알아보기

입력된 문단에 블록 또는 커서를 위치시키고, **[서식] 탭 → [스타일] 그룹**을 이용하면 자 주 사용하는 글자 모양이나 문단 모양을 미리 정해 놓은 스타일의 적용이 가능합니다.

그림 2-29 [서식] 탭 → [스타일] 그룹

단축키

• 스타일: F6

(2) [스타일] 대화 상자

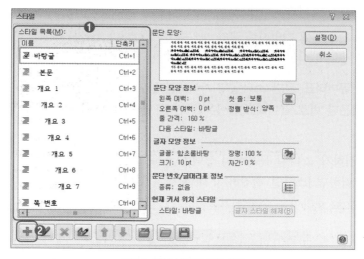

그림 2-30 [스타일] 대화 상자

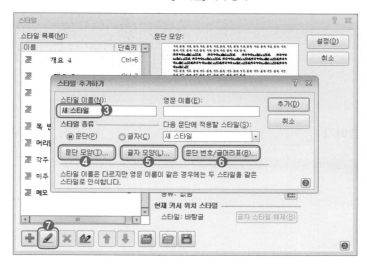

그림 2-31 스타일 이름 쓰기와 스타일 만들기

❶ **스타일 목록**: 등록되어 있는 스타일 목록입니다.

❷ **스타일 추가하기**: 새로운 이름의 스타일을 만듭니다. [**스타일 추가하기**]를 클릭하면 [**스타일 추가하기**] 대화 상자가 나타납니다.

❸ **스타일 이름**: 새롭게 추가할 스타일 이름을 입력합니다.

❹ **문단 모양**: 스타일에 기억시킬 문단 모양을 지정합니다. [**문단 모양**]을 클릭하면 [**문단 모양**] 대화 상자가 나타납니다.

❺ **글자 모양**: 스타일에 기억시킬 글자 모양을 지정합니다. [**글자 모양**]을 클릭하면 [**글자 모양**] 대화 상자가 나타납니다.

❻ **문단 번호/글머리표**: 문단 스타일에 기억시킬 문단 번호 모양이나 글머리표 모양을 지정합니다. [**문단 번호/글머리표**]를 클릭하면 [**문단 번호/글머리표**] 대화 상자가 나타납니다.

❼ **스타일 편집하기**: 스타일 목록에서 선택한 스타일의 내용을 수정합니다. [**스타일 편집하기**]를 클릭하면 [**스타일 편집하기**] 대화 상자가 나타나고, 스타일을 추가했을 때와 같은 방법으로 스타일을 수정합니다.

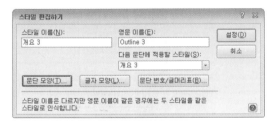

그림 2-32 [스타일 편집하기] 대화 상자

(3) 스타일 실습하기

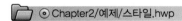 ◎Chapter2/예제/스타일.hwp

조건

- 스타일 이름: expo
- 문단 모양: 왼쪽 여백: 15pt, 문단 아래 간격: 10pt
- 글자 모양: 글꼴: 한글(굴림)/영문(돋움), 크기: 10pt, 장평: 95%, 자간: 5%

1 스타일 적용 텍스트 선택

▶▶ 본문을 기본값으로 입력한 후 전체를 드래그하여 선택한 후 F6 키를 누릅니다.

2 추가 스타일 이름 입력

▶▶ [스타일] 대화 상자에서 [스타일 추가]를 클릭하여 나온 [스타일 추가하기] 대화 상자에서 '스타일 이름'을 "expo"로 입력합니다.

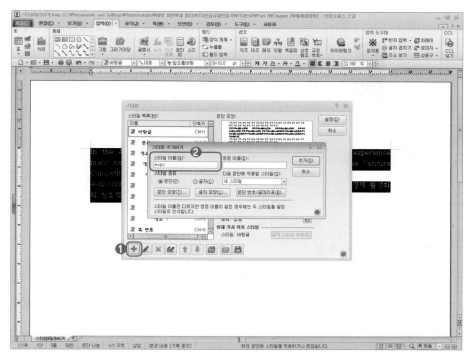

그림 2-33 **스타일 이름 입력**

❸ 스타일 문단 수정

▶▶ **[스타일 추가하기]** 대화 상자에서 **[문단 모양]**을 클릭합니다. 그리고 나온 **[문단 모양]** 대화 상자에서 '**왼쪽 여백: 15pt, 문단 아래 간격: 10pt**'로 수정하고, **[설정]**을 클릭합니다.

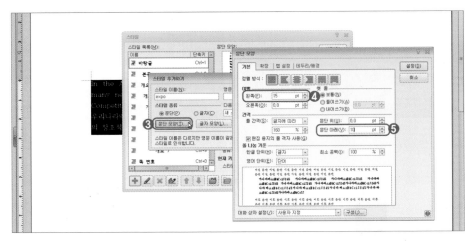

그림 2-34 스타일 문단 수정

❹ 스타일 글자 모양(한글) 수정

▶▶ **[스타일 추가하기]** 대화 상자에서 **[글자 모양]**을 클릭합니다. 그리고 나온 **[글자 모양]** 대화 상자에서 '**언어**'를 "**한글**" → '**글꼴**'을 "**굴림**" → '**기준 크기**'를 "**10pt**" → '**장평**'을 "**95%**" → '**자간**'을 "**5%**"로 선택하여 한글 설정을 합니다.

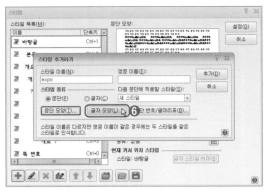

그림 2-35 스타일 글자 모양(한글) 수정

5 스타일 글자 모양(영문) 수정

▶▶ 계속해서 [글자 모양] 대화 상자에서 '언어'를 "영문" → '글꼴'을 "돋움" → '장평'을 "95%" → '자간'을 "5%" → [설정]을 클릭합니다.

그림 2-36 스타일 글자 모양(영문) 수정

6 스타일 추가 완료 및 적용

▶▶ [스타일] 대화 상자의 '스타일 목록'에 "expo"라는 스타일 이름이 추가된 것을 확인할 수 있습니다. "expo"를 선택 → [설정]을 클릭하면 새롭게 생성한 스타일이 적용된 것을 확인할 수 있습니다.

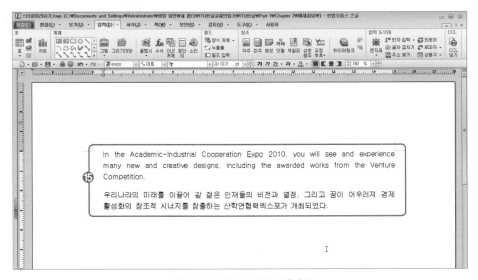

그림 2-37 스타일 생성 및 적용 완료

TIP

스타일 삭제

• 스타일을 삭제할 때는 삭제하고자 하는 스타일 이름을 클릭하고 삭제를 합니다.

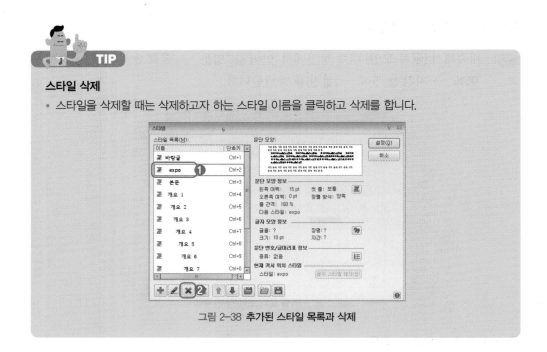

그림 2-38 추가된 스타일 목록과 삭제

SECTION 3 주변 만들기

1 머리말/꼬리말

머리말/꼬리말이란 문서의 상단이나, 하단에 들어가는 구간으로 반복할 때 사용하는 구간 입니다. 머리말과 꼬리말에는 보통 책의 제목, 그 장의 제목, 쪽 번호 등을 넣습니다.

(1) 머리말 삽입하기

1 머리말/꼬리말 삽입 시작

▶▶ 머리말/꼬리말을 삽입하기 위해서는 **[쪽] 탭 → [쪽 모양] 그룹 → [머리말]** 또는 **[꼬 리말] → [머리말/꼬리말]**을 선택합니다.

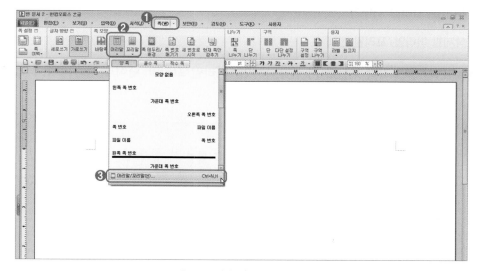

그림 2-39 머리말/꼬리말 삽입 시작

2 [머리말/꼬리말] 대화 상자 설정

▶▶ **[머리말/꼬리말]** 대화 상자에서 머리말/꼬리말의 '**종류**' 선택 → 위치 선택 → **[만 들기]**를 클릭하여 머리말 또는 꼬리말을 삽입합니다.

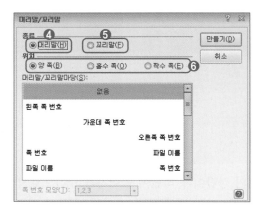

그림 2-40 [머리말/꼬리말] 대화 상자

 단축키

- 머리말/꼬리말: [Ctrl] + [N], [H]

(2) 머리말/꼬리말 지우기

❶ 삭제할 머리말/꼬리말 선택

▶▶ 머리말/꼬리말 부분을 더블 클릭하면, **[머리말/꼬리말] 탭**이 활성화되며, 머리말/꼬리말 편집이 가능한 상태가 됩니다.

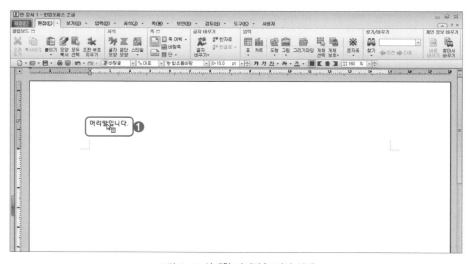

그림 2-41 삭제할 머리말/꼬리말 선택

2 머리말/꼬리말 삭제

▶▶ [머리말/꼬리말] 탭 → [머리말/꼬리말] 그룹 → [지우기]를 선택하면, 정말 지울 것인지 묻는 경고창이 나타납니다. 여기에서 [지움]을 클릭하면 머리말/꼬리말 삭제가 완료됩니다.

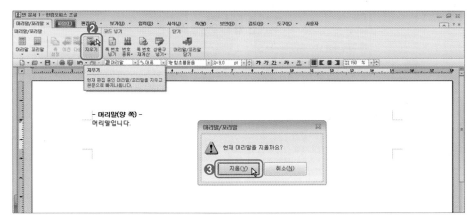

그림 2-42 **머리말/꼬리말 삭제**

(3) 머리말/꼬리말 실습하기

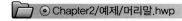
ⓞChapter2/예제/머리말.hwp

머리말 넣기를 연습하기 위해 소스 파일을 준비합니다.

> **조건**
>
> • 머리말 기능: 돋움, 10pt, 오른쪽 정렬

1 머리말 삽입 시작

▶▶ 머리말을 삽입하기 위해, [쪽] 탭 → [쪽 모양] 그룹 → [머리말] → [머리말/꼬리말]을 선택합니다.

2 머리말 삽입

▶▶ [머리말/꼬리말] 대화 상자에서 '**종류**'를 [머리말]로, '**위치**'를 [양 쪽]을 선택 → [만들기]를 클릭합니다.

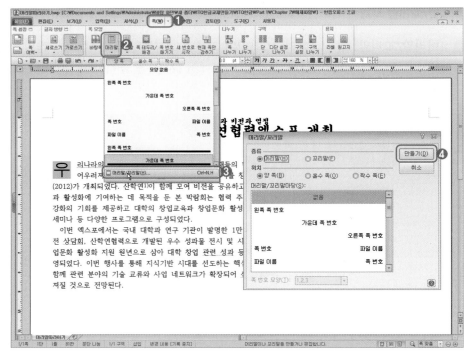

그림 2-43 머리말 삽입

❸ 머리말 글자 모양 설정

▶▶ 머리말 영역에 내용을 입력하고, 드래그하여 선택한 다음 '돋움', '10pt', '오른쪽 정렬'을 설정 → [머리말/꼬리말] 탭 → [닫기] 그룹 → [머리말/꼬리말 닫기]를 선택하여 설정을 완료합니다.

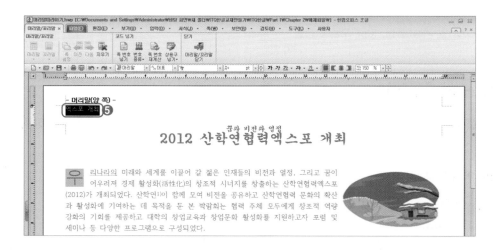

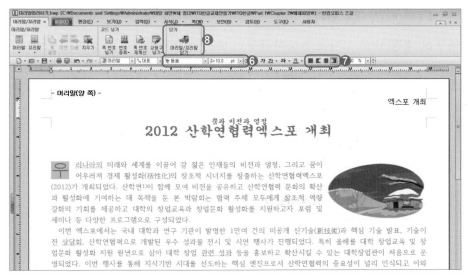

그림 2-44 머리말 글자 모양 설정

❷ 쪽 테두리/배경

쪽 테두리/배경이란 문서의 각 쪽마다 본문을 에워싸는 테두리를 넣거나 바탕색, 배경 그림 등을 넣어 문서를 보기 좋게 꾸미는 기능을 가리킵니다.

(1) 쪽 테두리/배경 메뉴

쪽 테두리/배경을 꾸미기 위해서는 **[쪽] 탭 → [쪽 모양] 그룹 → [쪽 테두리/배경]**을 선택합니다.

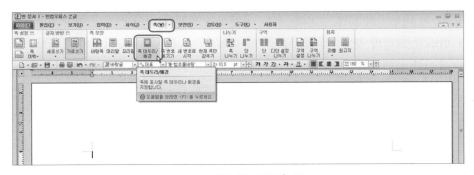

그림 2-45 [쪽 테두리/배경] 메뉴

(2) [쪽 테두리/배경] 대화 상자

[쪽 테두리/배경] 대화 상자를 통하여 테두리 또는 배경을 자세히 설정할 수 있습니다.

① [쪽 테두리/배경] 대화 상자의 [테두리] 탭

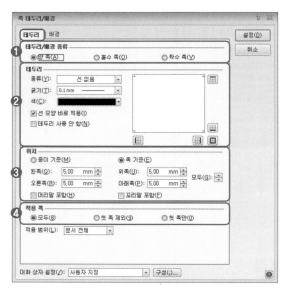

그림 2-46 [쪽 테두리/배경] 대화 상자의 [테두리] 탭

❶ **테두리/배경 종류**
- **양 쪽** : 테두리나 배경이 모든 페이지에 적용됩니다.
- **홀수 쪽**: 테두리나 배경이 홀수 쪽에만 적용됩니다.
- **짝수 쪽**: 테두리나 배경이 짝수 쪽에만 적용됩니다.

❷ **테두리**: 테두리의 종류, 선 굵기, 선 색을 지정합니다.

❸ **위치**: 쪽 테두리의 왼쪽, 오른쪽, 위쪽, 아래쪽과 본문 사이의 간격을 정합니다.
- **머리말/꼬리말 포함**: 쪽 테두리 안에 머리말/꼬리말을 포함시킬지 포함시키지 않을지를 선택합니다.(쪽 기준인 경우만)

❹ **적용 쪽**: 선택한 테두리/배경을 적용할 쪽을 선택합니다.

② [쪽 테두리/배경] 대화 상자의 [배경] 탭

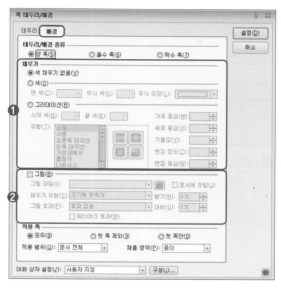

그림 2-47 [쪽 테두리/배경] 대화 상자의 [배경] 탭

❶ **채우기**
- **색** : 배경에 전체적인 색이나 무늬 색, 무늬 모양을 적용할 수 있습니다.
- **그러데이션**: 시작 색과 끝 색을 선택하고 유형을 선택하여 다단계 색 퍼짐 효과를 적용시킬 수 있습니다.

❷ **그림**: 적용시킬 그림 파일의 위치를 찾아서 그림을 배경으로 적용시킵니다.

(3) 쪽 테두리 실습하기

 ⊙ Chapter2/예제/쪽테두리.hwp

- 테두리 – 이중 실선, 바다색
- 배경: 그림 → [예제파일/배경그림.bmp]를 채우기 유형–가운데

1 쪽 테두리/배경 설정 시작

▶▶ 쪽 테두리 설정을 위해서, **[쪽] 탭 → [쪽 모양] 그룹 → [쪽 테두리/배경]**을 선택합니다.

2 쪽 테두리 설정

▶▶ **[쪽 테두리/배경]** 대화 상자에서 **[테두리] 탭 → '종류'**를 '**이중 실선**'으로, '**선 색**'을 '**바다색**'으로 설정 → **[모든 테두리]**를 클릭합니다.

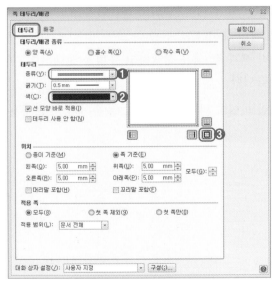

그림 2-48 쪽 테두리 설정

3 쪽 배경 설정

▶▶ **[쪽 테두리/배경]** 대화 상자에서 **[배경] 탭 →** 그림 파일 삽입 → '**채우기 유형**'을 '**가운데로**'로 설정 → **[설정]**을 클릭합니다.

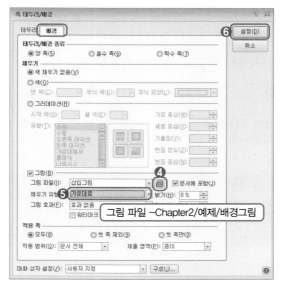

그림 2-49 쪽 테두리 설정

4 결과 확인

▶▶ 모든 설정이 완료되면 다음과 같은 결과를 확인할 수 있습니다.

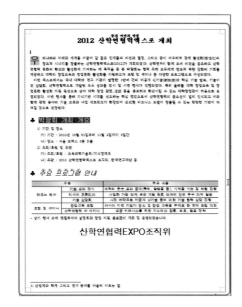
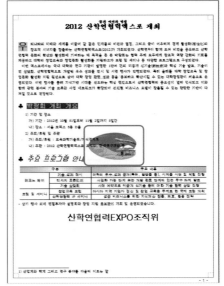

그림 2-50 쪽 테두리/배경 설정 결과

❸ 쪽 번호 매기기

쪽 번호 매기기는 페이지마다 번호를 매기는 기능입니다.

❶ 쪽 번호 매기기 시작

▶▶ 쪽 번호를 매기기 위해서는 **[쪽] 탭 → [쪽 모양] 그룹 → [쪽 번호 매기기]**를 선택
합니다.

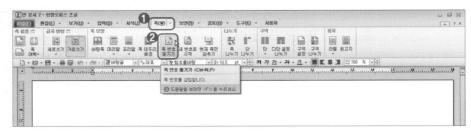

그림 2-51 쪽 번호 매기기

❷ 쪽 번호 매기기 설정

▶▶ **[쪽 번호 매기기]** 대화 상자가 나타나면, '**번호 위치**' 선택 → '**번호 모양**' 선택 → **[넣
기]**를 클릭합니다. 해당 설정과 같이 쪽 번호가 삽입된 것을 확인할 수 있습니다.

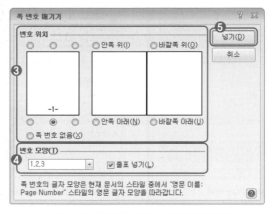

그림 2-52 [쪽 번호 매기기] 대화 상자 설정

 단축키

- 쪽 번호 매기기: Ctrl + N , P

4 새 번호로 시작

한글에서 쪽 번호나 그림 번호, 표 번호, 수식 번호, 각주/미주 번호 등을 매기면 번호가 차례대로 매겨집니다. 이러한 차례 번호를 특정한 부분 이후부터 새로운 번호로 시작하고 싶을 때 사용자가 지정한 새로운 번호로 다시 매길 수 있습니다. 이러한 기능을 '**새 번호로 시작**'이라 합니다.

1 새 번호로 시작 메뉴 선택

▶▶ 새 번호로 시작을 하기 위해서는, **[쪽] 탭 → [쪽 모양] 그룹 → [새 번호로 시작]**을 선택합니다.

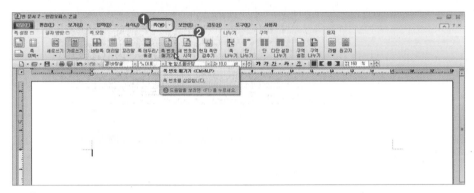

그림 2–53 새 번호로 시작

2 새 번호로 시작 설정

▶▶ **[새 번호로 시작]** 대화 상자에서, '**번호 종류**' 선택 → '**시작 번호**' 설정 → **[넣기]**를 클릭하면 새 번호로 시작 설정이 완료됩니다.

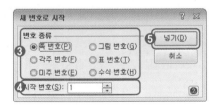

그림 2–54 새 번호로 시작

⑤ 감추기

감추기는 머리말, 꼬리말, 쪽 번호, 쪽 테두리/배경, 바탕쪽 등이 들어 있는 문서에서 현재 커서가 있는 쪽에만 머리말, 꼬리말, 쪽 번호, 쪽 테두리, 문서 배경, 바탕쪽 등이 인쇄되지 않도록 지정하는 기능입니다.

■ 감추기 메뉴 선택

▶▶ 감추기를 하기 위해서는 **[쪽] 탭 → [쪽 모양] 그룹 → [현재 쪽만 감추기]**를 선택합니다.

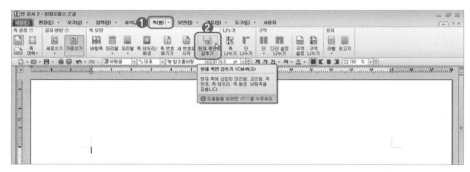

그림 2–55 **감추기 메뉴 선택**

② 감추기 설정

▶▶ **[감추기]** 대화 상자에서, 감추고자 하는 내용의 체크박스에 체크를 합니다.

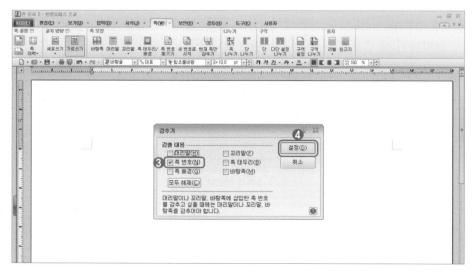

그림 2–56 **감추기 대화 상자**

⑥ 감추기와 새 번호로 시작 활용하기

보통 책의 경우 표지와 목차 부분은 쪽 번호가 나와 있지 않습니다. 이런 경우 쪽 번호
가 필요 없는 부분에서는 감추기로 쪽 번호를 없애고 새 번호로 다시 시작되는 페이지
부터 새 번호를 매겨줍니다.

> **조건**
>
> • 4페이지로 만들어진 문서에 1, 2쪽을 감추고 3쪽을 10쪽으로 새 번호로 바꾸기

▣ 쪽 번호 매기기

▶▶ 문서 전체에 쪽 번호를 매기기 위해서, **[쪽] 탭 → [쪽 모양] 그룹 → [쪽 번호 매기기]**를 선택합니다.

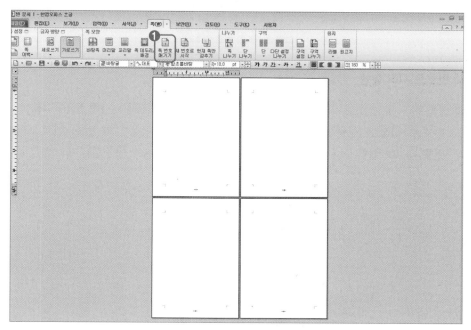

그림 2-57 **쪽 번호 매기기**

② 감추기 실행

▶▶ 1쪽과 2쪽의 쪽 번호를 감춥니다. 1쪽 선택 → [쪽] 탭 → [쪽 모양] 그룹 → [현재 쪽만 감추기] → [감추기] 대화 상자 → '감출 내용'에 '쪽 번호' 체크 → [설정] 클릭, 2쪽 선택 → [쪽] 탭 → [쪽 모양] 그룹 → [현재 쪽만 감추기] → [감추기] 대화 상자 → '감출 내용'에 '쪽 번호' 체크 → [설정] 클릭을 차례로 실행합니다.

그림 2-58 쪽 번호 감추기

③ 새 번호로 시작 실행

▶▶ 3쪽부터 새 번호로 다시 쪽 번호를 설정하기 위하여 [쪽] 탭 → [쪽 모양] 그룹 → [새 번호로 시작]을 선택합니다. [새 번호로 시작] 대화 상자에서 '쪽 번호' 선택 → '시작 번호'에 "10" 입력 → [넣기]를 클릭하여 새로 시작할 번호로 수정합니다.

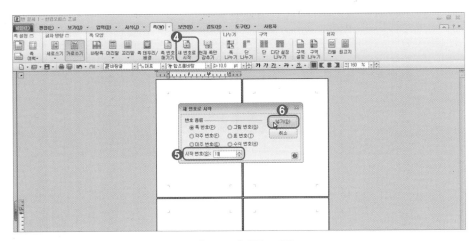

그림 2-59 새 번호로 시작

❹ 감추기와 새 번호로 시작 완료

▶▶ 모든 설정이 완료되면 다음과 같이 쪽 번호가 설정되는 것을 확인할 수 있습니다.

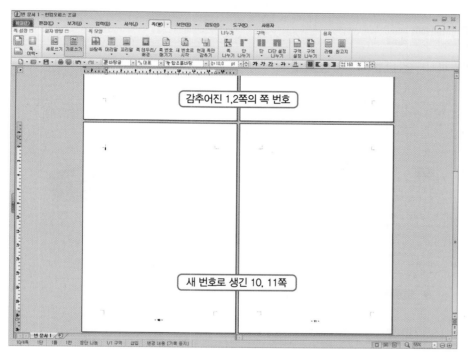

그림 2-60 감추기와 새 번호로 시작 완성

연습문제

※ 연습문제를 풀기 위해 소스 파일을 준비합니다.

문제 1   📁 ⊙ Chapter2/예제/연습문제1.hwp

아래 지시문을 보고 완성해 보세요.

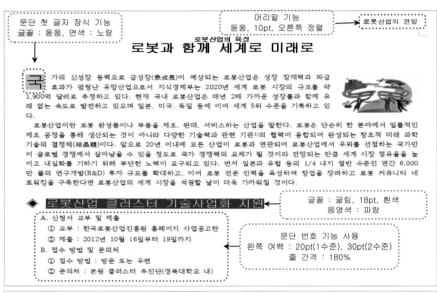

그림 2-61 **연습문제1**

문제 2 　◎ Chapter2/예제/연습문제2.hwp

아래 지시문을 보고 완성해 보세요.

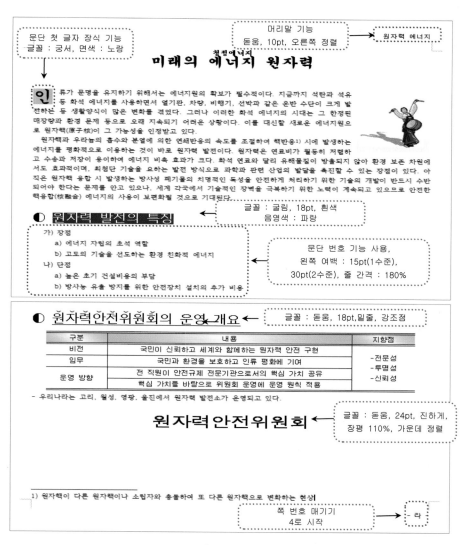

그림 2-62 연습문제2

01 글자 모양 (Alt + L)

- [서식] 탭 → [글자] 그룹
- 글자 모양을 변경할 영역을 드래그하여 바로 가기 메뉴(마우스 오른쪽 버튼), 글자 모양을 사용하면 좀 더 빠르게 접근할 수 있습니다.
- [확장] 탭 → [강조점]: 글자를 좀 더 강조할 수 있습니다.

02 문자표 입력 (Ctrl + F10)

- [입력] 탭 → [입력 도우미] 그룹 → [문자표]
- 키보드에서 제공하지 못하는 여러 문자들을 제공합니다.
- ※ ☎ ◐ ◈ ▣ ☎ ♨ ①②③ 등의 문자

03 한자 만들기 (F9, 한자)

- 입력 형식을 통해서 다양한 형식의 한자를 만들 수 있습니다.
- 大韓民國(대한민국), 대한민국(大韓民國), 大韓民國, 大韓民國, 대한민국, 대한민국

04 글자 겹치기 (Alt + D, W)

- 문자표에 없는 문자들을 만들 수 있습니다.
- ⑩, 곕, ▽ 등

05 문단 모양 (Alt + T)

- [서식] 탭 → [문단] 그룹: 문단 정렬과 문단 전체의 여백, 문단 첫 줄 들여 쓰기(내어 쓰기), 줄간격을 조절할 수 있습니다.
- 문단마다의 배경 색과 테두리로 문단을 꾸밀 수 있습니다.
- 표 안에서의 배분 정렬은 글자의 개수와 상관없이 표 안 글자 여백을 동일하게 해 줍니다.

06 문단 첫 글자 장식

- [서식] 탭 → [문단] 그룹 → [문단 첫 글자 장식]
- 문단 첫 글자를 여러 줄에 걸쳐 크게 보이도록 장식하는 기능입니다.

07 스타일 만들기 (F6)

- [서식] 탭 → [스타일] 그룹
- 자주 사용하는 글자 모양이나 문단 모양을 미리 정해 놓고 쓰는 것입니다.
- 새로 추가한 스타일은 목록에 추가됩니다.

08 문단 번호 만들기 (Ctrl+K, N)

- [서식] 탭 → [글머리] 그룹 → [문단 번호 모양]
- 여러 개의 항목을 나열할 때 문단의 머리에 번호를 매기거나 글머리표를 붙여 가면서 입력할 수 있습니다.
- 사용자 정의 모양을 이용하여 자신의 취향에 맞게 다시 구성할 수 있습니다.

09 머리말/꼬리말 (Ctrl+N, H)

- [쪽] 탭 → [쪽 모양] 그룹 → [머리말/꼬리말]
- 한 쪽(페이지)의 맨 위와 아래에 한두 줄의 내용이 쪽마다 고정적으로 반복되는 내용입니다.

10 쪽 테두리/배경

- [쪽] 탭 → [쪽 모양] 그룹 → [쪽 테두리/배경]
- 문서의 각 쪽마다 본문을 에워싸는 테두리를 넣거나 바탕색, 배경 그림 등을 넣어 문서를 보기 좋게 꾸밉니다.

11 쪽 번호 매기기 (Ctrl+N, P)

- [쪽] 탭 → [쪽 모양] 그룹 → [쪽 번호 매기기]
- 페이지마다 번호를 매길 수 있습니다.

12 새 번호로 시작

- [쪽] 탭 → [쪽 모양] 그룹 → [새 번호로 매기기]
- 차례 번호를 특정한 부분 이후부터 새로운 번호로 시작하고 싶을 때 사용자가 지정한 새로운 번호로 다시 매길 수 있습니다.

13 감추기

- [쪽] 탭 → [쪽 모양] 그룹 → [감추기]
- 머리말, 꼬리말, 쪽 번호, 쪽 테두리/배경, 바탕쪽 등이 들어 있는 문서에서 현재 커서가 있는 쪽에만 머리말, 꼬리말, 쪽 번호, 쪽 테두리, 문서 배경, 바탕쪽 등이 인쇄되지 않도록 지정하는 기능입니다.
- '감추기'와 '새 번호로 시작'은 대부분 같이 사용되는 기능들입니다.

CHAPTER **03**

개체 삽입과
하이퍼링크 적용하기

03 개체 삽입과 하이퍼링크 적용하기

학습 목표

- 문서를 더욱 다양하게 표현할 수 있는 개체들을 배워 봅니다.
- 입력 내용을 더 자세히 설명하고자 하는 각주와 덧말 넣기 기능을 배워 봅니다.
- 문서 간의 이동을 편리하게 할 수 있는 책갈피와 하이퍼링크 기능을 배워 봅니다.

학습 내용

SECTION **1** **개체 입력**

1 그림 넣기

그림 넣기란 미리 준비된 그림 파일을 커서 위치에 삽입하는 기능입니다. 그림을 문서
에 삽입할 때에는 그림 파일 전체를 넣을 수도 있고, 일부분만 잘라 넣을 수도 있습니
다. 또한 그림을 확대하거나 축소하여 넣을 수도 있으며, 그림의 테두리와 그림 효과를
설정하거나 해제할 수 있습니다.

1 그림 넣기 시작

▶▶ 문서에 그림을 삽입하기 위해서는 **[입력] 탭 → [개체] 그룹 → [그림]**을 클릭합니다.

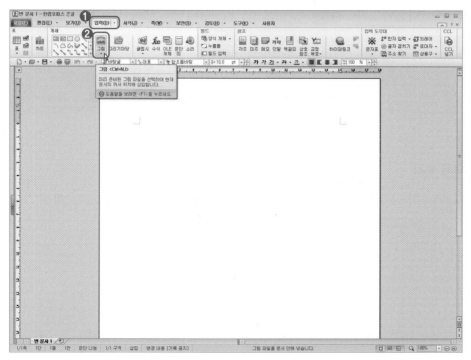

그림 3-1 **그림 삽입 메뉴**

❷ 그림 파일 선택

▶▶ **[그림 넣기]** 대화 상자가 나오면, 삽입할 그림이 있는 경로 선택 → 파일 형식 선택 → 미리 보기 확인 → **[넣기]**를 클릭합니다.

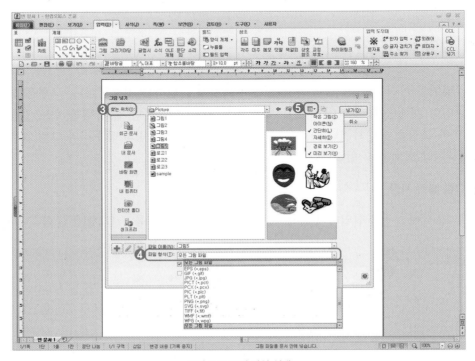

그림 3-2 그림 파일 선택

❸ 그림 넣기

▶▶ 마우스 포인터가 + 모양으로 변하면, 원하는 위치에 마우스 드래그하여 그림 넣기를 완료합니다.

② [개체 속성] 대화 상자 알아보기

그림을 입력한 후 그림 개체를 더블 클릭하면 **[개체 속성]** 대화 상자가 나타납니다. **[개체 속성]** 대화 상자에서는 그림의 크기, 위치, 여백 등을 설정할 수 있습니다. 지금부터 **[개체 속성]** 대화 상자에서 자주 사용하는 기능에 대해서 알아보겠습니다.

(1) [개체 속성] 대화 상자의 [기본] 탭

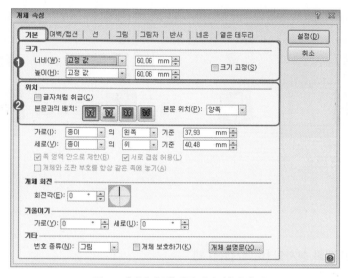

그림 3-3 [개체 속성] 대화 상자의 [기본] 탭

❶ 크기
- 너비와 높이 값을 조정하여 삽입된 그림의 크기를 변경합니다.
- **크기 고정**: 삽입된 그림 크기를 수정할 수 없습니다.

❷ 위치
- **글자처럼 취급**: 그림 개체를 글자와 같게 취급하여 문단 안에 삽입합니다.
- **본문과의 배치**: 삽입된 그림 개체가 본문에서 표현되는 형태를 결정합니다.

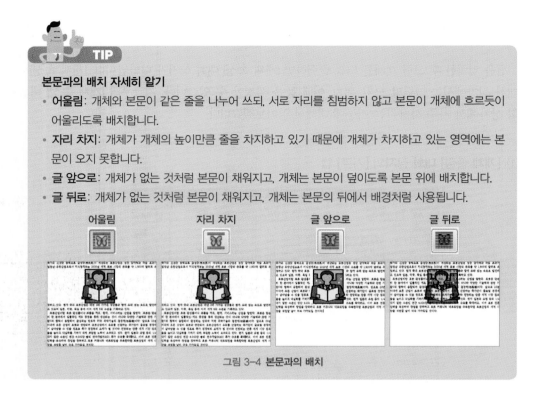

본문과의 배치 자세히 알기

- **어울림**: 개체와 본문이 같은 줄을 나누어 쓰되, 서로 자리를 침범하지 않고 본문이 개체에 흐르듯이 어울리도록 배치합니다.
- **자리 차지**: 개체가 개체의 높이만큼 줄쪽을 차지하고 있기 때문에 개체가 차지하고 있는 영역에는 본문이 오지 못합니다.
- **글 앞으로**: 개체가 없는 것처럼 본문이 채워지고, 개체는 본문이 덮이도록 본문 위에 배치합니다.
- **글 뒤로**: 개체가 없는 것처럼 본문이 채워지고, 개체는 본문의 뒤에서 배경처럼 사용됩니다.

그림 3-4 본문과의 배치

(2) [개체 속성] 대화 상자의 [여백/캡션] 탭

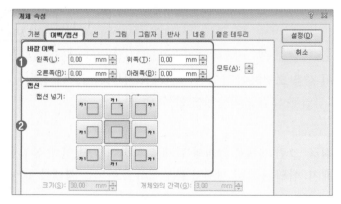

그림 3-5 [개체 속성] 대화 상자의 [여백/캡션] 탭

❶ **바깥 여백**: 개체 가장자리의 바깥쪽으로로부터 본문까지의 간격을 정합니다.

❷ **캡션**: 캡션이란 표나 그림 같은 개체에 붙이는 제목입니다. 여기서는 이 캡션의 위치를 선택합니다.

그림 3-6 바깥 여백이 모두 6mm 인 경우

(3) [개체 속성] 대화 상자의 [그림] 탭

그림 3-7 [개체 속성] 대화 상자의 [그림] 탭

❶ **그림 여백**: 그림과 테두리 사이에 간격을 두어 그림과 테두리가 떨어져 보이게 하고 싶을 때 사용합니다.

❷ **그림 효과(회색조)**: 선택한 그림이 전체적으로 회색 수준으로 나타나게 합니다.

❸ **워터마크 효과**: '밝기: 70, 명암: -50'의 효과를 주어, 그림을 밝고 명암 대비가 작은 그림으로 바꾸는 것입니다.

그림에 효과 주기
- 원본 그림

그림 3-8 그림 여백

- 그림에 여러 가지 효과 적용

(a) 테두리 선과 여백의 적용

(b) 회색조 적용

(c) 워터마크 효과 적용

그림 3-9 여러 가지 효과 적용 결과

③ 그림 자르기

문서에 불러온 그림은 그림 전체가 필요한 경우도 있지만 그림의 일부분만 필요한 경우도 있습니다. **그림 자르기 기능**을 이용하면 그림의 일부분만을 쉽게 잘라 쓸 수 있습니다.

1 자르기 선택

▶▶ 문서에 삽입된 그림을 선택하고, **[그림] 탭 → [크기] 그룹 → [자르기]**를 선택합니다.

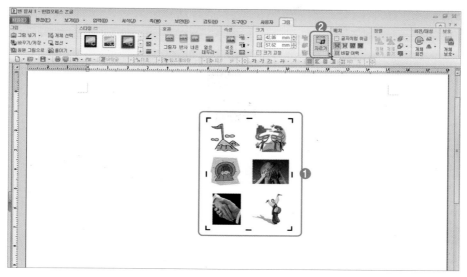

그림 3-10 **그림 선택과 자르기 도구 선택**

2 그림 자르기

▶▶ 선택된 그림 테두리에 최대 8개의 경계선 종류들이 나타나고, 이 경계선 종류를 마우스로 드래그하여 그림 영역에서 필요한 부분을 제외하고 잘라 줍니다.

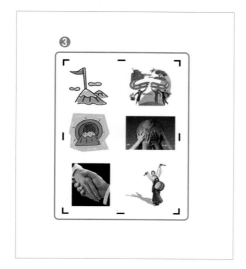
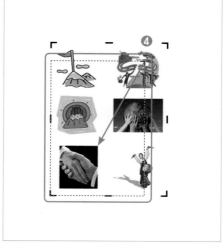

그림 3-11 **그림 자르기**

3 그림 자르기 완료

▶▶ 삽입된 그림이 필요한 부분을 제외하고 잘려진 것을 확인할 수 있습니다.

그림 3-12 **그림 자르기 완료**

- 그림 넣기: Ctrl + N, I

Shift 키를 이용하여 그림 자르기
- 잘라 낼 그림을 선택한 다음 그림 주위의 조절점에 마우스 포인터를 놓고 Shift 키를 누르면 마우스 포인터의 모양이 바뀝니다. 마우스의 왼쪽 단추를 누른 채 그림의 안쪽으로 마우스를 끌면 마우스를 끈 거리만큼 그림이 잘립니다.
- 그림을 자를 때에는 Shift 키를 계속 누르고 있어야 합니다. 그림을 자르는 도중에 Shift 키를 놓아버리면 그림이 잘리지 않고 마우스를 끈 만큼 크기가 조절됩니다.

④ 글상자

글상자는 다단 편집에서 단의 경계를 넘어서는 커다란 제목을 넣거나 본문 중간에 박스형 학습 정리 글을 넣을 때 주로 사용합니다. 문서에 삽입된 글상자는 위치와 크기 조절, 글상자 안의 채우기 효과, 테두리의 모양과 색깔 바꾸기 등을 자유롭게 설정할 수 있습니다.

(1) 글상자 삽입 메뉴

글상자를 문서에 삽입하기 위해서는 **[입력] 탭 → [개체] 그룹 → [가로 글상자]**를 선택합니다.

그림 3-13 글상자 삽입 메뉴

단축키

• 글상자: Ctrl + N , B

(2) 글상자 [개체 속성] 대화 상자 알아보기

글상자 **[개체 속성]** 대화 상자를 통하여 글상자의 여러 설정을 할 수 있습니다. 글상자 [**개체 속성**] 대화 상자의 실행은 글상자를 입력한 후 더블 클릭합니다.

① 글상자 [개체 속성] 대화 상자의 [선] 탭

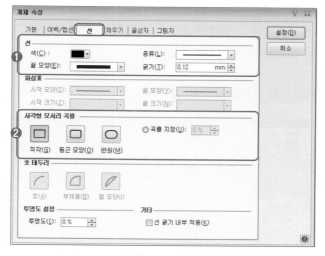

그림 3-14 글상자 [개체 속성] 대화 상자의 [선] 탭

❶ **선**: 글상자 테두리(선) 색과 종류, 굵기 등을 조절합니다.

❷ **사각형 모서리 곡률**: 사각형의 모서리를 둥근 모서리나 반원 모서리로 바꾸거나 곡률 값을 직접 입력하여 모서리의 둥근 정도를 지정합니다.

② **글상자 [개체 속성] 대화 상자의 [채우기] 탭**

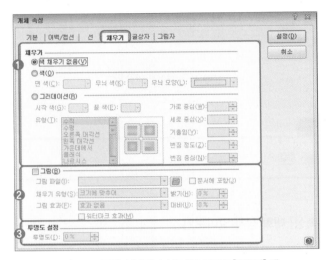

그림 3-15 글상자 [개체 속성] 대화 상자의 [채우기] 탭

❶ **채우기**: 배경을 색 채우기 없음, 색, 그러데이션 등으로 채우는 효과를 적용합니다.

❷ **그림**: 배경을 그림 파일로 채웁니다.

❸ **투명도 설정**: 배경색이나 그림에 투명도를 지정합니다. 투명도를 "100%"로 설정하면 채우기 효과를 적용하지 않은 것과 같습니다.

③ **글상자 [개체 속성] 대화 상자의 [글상자] 탭**

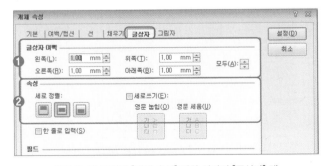

그림 3-16 글상자 [개체 속성] 대화 상자의 [글상자] 탭

❶ **글상자 여백**: 글상자 테두리로부터 글상자 내용까지의 간격을 정합니다.

❷ **속성**: 글상자 안에서의 세로 정렬 위치를 정하고, 글 방향이 세로로 표현되는 "**세로쓰기**" 를 선택할 수 있습니다.

④ **글상자 실습하기**

아래의 조건에 맞게 글상자를 만들어 봅니다.

> **조건**
>
> • 글상자 크기: 너비 90mm, 높이 30mm
> • 테두리: 선 색 – 루비색, 종류 – 굵은둥근점선, 굵기 – 1mm
> • 채우기: 노른자색
> • 글상자 여백: 모두 2mm

그림 3-17 글상자 적용 결과

1 글상자 삽입하기

▶▶ 문서에 글상자를 삽입하기 위하여 **[입력] 탭 → [개체] 그룹 → [글상자]**를 선택합니다.

2 글상자 설정

▶▶ 글상자를 더블 클릭하여 나온 글상자 **[개체 속성]** 대화 상자에서 글상자의 설정을 진행합니다.

• 글상자 크기 설정: **[기본] 탭 → [크기] 그룹**에서 '**너비**'를 "**90.00mm**"로, '**높이**'를 "**30.00mm**"로 설정
• 글상자 선 모양 설정: **[선] 탭 → [선] 그룹**에서 '**색**'을 "**루비색**"으로, '**종류**'를 "**굵은둥근점선**"으로, '**굵기**'를 "**1.00mm**"로 설정
• 글상자 채우기 설정: **[채우기] 탭 → [색] → '면 색**'을 "**노른자색**"으로 설정
• 글상자 여백 설정: **[글상자] 탭 → [글상자 여백] 그룹** → '**왼쪽**', '**오른쪽**', '**위쪽**', '**아래쪽**'을 모두 '**2.00mm**'로 설정
• 모든 설정이 완료되면 **[설정]**을 클릭합니다.

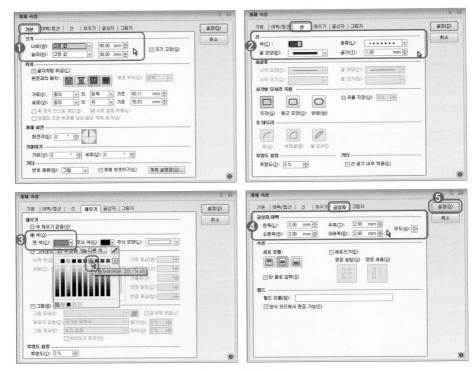

그림 3-18 글상자 크기 설정

❺ 수식

한글 2010 문서 작업을 진행할 때 수식을 입력해야 하는 경우가 발생합니다. 이럴 때 사용하는 것이 수식 편집기입니다. **수식 편집기**를 이용하면 간단한 산술식은 물론 복잡한 수식에 이르기까지 어떠한 수학식도 수식 템플릿(Template)과 수식용 명령어를 이용하여 손쉽게 작성할 수 있습니다.

(1) 수식 삽입 메뉴

수식을 문서에 삽입하기 위해서는 **[입력] 탭 → [개체] 그룹 → [수식]**을 선택합니다.

그림 3-19 **수식 삽입 메뉴**

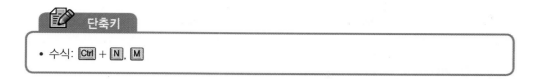

단축키

• 수식: Ctrl + N, M

(2) 수식 편집기

[수식 편집기] 대화 상자를 통하여 문서에 삽입되는 다양한 형태의 수식을 입력할 수 있습니다. **[수식 편집기]** 대화 상자에서 키보드로 입력이 가능한 부분은 키보드를 이용하여 입력하고, 키보드로 표현이 불가능한 수식은 **[수식 편집기]** 대화 상자의 **[수식 도구 상자]**를 이용하여 입력합니다. 또한 각 항목을 이동할 때에는 마우스로 선택하거나 또는 Tab키를 이용하여 이동합니다.

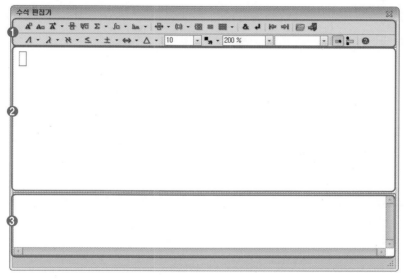

그림 3-20 [수식 편집기] 대화 상자

❶ **수식 도구 상자**: 다양한 함수 기호와 수식 템플릿, 수식 기호 및 수식용 명령어가 제공됩니다. 복잡한 수학 기호와 명령어를 군이 직접 입력하지 않고도 **[수식 도구 상자]**의 다양한 수식 아이콘을 이용하여 간편하게 수식을 입력할 수 있습니다.

❷ **수식 편집 창**: **[수식 도구 상자]**에서 수식 템플릿을 선택한 다음 수식 편집 창에서 필요한 값만 입력하면 간편하게 수식을 작성할 수 있습니다.

❸ **스크립트 입력 창**: 수식 명령어를 직접 입력하여 수식을 만듭니다. 스크립트 입력 창에서 수식 명령어를 입력하면 수식 편집 창에서 결과를 바로 확인할 수 있습니다.

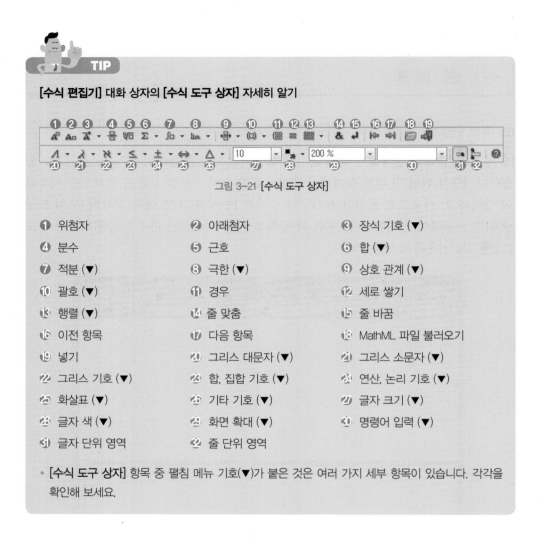

TIP

[수식 편집기] 대화 상자의 **[수식 도구 상자]** 자세히 알기

그림 3-21 [수식 도구 상자]

❶ 위첨자   ❷ 아래첨자   ❸ 장식 기호 (▼)

❹ 분수   ❺ 근호   ❻ 합 (▼)

❼ 적분 (▼)   ❽ 극한 (▼)   ❾ 상호 관계 (▼)

❿ 괄호 (▼)   ⓫ 경우   ⓬ 세로 쌓기

⓭ 행렬 (▼)   ⓮ 줄 맞춤   ⓯ 줄 바꿈

⓰ 이전 항목   ⓱ 다음 항목   ⓲ MathML 파일 불러오기

⓳ 넣기   ⓴ 그리스 대문자 (▼)   ㉑ 그리스 소문자 (▼)

㉒ 그리스 기호 (▼)   ㉓ 합, 집합 기호 (▼)   ㉔ 연산, 논리 기호 (▼)

㉕ 화살표 (▼)   ㉖ 기타 기호 (▼)   ㉗ 글자 크기 (▼)

㉘ 글자 색 (▼)   ㉙ 화면 확대 (▼)   ㉚ 명령어 입력 (▼)

㉛ 글자 단위 영역   ㉜ 줄 단위 영역

• **[수식 도구 상자]** 항목 중 펼침 메뉴 기호(▼)가 붙은 것은 여러 가지 세부 항목이 있습니다. 각각을 확인해 보세요.

(3) 수식 입력 실습하기

조건

• 다음의 수식을 문서에 입력하시오.

① $l = r\theta,\ S = \dfrac{1}{2}r^2 = \dfrac{1}{2}rl$

② $\sqrt{a} = |a| = \begin{cases} a & (a \geq 0) \\ -a & (a < 0) \end{cases}$

③ $f'(x) = \lim\limits_{\triangle x \to 0} \dfrac{f(x + \triangle x) + f(x)}{\triangle x}$

④ $(a\,b\,c)\begin{pmatrix} p \\ q \\ r \end{pmatrix} = (ap + bq + cr)$

1 수식 편집기 실행

▶▶ 수식을 문서에 삽입하기 위해서 **[입력] 탭 → [개체] 그룹 → [수식]**을 선택합니다.

2 수식 편집

▶▶ 각 수식을 편집하기 위해서 키보드와 **[수식 편집기]** 대화 상자의 **[수식 도구 상자]** 를 이용하여 다음 그림과 같이 수식을 문서에 삽입합니다.

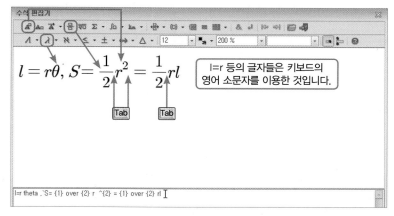

(a) ①번 수식 편집

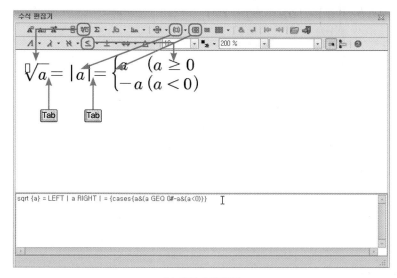

(b) ②번 수식 편집

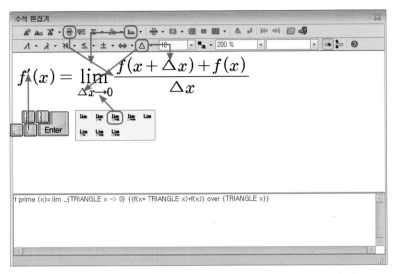

(c) ③번 수식 편집

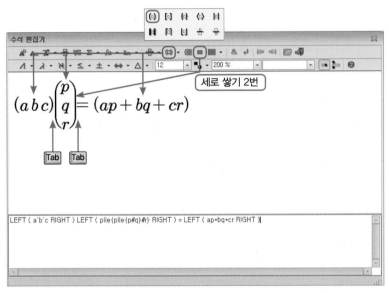

(d) ④번 수식 편집

그림 3-22 수식 편집하기

❸ 수식 삽입 완료

▶▶ 각 수식의 편집이 완료되면 [수식 편집기] 대화 상자의 [수식 도구 상자]에서 [넣기]를 클릭하여 문서에 수식 삽입을 완료합니다.

그림 3-23 수식 편집 완료

수식의 수정

• 수식이 잘못 입력되었을 때에는 해당 수식에서 더블 클릭한 후 수식 편집기 창이 열리면 수정할 수 식에 커서를 놓고 [Backspace] 키나 [Delete] 키를 눌러 수정합니다.

⑥ 글맵시

글맵시는 글자를 구부리거나 글자에 외곽선, 면 채우기, 그림자, 회전 등의 효과를 주어 문자를 꾸미는 기능입니다.

(1) 글맵시 삽입하기

① 글맵시 삽입 시작

▶▶ 글맵시를 문서에 삽입하기 위해서는 **[입력] 탭 → [개체] 그룹 → [글맵시]**를 선택 합니다.

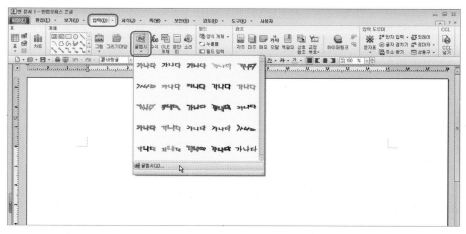

그림 3-24 글맵시 삽입 메뉴

❷ 글맵시 삽입 완료

▶▶ [글맵시 만들기] 대화 상자에서, '내용' 입력 → '글꼴' 선택 → '글맵시 모양' 선택 → [설정]을 클릭하여 글맵시를 문서에 입력합니다.

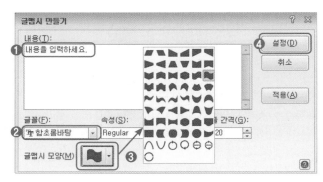

그림 3-25 글맵시 대화 상자

(2) 글맵시 [개체 속성] 대화 상자

글맵시 [개체 속성] 대화 상자를 통하여 삽입된 글맵시에 대한 여러 설정을 할 수 있습니다. 글맵시 [개체 속성] 대화 상자의 실행은 글맵시를 입력한 후 더블 클릭합니다.

① 글맵시 [개체 속성] 대화 상자의 [채우기] 탭

▶▶ 글맵시 [개체 속성] 대화 상자의 [채우기] 탭에서는 글맵시의 색을 변경합니다.

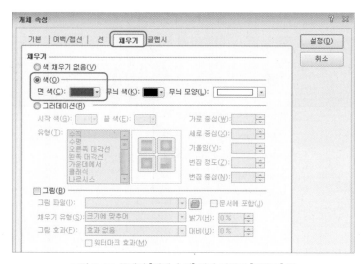

그림 3-26 글맵시 [개체 속성] 대화 상자의 [채우기] 탭

② 글맵시 [개체 속성] 대화 상자의 [글맵시] 탭

▶▶ 글맵시 **[개체 속성]** 대화 상자의 **[글맵시] 탭**에서는 완성된 글맵시를 다시 수정할 수 있습니다.

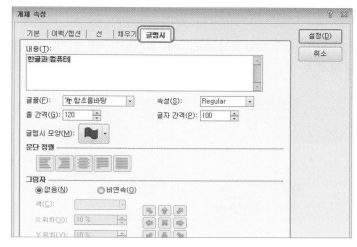

그림 3-27 글맵시 [개체 속성] 대화 상자의 [글맵시] 탭

(3) 글맵시 실습하기

조건

다음의 형태로 글맵시를 문서에 삽입하시오.

그림 3-28 글맵시 완성 형태

- 크기: 50mm x 35 mm
- 글꼴: 궁서, 파랑

1 글맵시 삽입 시작

▶▶ 문서에 글맵시를 삽입하기 위하여 **[입력] 탭 → [개체] 그룹 → [글맵시]**를 선택합니다.

2 글맵시 만들기

▶▶ **[글맵시 만들기]** 대화 상자에서, '**내용**'에 "유기농 산업" 입력 → '**글꼴**'을 '**궁서**' 선택 → '**글맵시 모양**'을 조건의 모양으로 선택 → **[설정]**을 클릭합니다.

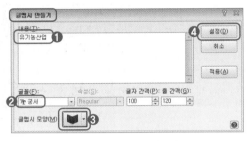

그림 3-29 글맵시 만들기

3 삽입된 글맵시 수정하기

▶▶ 문서에 삽입된 글맵시를 더블 클릭하여 글맵시 **[개체 속성]** 대화 상자가 나타나게 합니다.

- 글맵시 크기 설정: **[기본] 탭 → [크기] 그룹**에서 '**너비**'를 "50.00mm"로, '**높이**'를 "35.00mm"로 설정
- 글상자 채우기 설정: **[채우기] 탭 → [색] → '면 색**'을 '**파랑**'으로 설정
- 모든 설정이 완료되면 **[설정]**을 클릭합니다.

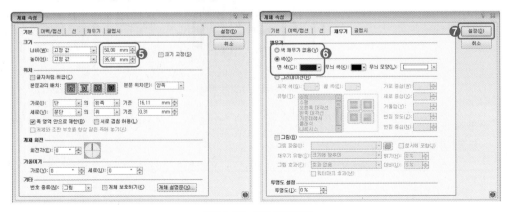

그림 3-30 글맵시 만들기

SECTION **2** 연결된 기능

1 주석

글의 전개 순서로 보아 본문의 내용 중에 넣기는 부담스러우나, 본문에서 인용한 자료의 출처를 밝히거나 본문에서 언급한 내용에 대한 보충 자료를 구체적으로 제시할 필요가 있을 때에는 **각주**나 **미주**를 사용하는 것이 관례입니다.

각주와 미주의 의미는 다음과 같고, 삽입 과정과 형태는 동일합니다.

① **각주**: 본문 쪽(페이지)의 아래에 각주 내용이 놓입니다.

② **미주**: 현재 구역의 맨 끝 부분이나 문서의 맨 끝 부분에 미주 내용이 놓입니다.

(1) 각주 입력하기

❶ 각주 삽입 시작

▶▶ 문서에 각주를 삽입하기 위해서는 각주를 넣고자 하는 단어 뒤에 마우스를 클릭하고, **[입력] 탭 → [참조] 그룹 → [각주]**를 선택합니다.

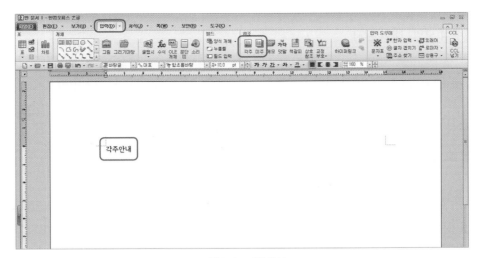

그림 3-31 **각주 삽입**

2 각주 내용 입력

▶▶ 해당 페이지 하단에 각주 내용을 넣을 수 있는 구역이 나타나고, 여기에 각주의
내용을 입력합니다.

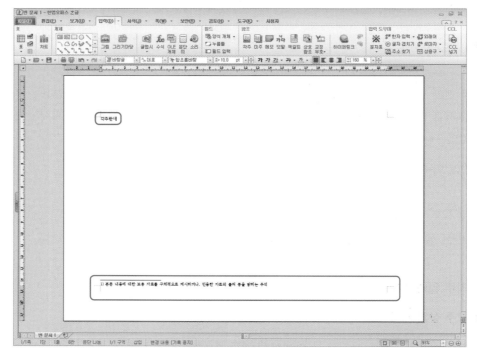

그림 3-32 각주 삽입 시작

(2) [주석 모양] 대화 상자

[주석 모양] 대화 상자에서는 각주/미주의 번호 모양, 본문과 각주/미주 사이의 구분선
종류와 여백, 번호를 매기는 방법, 각주 내용의 위치 등을 설정할 수 있습니다.

① [주석 모양] 대화 상자 실행하기

[주석 모양] 대화 상자를 실행하기 위해서는 다음과 같이 진행합니다.

1 [주석 모양] 대화 상자 실행

▶▶ [주석 모양] 대화 상자를 실행하기 위해서는, 문서에 각주 또는 미주를 마우스 오
른쪽 버튼 클릭 → [바로 가기 메뉴] → [각주/미주 모양]을 선택합니다.

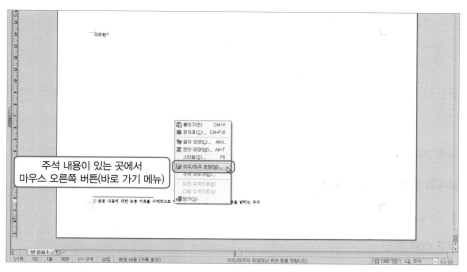

그림 3-33 [주석 모양] 대화 상자 실행

② [주석 모양] 대화 상자 알아보기

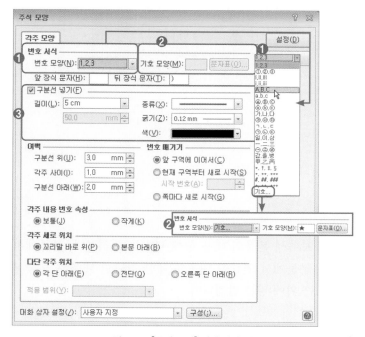

그림 3-34 [주석 모양] 대화 상자 실행

❶ **번호 모양**: 여러 종류의 각주 번호 모양 중 원하는 모양을 선택할 수 있습니다.

❷ **기호 모양**: 각주 기호의 모양을 선택할 수 있습니다. '**번호 모양**'의 맨 마지막에 있는 '**기호...**'를 선택하면, 기호 모양이 활성화되며, 이때 원하는 기호를 문자표에서 선택할 수 있습니다.

❸ **구분선 넣기**: 각주 바로 위에 있는 구분선의 길이나 종류, 굵기, 색을 조정할 수 있습니다.

(3) 각주 지우기

1 **삭제할 각주 선택 및 지우기**

▶▶ 삭제할 각주 번호 뒤에 마우스를 클릭하고 Backspace 키를 누릅니다.

2 **각주 삭제 확인**

▶▶ 삽입된 각주를 지울 것인지 확인하는 경고 창이 나타납니다. 여기에서 [**지움**]을 클릭하면 각주가 삭제됩니다.

그림 3-35 각주 지우기

❷ 덧말

덧말은 글의 전개로 보아서 본문의 내용 중에 넣기는 어려우나, 본문에서 인용한 자료의 출처를 밝히거나 본문에서 언급한 내용에 대한 간단한 내용의 보충 자료를 제시할 때 본말의 아래나 또는 위에 넣는 말입니다.

(1) 덧말 넣기 메뉴

덧말을 문서에 넣기 위해서는 [**입력**] **탭** → [**참조**] **그룹** → [**덧말**]을 선택합니다.

그림 3-36 덧말 삽입 메뉴

(2) 덧말 넣기

❶ 덧말 넣기 시작

▶▶ 덧말을 넣기 위하여, 덧말 넣기가 적용되는 본문을 드래그하고 **[입력] 탭 → [참조] 그룹 → [덧말]**을 선택합니다.

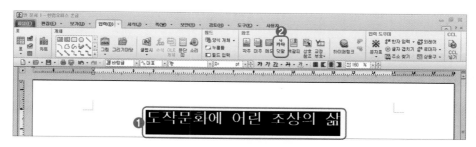

그림 3-37 덧말 넣기 시작

❷ 덧말 넣기

▶▶ **[덧말 넣기]** 대화 상자에서 '**덧말**'에 덧말 내용을 입력 → '**덧말 위치**'에서 덧말의 위치 선택 → **[넣기]**를 클릭합니다.

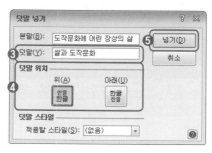

그림 3-38 덧말 넣기

117

❸ 덧말 넣기 완료

▶▶ 본문에 덧말이 삽입된 것을 확인할 수 있습니다.

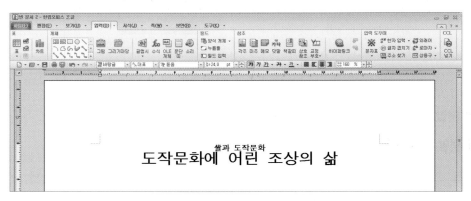

그림 3-39 덧말 넣기 완료

(3) 덧말 고치기와 지우기

❶ 덧말 고치기와 지우기 시작

▶▶ 덧말이 삽입된 본문 마지막 글자 뒤를 클릭하고, 마우스 오른쪽 버튼 → **[바로 가기 메뉴]** → **[덧말 고치기]** 또는 **[덧말 지우기]**를 클릭합니다.

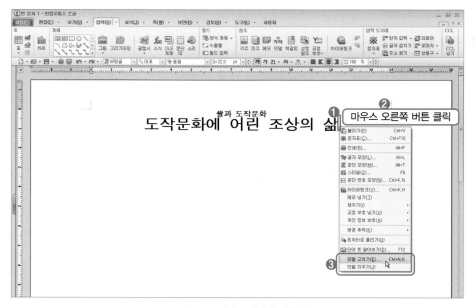

그림 3-40 덧말 고치기와 지우기

2 덧말 고치기와 지우기 적용

- **[덧말 고치기]**: **[덧말 편집]** 대화 상자가 나타나고, 덧말 삽입과 같은 방법으로 덧말을 수정합니다.
- **[덧말 지우기]**: 삽입된 덧말이 삭제됩니다.

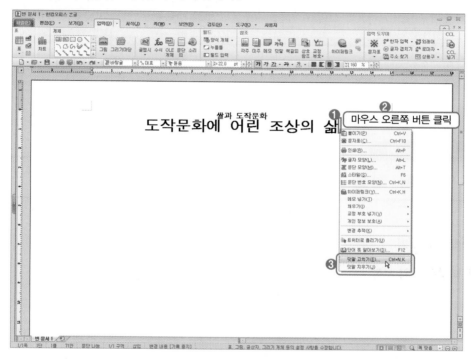

그림 3-41 덧말 고치기와 지우기

3 책갈피

두꺼운 책을 읽을 때 책의 중간에 책갈피를 꽂아 두고 필요할 때마다 들춰 보면 편리하듯이, **책갈피 기능**은 문서를 편집하는 도중에 본문의 여러 곳에 표시를 해 두었다가 현재 커서의 위치에 상관없이 표시해 둔 곳으로 커서를 곧바로 이동시키는 기능입니다.

(1) 책갈피 넣기 메뉴

책갈피를 문서에 넣기 위해서는 **[입력] 탭** → **[참조] 그룹** → **[책갈피]**를 선택합니다.

그림 3-42 책갈피 삽입 메뉴

단축키

• 책갈피: Ctrl + K , B

(2) 책갈피 넣기

1 책갈피 삽입 시작

▶▶ 책갈피를 삽입할 본문 앞을 클릭하고, **[입력] 탭** → **[참조] 그룹** → **[책갈피]**를 선택
합니다.

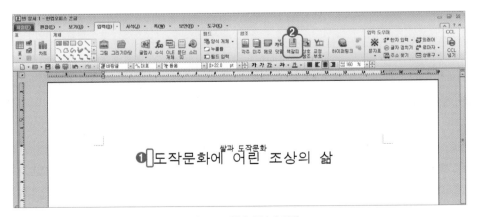

그림 3-43 책갈피 넣기 시작

2 책갈피 삽입

▶▶ **[책갈피]** 대화 상자에서 '**책갈피 이름**' 입력 → **[넣기]**를 클릭합니다.

그림 3-44 **책갈피 넣기 시작**

(3) 삽입된 책갈피로 이동하기

1 [책갈피] 대화 상자 열기

▶▶ 본문에 삽입된 책갈피로 이동을 하기 위해서는 **[입력] 탭 → [참조] 그룹 → [책갈 피]**를 선택합니다.

2 책갈피로 이동

▶▶ **[책갈피]** 대화 상자에서, '**책갈피 목록**'의 이동할 책갈피 선택 → **[이동]**을 클릭합 니다.

그림 3-45 **책갈피로 이동하기**

(4) 책갈피 이름 바꾸기

1 [책갈피] 대화 상자 열기

▶▶ 본문에 삽입된 책갈피로 이동을 하기 위해서는 **[입력] 탭 → [참조] 그룹 → [책갈 피]**를 선택합니다.

2 책갈피 이름 바꾸기

▶▶ **[책갈피]** 대화 상자에서, '**책갈피 목록**'의 이름을 바꿀 책갈피 선택 → **[책갈피 이 름 바꾸기]** 클릭 → **[책갈피 이름 바꾸기]** 대화 상자에서 '**새 책갈피 이름**' 입력 → **[책갈피 이름 바꾸기]** 대화 상자의 **[확인]** 클릭 → **[책갈피]** 대화 상자의 **[넣기]**를 클릭합니다.

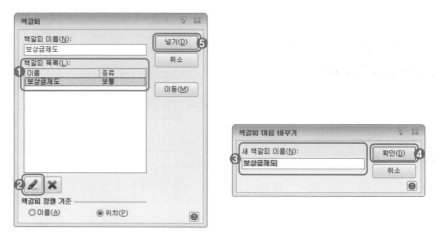

그림 3-46 **책갈피 이름 바꾸기**

(5) 책갈피 삭제하기

1 [책갈피] 대화 상자 열기

▶▶ 본문에 삽입된 책갈피로 이동을 하기 위해서는 **[입력] 탭 → [참조] 그룹 → [책갈 피]**를 선택합니다.

2 책갈피 삭제 선택

▶▶ **[책갈피]** 대화 상자에서, '**책갈피 목록**'의 삭제할 책갈피 선택 → **[삭제]**를 클릭합 니다.

그림 3-47 **책갈피 삭제**

3 책갈피 삭제 확인

▶▶ 삽입된 책갈피를 지울 것인지 확인하는 경고 창이 나타납니다. 여기에서 **[지움]**
을 클릭하면 책갈피가 삭제됩니다.

그림 3-48 **책갈피 삭제 확인**

④ 하이퍼링크

하이퍼링크는 문서의 특정한 위치에 현재 문서나 다른 문서, 웹페이지, 전자 우편 주소
등을 연결하여 쉽게 참조하거나 이동할 수 있게 해 줍니다.

(1) 하이퍼링크 넣기 메뉴

하이퍼링크를 문서에 넣기 위해서는 **[입력] 탭 → [참조] 그룹 → [하이퍼링크]**를 선택합
니다.

그림 3-49 하이퍼링크 삽입 메뉴

단축키

• 하이퍼링크: Ctrl + K, H

(2) 현재 문서 책갈피로 이동 하이퍼링크 설정하기

미리 표시해 둔 책갈피로 하이퍼링크를 연결하여 이동할 수 있도록 합니다.

1 하이퍼링크 삽입 시작

▶▶ 하이퍼링크를 연결할 단어나 문장을 드래그하고 [입력] 탭 → [참조] 그룹 → [하이퍼링크]를 선택합니다.

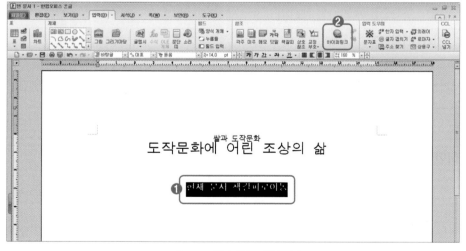

그림 3-50 하이퍼링크 삽입 시작

② [하이퍼링크] 대화 상자 설정

▶▶ **[하이퍼링크]** 대화 상자에서, 현재 문서의 미리 만들어 놓은 책갈피 이름 선택 →
[넣기]를 클릭합니다.

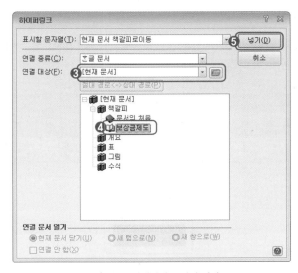

그림 3-51 하이퍼링크 삽입 시작

③ 하이퍼링크 설정 확인

▶▶ 하이퍼링크 설정이 완료되면, 글자의 색이 변하고 밑줄이 생깁니다. 하이퍼링크
설정 텍스트를 클릭하면, 글자 색이 변경되면서 동시에 앞서 설정한 책갈피로 이
동하는 것을 확인할 수 있습니다.

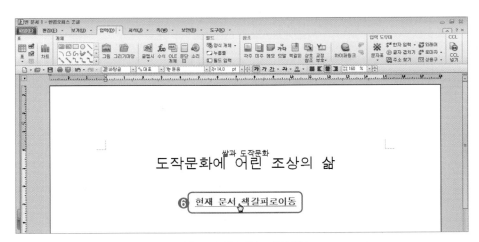

그림 3-52 하이퍼링크 삽입 완료

(3) 웹페이지 주소로 이동 하이퍼링크 설정하기

인터넷상의 특정한 웹페이지를 하이퍼링크로 연결해 놓고, 필요할 때마다 간편하게 해당 웹페이지로 이동할 수 있습니다.

🔟 하이퍼링크 삽입 시작

⏩ 하이퍼링크를 연결할 단어나 문장을 드래그하고 **[입력] 탭 → [참조] 그룹 → [하이퍼링크]**를 선택합니다.

그림 3-53 하이퍼링크 삽입 시작

🔟 [하이퍼링크] 대화 상자 설정

⏩ **[하이퍼링크]** 대화 상자에서, '**연결 종류**'를 '**웹 주소**'로 설정 → '**연결 대상**'에 "URL 주소" 입력 → **[넣기]**를 클릭합니다.

그림 3-54 하이퍼링크 설정

❸ 하이퍼링크 설정 확인

▶▶ 하이퍼링크 설정이 완료되면, 글자의 색이 변하고 밑줄이 생깁니다. 하이퍼링크 설정 텍스트를 클릭하면, 글자 색이 변경되면서 동시에 앞서 설정한 웹 주소로 이동하는 것을 확인할 수 있습니다.

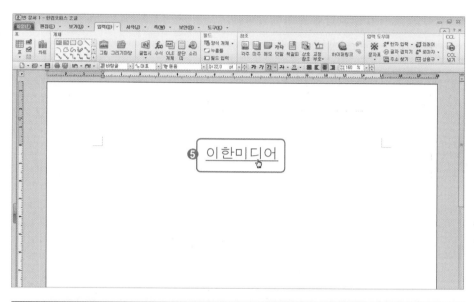

그림 3-55 하이퍼링크 삽입 완료

(4) 하이퍼링크 지우기

1 하이퍼링크 지우기

▶▶ 삽입된 하이퍼링크를 지우기 위해서는, 하이퍼링크가 연결되어 있는 단어나 문장 위에서 마우스 오른쪽 버튼 → [바로 가기 메뉴] → [하이퍼링크 지우기]를 클릭하여 하이퍼링크 설정을 삭제합니다.

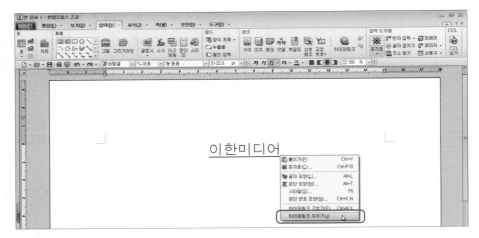

그림 3-56 하이퍼링크 삽입 완료

연습문제

문제 1 　📁 ⊙ Chapter3/예제/연습문제1.hwp

아래 지시문을 보고 완성해 보세요.

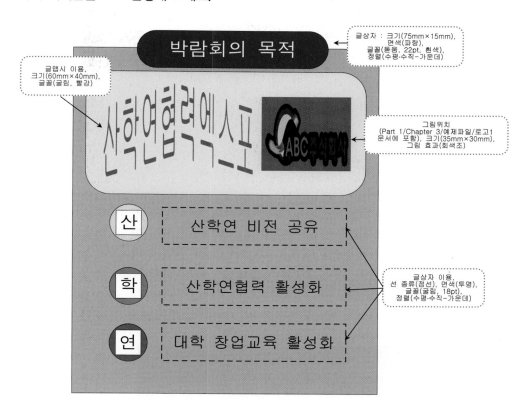

글상자 : 크기(75mm×15mm),
면색(파랑),
글꼴(돋움, 22pt, 흰색),
정렬(수평·수직-가운데)

글맵시 이용,
크기(60mm×40mm),
글꼴(굴림, 빨강)

그림위치
(Part 1/Chapter 3/예제파일/로고1
문서에 포함), 크기(35mm×30mm),
그림 효과(회색조)

글상자 이용,
선 종류(점선), 면색(투명),
글꼴(굴림, 18pt),
정렬(수평·수직-가운데)

문제 2 📁 ⊙ Chapter3/예제/연습문제2.hwp

다음 (1)~(4)의 수식을 수식 편집기로 각각 입력하세요.

(1) $\dfrac{h_{1x}}{2k} \times (-2mh_{1x}) = -\dfrac{m(h_{1x})^2}{k}$

(2) $\iota_n = n^2 \dfrac{h^2}{4\pi^2 K m e^2}$

(3) $Q = \lim\limits_{\Delta t \to 0} \dfrac{\Delta s}{\Delta t} = \dfrac{d^2 s}{dt^2}$

(4) $U = \dfrac{1}{C} \displaystyle\int_0^q q dx = \dfrac{1}{2} \dfrac{q^2}{C}$

문제 3 📁 ⊙ Chapter3/예제/연습문제3.hwp

'그림1.jpg'를 삽입하여 자르기 기능으로 아래 결과 그림만 나타나도록 하세요.

문제 4 ◉ Chapter3/예제/연습문제4.hwp

각주 넣기 기능을 이용하여 아래 문제를 연습합니다. (각주 글꼴: 맑은 고딕)

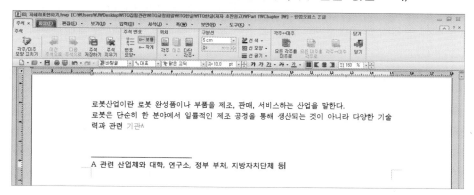

문제 5 ◉ Chapter3/예제/연습문제5.hwp

덧말 넣기 기능을 이용하여 아래 문제를 연습합니다. (글꼴: 돋움, 20pt, 굵게)

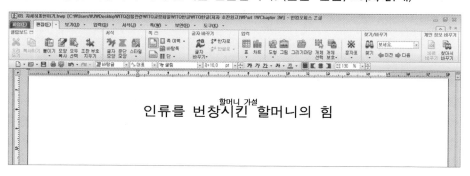

학/습/정/리

01 그림 넣기 (Ctrl + N, I)
- [입력] 탭 → [개체] 그룹 → [그림 넣기]
- Shift 키를 이용하여 그림 자르기를 좀 더 편리하게 할 수 있습니다.
- 그림 개체 속성의 본문과의 배치를 이용하여 글자와 그림의 여러 배치 방법을 조정할 수 있습니다.

02 글상자 (Ctrl + N, B)
- [입력] 탭 → [개체] 그룹 → [글상자]
- 본문 중간에 박스형 학습 정리 글을 넣을 때 주로 글상자를 이용합니다.
- 글상자 테두리와 면 색 등을 조정하여 여러 모양의 글상자를 만들 수 있습니다.

03 수식 (Ctrl + N, M)
- [입력] 탭 → [개체] 그룹 → [수식]
- 수식 편집기를 이용하여 다양한 수식을 입력할 수 있습니다.
- 다른 항목 간의 이동은 Tab 키를 이용합니다.

04 글맵시
- [입력] 탭 → [개체] 그룹 → [글맵시]
- 글자를 구부리거나 글자에 외곽선, 면 채우기, 그림자, 회전 등의 효과를 주어 문자를 꾸미는 기능입니다.
- 글맵시 개체 속성을 이용하여 다양한 모양의 글맵시를 만들 수 있습니다.

05 각주/미주
- [입력] 탭 → [참조] 그룹 → [각주/미주]
- 보충 자료를 구체적으로 제시할 필요가 있을 때에 사용합니다.
- [주석 모양] 대화 상자를 이용하여 다양한 번호 서식을 사용할 수 있습니다.

06 덧말 넣기

- [입력] 탭 → [참조] 그룹 → [덧말]
- 본말의 아래나 또는 위에 간단한 보충 설명을 제시할 수 있습니다.
- 덧말을 지울 때는 마우스 오른쪽 버튼(바로 가기 메뉴)을 이용합니다.

07 책갈피 (Ctrl+K, B)

- [입력] 탭 → [참조] 그룹 → [책갈피]
- 문서를 편집하는 도중에 본문의 여러 곳에 표시를 해 두었다가 현재 커서의 위치에 상관 없이 표시해 둔 곳으로 커서를 곧바로 이동시키는 기능입니다.
- 주로 하이퍼링크 기능과 함께 사용됩니다.

08 하이퍼링크 (Ctrl+K, H)

- [입력] 탭 → [참조] 그룹 → [하이퍼링크]
- 하이퍼링크는 문서의 특정한 위치에 현재 문서나 다른 문서, 웹페이지, 전자 우편 주소 등 을 연결하여 쉽게 참조하거나 이동할 수 있게 해 줍니다.

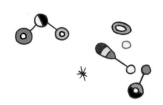

CHAPTER **04**

표와 차트 만들기

04 표와 차트 만들기

학습 목표

- 칸과 줄의 수를 입력하여 표를 만들고 줄, 칸 삽입, 삭제, 셀 합치기를 학습해 봅니다.
- 표 안의 내용을 편집하고 정리합니다.
- 표의 선과 배경을 꾸며 봅니다.
- 표의 내용을 가지고 차트를 만들어 봅니다.
- 만들어진 차트를 여러 형태로 변형하여 봅니다.

학습 내용

표 만들기

1 표 만들기

줄과 칸 수의 입력으로 여러 형태의 표를 만들 수 있습니다. 만들어진 표는 줄/칸 삽입과 삭제로 수정을 할 수 있습니다.

1 표 만들기 시작

▶▶ 문서에 표를 삽입하기 위해서 **[입력] 탭 → [표] 그룹 → [표]**를 선택합니다.

그림 4-1 **표 만들기 시작**

2 [표 만들기] 대화 상자 설정

▶▶ **[표 만들기]** 대화 상자에서 문서에 삽입될 표의 '**줄 수**' 입력 → '**칸 수**' 입력 → **[만들기]**를 클릭하여 문서에 표를 삽입합니다.

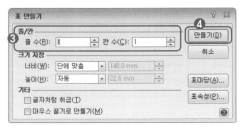

그림 4-2 **표 만들기 대화 상자**

• 표 만들기: Ctrl + N, T

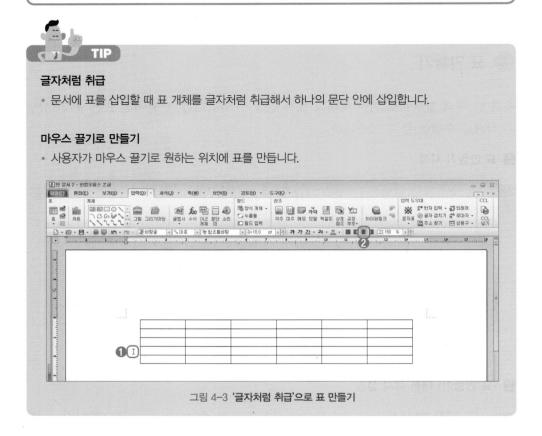

글자처럼 취급
• 문서에 표를 삽입할 때 표 개체를 글자처럼 취급해서 하나의 문단 안에 삽입합니다.

마우스 끌기로 만들기
• 사용자가 마우스 끌기로 원하는 위치에 표를 만듭니다.

그림 4-3 '글자처럼 취급'으로 표 만들기

2 줄/칸 삽입과 삭제

입력된 표의 셀을 추가하거나 삭제합니다.

• 줄/칸 나누기: S
• 줄/칸 삭제: Ctrl + E

(1) 줄 나누기

1 셀 선택

▶▶ 줄을 나눌 셀을 마우스로 드래그하여 선택하고, [S]키를 누릅니다.

2 [셀 나누기] 대화 상자를 이용하여 줄 나누기

▶▶ [**셀 나누기**] 대화 상자에서, '**줄 수**'를 체크 → 줄 수의 입력 → [**나누기**]를 클릭합니다.

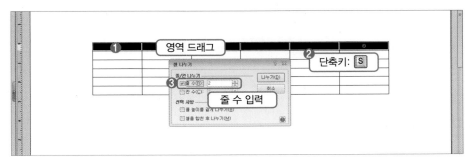

그림 4-4 줄 나누기

3 줄 나누기 완료

▶▶ 선택된 셀의 줄이 나누어진 것을 확인할 수 있습니다.

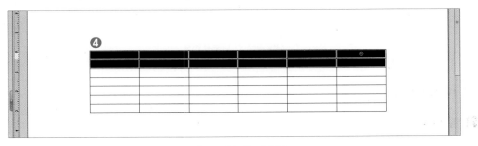

그림 4-5 줄 나누기 완료

(2) 칸 나누기

1 셀 선택

▶▶ 칸을 나눌 셀을 마우스로 드래그하여 선택하고, [S]키를 누릅니다.

2 [셀 나누기] 대화 상자를 이용하여 칸 나누기

▶▶ [셀 나누기] 대화 상자에서, '칸 수'를 체크 → 칸 수의 입력 → [나누기]를 클릭합니다.

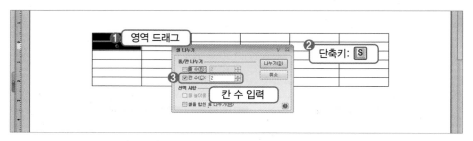

그림 4-6 칸 나누기

3 칸 나누기 완료

▶▶ 선택된 셀의 칸이 나누어진 것을 확인할 수 있습니다.

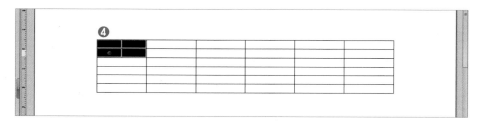

그림 4-7 칸 나누기 완료

(3) 셀 삭제하기

1 셀 선택

▶▶ 셀을 삭제할 부분을 마우스로 드래그하여 선택하고, Ctrl + E 키를 누릅니다.

2 삭제 확인

▶▶ 선택한 셀을 지울 것인지 확인하는 경고 창이 나타납니다. 여기에서 [지우기]를 클릭하면 셀이 삭제됩니다.

그림 4-8 셀 삭제

3 셀 삭제 완료

▶▶ 선택된 셀이 삭제된 것을 확인할 수 있습니다.

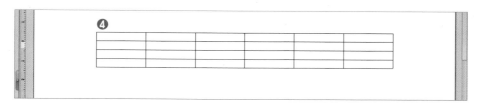

그림 4-9 셀 삭제 완료

 TIP

셀 삭제 시 경고 창에서 [남김]

• [남김]은 셀 안에 내용이 입력되어 있을 경우 내용만 지워지고 셀은 그대로 남긴다는 명령입니다.

3 셀 합치기(셀 병합)

셀 합치기(셀 병합)는 셀 블록으로 설정한 두 개 이상의 셀을 하나로 합치는 기능입니다.

 단축키

• 셀 합치기: M

1 셀 병합하기

▶▶ 셀 병합이 필요한 부분을 마우스로 드래그하여 선택하고, M 키를 누릅니다.

그림 4-10 셀 합치기

2 셀 병합 완료

▶▶ 선택된 셀이 병합된 것을 확인할 수 있습니다.

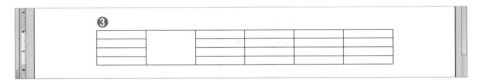

그림 4-11 셀 병합 완료

4 셀 배경색 만들기

◉ Chapter4/예제/셀배경색.hwp

셀의 배경을 색깔과 무늬로 채우거나 그러데이션으로 채우기 또는 그림으로 채우기 등을 지정하여 다양한 채우기 효과를 낼 수 있습니다.

셀 배경색을 지정하기 위해 소스 파일을 준비합니다.

단축키

• 셀 배경색: C

🔢 셀 선택하기

▶▶ 배경색을 지정할 부분을 마우스로 드래그하여 블록 지정하고, ⓒ키를 누릅니다.

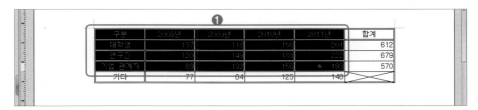

그림 4-12 셀 범위 설정

🔢 셀 배경 설정

▶▶ **[셀 테두리/배경]** 대화 상자에서 **[배경] 탭 → [색] 그룹** 선택 → '**면 색**'의 드롭다운(▼) 클릭 → **[색상 테마]** 클릭 → **[오피스]** 선택 → **[노랑]** 선택 → **[설정]**을 클릭합니다.

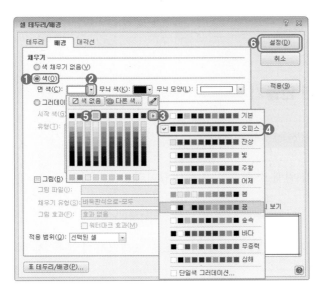

그림 4-13 셀 배경 설정

③ 셀 배경 설정 완료

▶▶ 셀 배경이 변경된 것을 확인할 수 있습니다.

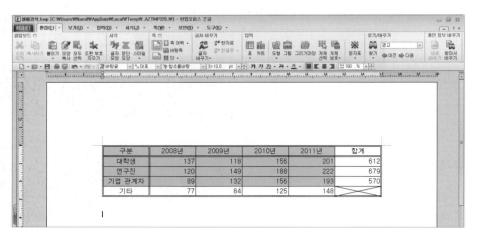

구분	2008년	2009년	2010년	2011년	합계
대학생	137	118	156	201	612
연구진	120	149	188	222	679
기업 관계자	89	132	156	193	570
기타	77	84	125	148	

그림 4-14 셀 배경 설정 완료

⑤ 그러데이션 만들기

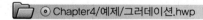

⊙ Chapter4/예제/그러데이션.hwp

그러데이션을 넣기 위해 소스 파일을 준비합니다.

① 셀 선택하기

▶▶ 그러데이션을 지정할 부분을 마우스로 드래그하여 블록 지정하고, © 키를 누릅
니다.

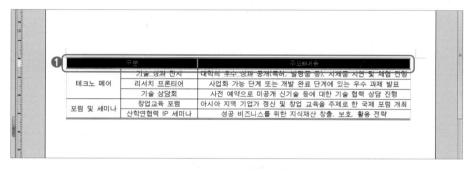

그림 4-15 셀 범위 설정

❷ 그러데이션 설정

▶▶ [셀 테두리/배경] 대화 상자에서 [배경] 탭 → [그러데이션] 그룹 선택 → '시작 색'
과 '끝 색' 설정 → '유형' 선택 → [설정]을 클릭합니다.

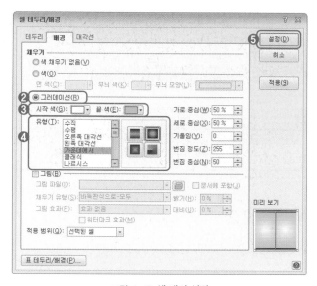

그림 4-16 **셀 배경 설정**

❸ 셀 배경 설정 완료

▶▶ 셀 배경에 그러데이션 효과가 적용된 것을 확인할 수 있습니다.

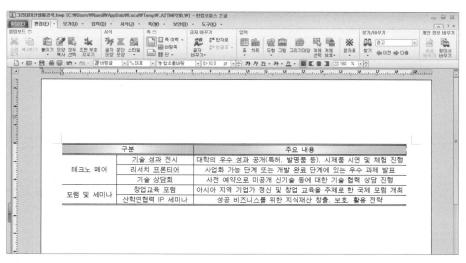

그림 4-17 **그러데이션 설정 완료**

6 셀 테두리 만들기

📁 ⊙ Chapter4/예제/셀테두리.hwp

표의 각 셀마다 다양한 모양의 셀 테두리 선을 넣을 수 있으며, 원하는 방향의 테두리만
을 보이거나 감출 수 있습니다.

셀 테두리를 지정하기 위해 소스 파일을 준비합니다.

📝 **단축키**

• 셀 테두리: Ⓛ

(1) 테두리 선 설정하기

1 셀 선택하기

▶▶ 셀 테두리의 선을 지정할 부분을 마우스로 드래그하여 블록 지정하고, Ⓛ키를
누릅니다.

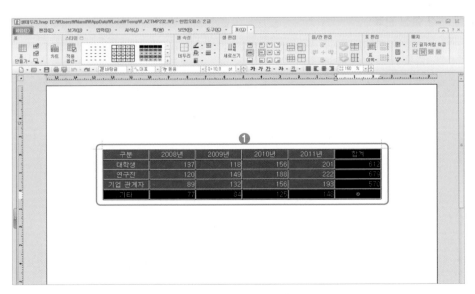

그림 4-18 셀 범위 설정

2 테두리 설정

▶▶ **[셀 테두리/배경]** 대화 상자에서 **[테두리]** 탭 → '**종류**' 선택 → '**굵기**' 선택 → '**색**'
선택 → 적용 범위 선택 → **[설정]**을 클릭합니다.

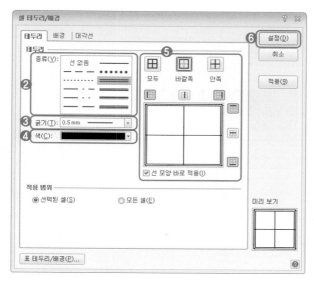

그림 4-19 셀 테두리 설정

3 테두리 설정 완료

▶▶ 셀 테두리가 설정대로 변경된 것을 확인할 수 있습니다.

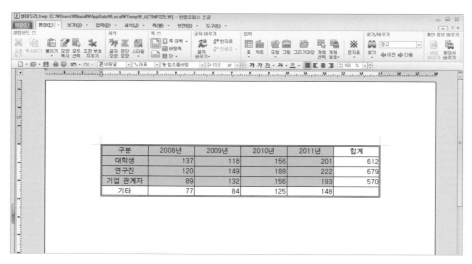

구분	2008년	2009년	2010년	2011년	합계
대학생	137	118	156	201	612
연구진	120	149	188	222	679
기업 관계자	89	132	156	193	570
기타	77	84	125	148	

그림 4-20 셀 테두리 설정 완료

(2) 대각선 설정하기

■ 셀 선택하기

▶▶ 대각선이 들어갈 셀에서 F5 키를 눌러 셀 한 칸을 선택한 후 L 키를 누릅니다.

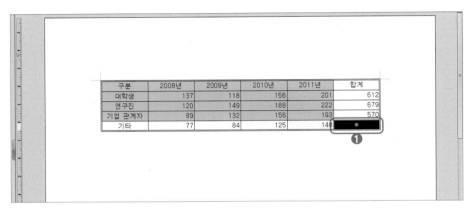

그림 4-21 셀 범위 설정

② 대각선 설정

▶▶ [셀 테두리/배경] 대화 상자에서 [대각선] 탭 → '종류' 선택 → '대각선' 선택 → [설정]을 클릭합니다.

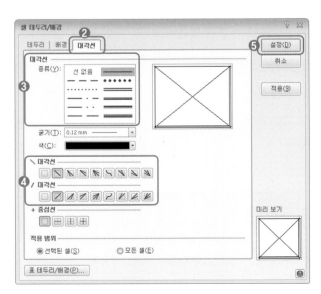

그림 4-22 대각선 설정

❸ 대각선 설정 완료

▶▶ 대각선이 설정된 것을 확인할 수 있습니다.

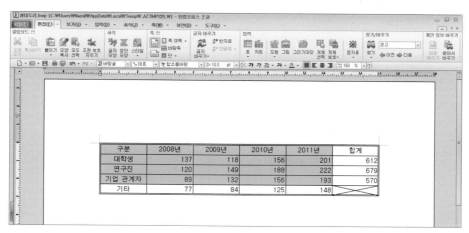

그림 4-23 **대각선 설정 완료**

(3) 테두리 선 없음 설정하기

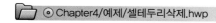
⊙ Chapter4/예제/셀테두리삭제.hwp

원하는 방향의 테두리 선만을 없앱니다.

셀 테두리를 지정하기 위해 소스 파일을 준비합니다.

❶ 셀 선택하기

▶▶ 셀 테두리 선을 없앨 부분을 마우스로 드래그하여 블록 지정하고, ㄴ키를 누릅니다.

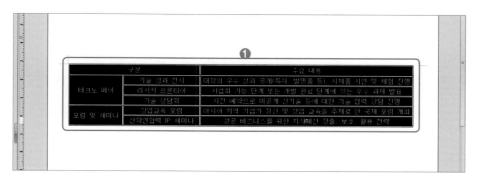

그림 4-24 **셀 범위 설정**

② 대각선 설정

▶▶ **[셀 테두리/배경]** 대화 상자에서 **[테두리]** 탭 → **'종류'**의 **'선 없음'** 선택 → 적용 범위 선택 → **[설정]**을 클릭합니다.

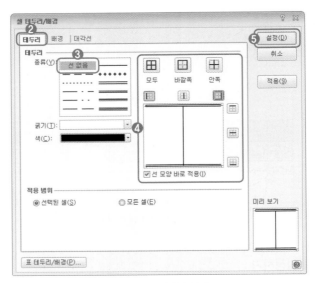

그림 4-25 대각선 설정

③ 테두리 선 없음 설정 완료

▶▶ 테두리 선 없음이 설정되어 테두리가 없어진 것을 확인할 수 있습니다.

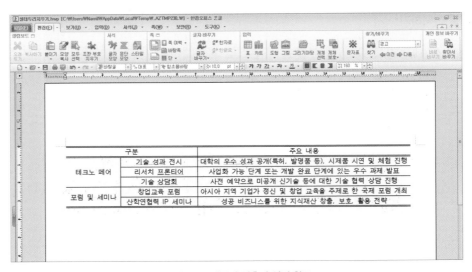

구분		주요 내용
테크노 페어	기술 성과 전시	대학의 우수 성과 공개(특허, 발명품 등), 시제품 시연 및 체험 진행
	리서치 프론티어	사업화 가능 단계 또는 개발 완료 단계에 있는 우수 과제 발표
	기술 상담회	사전 예약으로 미공개 신기술 등에 대한 기술 협력 상담 진행
포럼 및 세미나	창업교육 포럼	아시아 지역 기업가 정신 및 창업 교육을 주제로 한 국제 포럼 개최
	산학연협력 IP 세미나	성공 비즈니스를 위한 지식재산 창출, 보호, 활용 전략

그림 4-26 테두리 감추기 설정 완료

TIP

투명 선 보기

• 표나 글상자는 각각의 선 종류를 선택할 수 있습니다. 이때 선 종류를 [선 없음]으로 지정하게 되면 편집할 때나 인쇄할 때 선이 보이지 않습니다. 이런 경우 [보기] 탭 → [표시/숨기기] 그룹 → [투명 선]을 선택해 놓으면, [선 없음]으로 선택한 곳이 빨간색 점선으로 나타나기 때문에 편집하는 데 도움이 됩니다.

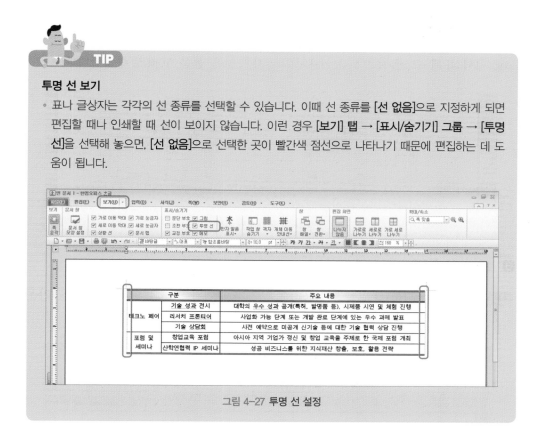

그림 4-27 투명 선 설정

7 표 글자 속성 바꾸기

표 안에 입력한 내용을 선택하여 글자 모양 및 문단 모양을 조건에 맞게 수정합니다.

1 표 내용 입력

▶▶ 표 안에 내용을 입력합니다.

구분	2008년	2009년	2010년	2011년	합계
대학생	137	118	156	201	
연구진	120	149	188	222	
기업 관계자	89	132	156	193	
기타	77	84	125	148	

그림 4-28 내용 입력

151

② 글자 모양 수정

▶▶ [서식] 탭 → [글자] 그룹을 이용하여 글자 모양을 '**돋움, 10pt**'로 수정합니다.

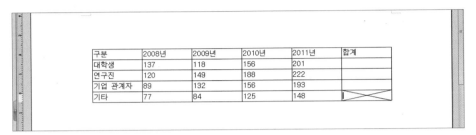

구분	2008년	2009년	2010년	2011년	합계
대학생	137	118	156	201	
연구진	120	149	188	222	
기업 관계자	89	132	156	193	
기타	77	84	125	148	

그림 4-29 **글자 모양 수정**

③ 문단 모양 수정

▶▶ [서식] 탭 → [문단] 그룹을 이용하여 문자가 들어가 있는 셀의 문단 모양을 '**가운데**'로 수정합니다.

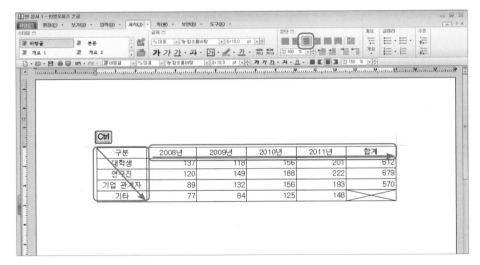

그림 4-30 **문단 모양 수정**

TIP

• 표에서 서로 떨어져 있는 셀들을 함께 선택할 때, Ctrl 키를 누른 채로 셀을 선택하면 떨어져 있는 셀도 선택이 됩니다.

⑧ 표 블록 계산하기

📁 ⊙ Chapter4/예제/블록계산.hwp

표 블록 계산이란 블록으로 설정된 곳에 들어 있는 숫자들의 합과 평균을 구하여 현재 위치에 곧바로 삽입하는 기능입니다.

블록 계산을 연습하기 위해 소스 파일을 준비합니다.

■ 표 블록 계산하기

▶▶ 숫자 입력 부분과 합계가 들어갈 부분을 같이 드래그하고, 마우스 오른쪽 버튼 → **[바로 가기 메뉴]** → **[블록 계산식]** → **[블록 합계]**를 선택합니다.

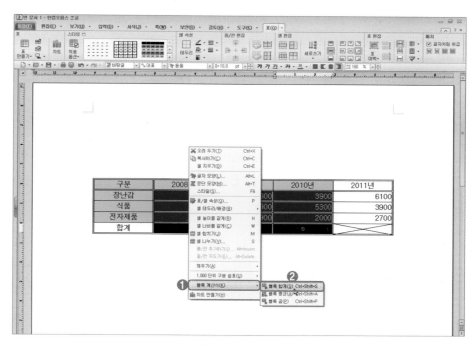

그림 4-31 **표 블록 계산**

② 자릿점 넣기

▶▶ 천 단위마다 구분을 짓기 위한 자릿점을 넣기 위해서, 자릿점 삽입을 위한 셀 영역을 드래그하여 선택하고, 마우스 오른쪽 버튼 → **[바로 가기 메뉴]** → **[1,000 단위 구분 쉼표]** → **[자릿점 넣기]**를 선택합니다.

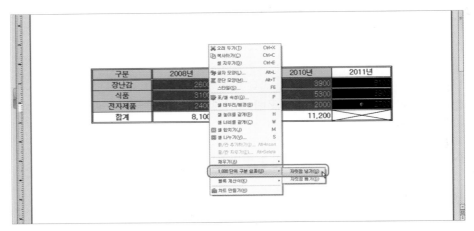

그림 4-32 자릿점 넣기

9 표 크기 조절하기

삽입된 표의 크기를 조절합니다.

1 표 생성

▶▶ [입력] 탭 → [표] 그룹 → [표]를 선택하고, [표 만들기] 대화 상자에서 문서에 삽입될 표의 '줄 수' 입력 → '칸 수' 입력 → [만들기]를 클릭하여 문서에 표를 삽입합니다.

2 표 크기 조절

▶▶ 문서에 삽입된 표의 크기를 조절하기 위해서 표의 경계선 위에 마우스를 올려놓으면 다음 그림과 같이 마우스 모양이 변경됩니다. 이때 원하는 방향으로 마우스를 드래그하여 표의 크기를 조절합니다.

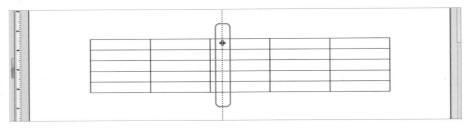

그림 4-33 표 크기 조절하기

❸ 너비 또는 높이를 같게 조절하기

▶▶ 셀 너비 또는 높이를 균등하게 조절하기 위해서 조절이 필요한 셀 영역을 마우스로 드래그한 후, 마우스 오른쪽 버튼 → **[바로 가기 메뉴]** → **[셀 높이를 같게]** 또는 **[셀 너비를 같게]**를 선택합니다.

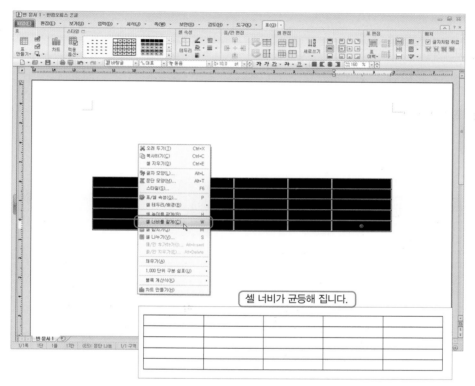

셀 너비가 균등해 집니다.

그림 4-34 셀 너비를 같게

❿ 캡션 넣기

📁 ◉ Chapter4/예제/캡션넣기.hwp

본문에 들어가는 그림이나 표, 글상자, 그리기 개체, 수식은 필요에 따라 번호와 제목, 간단한 설명 등을 붙입니다. 이와 같이 개체에 붙인 제목을 **캡션**이라고 합니다. 개체에 한번 캡션을 넣어 두면 개체의 위치가 변경되더라도, 항상 캡션이 따라다니기 때문에 매우 편리합니다.

캡션 넣기를 연습하기 위해 소스 파일을 준비합니다.

단축키

• 표 개체로 선택: F11

1 표 선택

▶▶ 표 안쪽 아무 곳이나 마우스를 클릭하고, F11 키를 눌러 표를 선택합니다.

2 표 캡션 넣기

▶▶ **[표]** 탭 → **[표]** 도구 → **[캡션]** → 표 캡션 '**위치**'를 선택하면 해당 위치에 캡션이 삽입된 것을 확인할 수 있습니다.

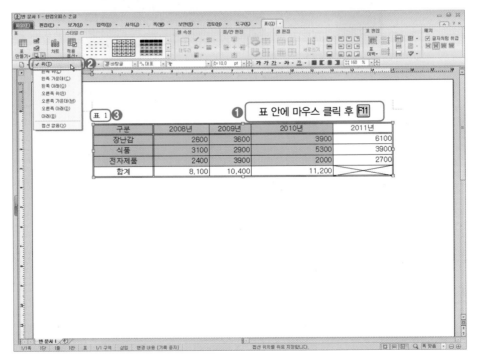

그림 4-35 **캡션 넣기**

3 표 캡션 글자 및 문단 모양 변경

▶▶ 자동으로 생성된 **'표 1'**을 "**연도별 전시장 방문객현황 (단위: 명)**"으로 수정하고, [서식] 탭 → [글자] 그룹을 이용하여 '굴림, 10pt'를 설정하고, [서식] 탭 → [문단] 그룹을 이용하여 '오른쪽 정렬'을 설정합니다.

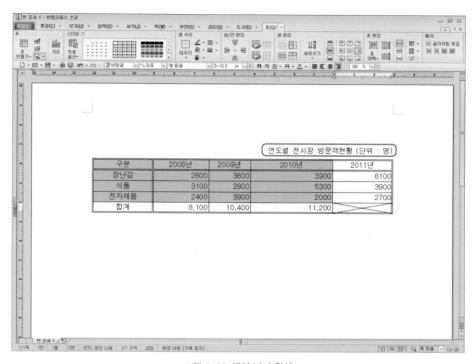

구분	2008년	2009년	2010년	2011년
장난감	2600	3600	3900	6100
식품	3100	2900	5300	3900
전자제품	2400	3900	2000	2700
합계	8,100	10,400	11,200	

연도별 전시장 방문객현황 (단위 : 명)

그림 4-36 **캡션 넣기 완성**

 단축키

• 캡션 넣기: `Ctrl` + `N`, `C`

차트 만들기

1 차트 명칭 알아보기

다음은 **차트의 각 요소의 명칭**을 그림으로 표현한 것입니다.

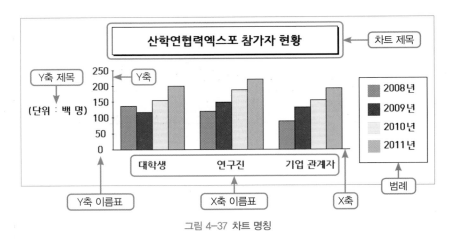

그림 4-37 **차트 명칭**

2 차트 마법사를 이용하여 차트 만들기

📁 ⊙ Chapter4/예제/차트마법사.hwp

차트 마법사는 차트의 모양과 구성 등을 마법사가 제시하는 단계별로 지정하여 차트를 만드는 기능입니다. 차트 마법사를 이용하면 차트를 쉽고 빠르게 만들 수 있습니다.

차트 마법사를 연습하기 위해 소스 파일을 준비합니다.

1 기본 차트 만들기

▶▶ 차트의 원본이 되는 표의 내용을 드래그하고 **[표] 탭 → [표] 그룹 → [차트]**를 클릭하면 문서에 기본 차트가 삽입됩니다.

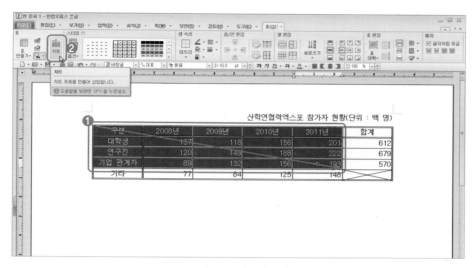

그림 4-38 차트 만들기

2 차트 마법사 실행

▶▶ 기본 차트에서 삽입된 차트 영역을 더블 클릭하여 선택하고, 오른쪽 마우스 버튼 → **[바로 가기 메뉴] → [차트 마법사]**를 선택합니다.

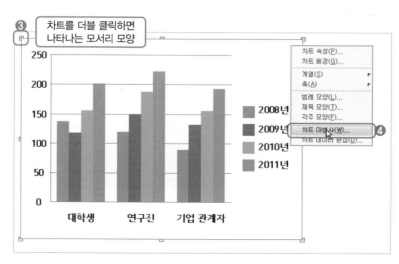

그림 4-39 차트 마법사 실행

❸ 차트 마법사 1단계

▶▶ [차트 마법사 - 3단계 중 1단계] 대화 상자에서 '**차트 종류 선택**'에서 차트의 종류
선택 → '**차트 모양 선택**'에서 차트의 모양 선택 → [**다음**]을 선택합니다.

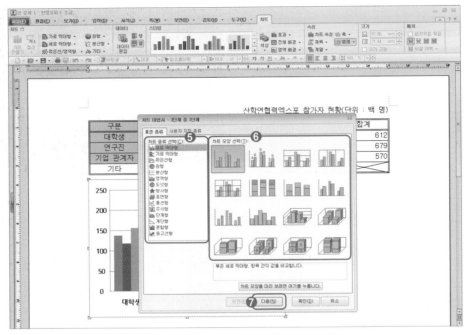

그림 4-40 **차트 마법사 1단계**

❹ 차트 마법사 2단계

▶▶ [차트 마법사 - 3단계 중 2단계] 대화 상자에서 차트의 '**방향**' 선택 → [**다음**]을 선
택합니다.

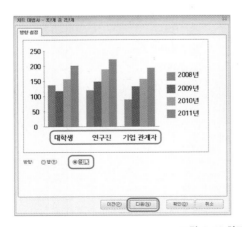 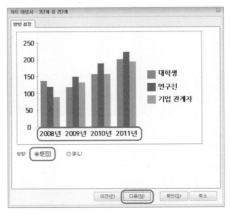

그림 4-41 **차트 마법사 2단계**

⑤ 차트 마법사 마지막 단계

▶▶ **[차트 마법사 - 마지막 단계]** 대화 상자에서 **[제목]** 탭 →'**차트 제목**' 입력 → '**축 제목**' 입력 → **[범례]** 탭 → **[범례 표시]** → '**범례의 배치**' 설정 → **[확인]**을 클릭합니다.

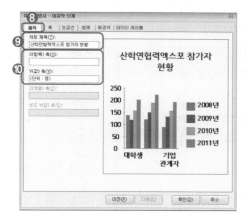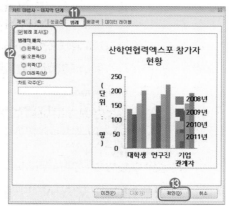

그림 4-42 **차트 마법사 마지막 단계**

③ 차트 수정하기

차트 마법사의 과정을 마치고 나온 차트를 다시 한 번 부분별로 수정을 합니다.

(1) 차트 제목 수정하기

① 차트 제목 선택

▶▶ 차트의 제목 부분을 더블 클릭하여 **[제목 모양]** 대화 상자를 불러옵니다.

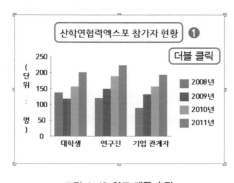

그림 4-43 **차트 제목 수정**

2 차트 제목 테두리, 그림자 설정

▶▶ [제목 모양] 대화 상자에서 [배경] 탭 → '선 모양' 설정 → '그림자'를 선택합니다.

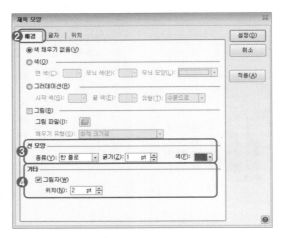

그림 4-44 제목 테두리 그림자 설정

3 차트 제목 글자 모양 설정

▶▶ [제목 모양] 대화 상자에서 [글자] 탭 → [글꼴 설정] 그룹 → 글자 모양의 선택 → [설정]을 선택합니다.

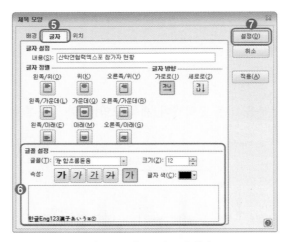

그림 4-45 제목 글자 모양 설정

4 차트 제목 수정 완료

▶▶ 변경된 차트 제목을 확인할 수 있습니다.

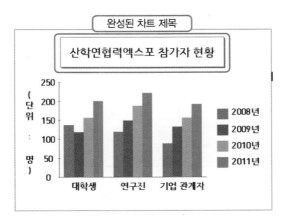

그림 4-46 차트 제목 수정 완료

(2) Y축 제목 수정하기

1 Y축 제목 선택

차트의 Y축 제목 부분을 더블 클릭하여 **[축 제목 모양]** 대화 상자를 불러옵니다.

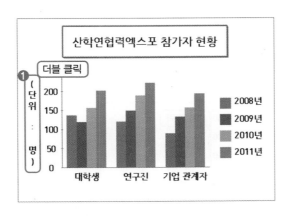

그림 4-47 축 제목 선택

❷ 축 제목 글자 모양 변경

▶▶ **[축 제목 모양]** 대화 상자에서 **[글자]** 탭 → **[글자 방향]** 그룹 → 글자 방향 변경 → **[글꼴 설정]** 그룹 → 글꼴 설정 → **[설정]**을 선택합니다.

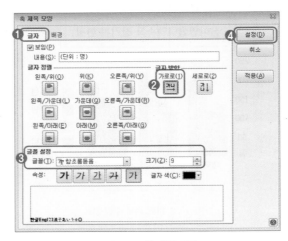

그림 4-48 축 제목 설정

(3) 축 이름표 수정하기

❶ 축 이름표 선택

▶▶ 차트의 축 이름표 부분을 더블 클릭하여 **[축 이름표 모양]** 대화 상자를 불러옵니다.

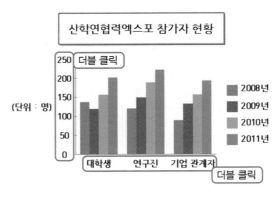

그림 4-49 축 이름표 선택

2 축 이름표 글자 모양 변경

▶▶ **[축 이름표 모양]** 대화 상자에서 **[글자] 탭** → **[글꼴 설정] 그룹** → 글꼴 설정 → **[설정]**을 선택합니다.

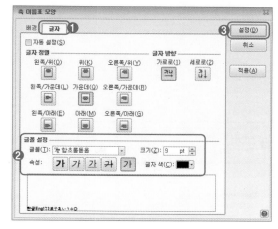

그림 4-50 **축 이름표 설정**

(4) 범례 수정하기

1 차트 범례 선택

▶▶ 차트의 범례 부분을 더블 클릭하여 **[범례 모양]** 대화 상자를 불러옵니다.

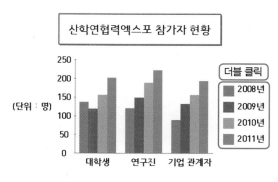

그림 4-51 **범례 선택**

2 범례 글자 모양 변경

▶▶ **[범례 모양]** 대화 상자에서 **[글자] 탭** → **[글꼴 설정] 그룹** → 글꼴 설정을 합니다.

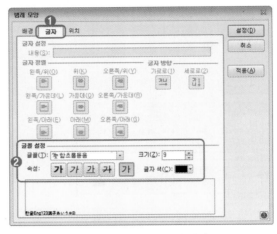

그림 4-52 범례 글자 모양 설정

3 범례 위치 변경

▶▶ **[범례 모양]** 대화 상자에서 **[위치] 탭** → 위치 변경 → **[설정]**을 선택합니다.

그림 4-53 범례 선택

(5) 축 값 변경하기

1 축 값 변경 시작

▶▶ 축 값 변경을 위하여 차트의 빈 공간에서 마우스 오른쪽 버튼 → **[바로 가기 메뉴]** → **[축]** → **[축]**을 선택합니다.

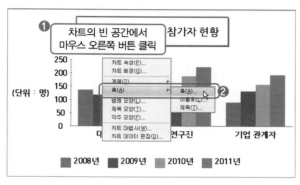

그림 4-54 범례 선택

2 축 선택

▶▶ **[축 선택]** 대화 상자에서 축 값을 변경할 축을 선택 → **[선택]**을 클릭합니다.

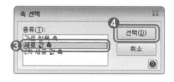

그림 4-55 축 선택

3 축 모양 설정

▶▶ **[축 모양]** 대화 상자에서 **[비례] 탭** → '자동으로 꾸밈' 체크 해지 → '**최솟값**', '**최댓값**', '**큰 눈금선**', '**작은 눈금선**'을 설정 → **[설정]**을 클릭합니다.

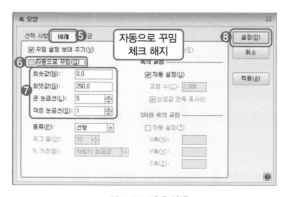

그림 4-56 범례 선택

❹ 축 모양 변경 완료

▶▶ 축 모양이 앞서 설정한 '**최솟값**', '**최댓값**', '**큰 눈금선**', '**작은 눈금선**'의 입력값에 의해서 변경된 것을 확인할 수 있습니다.

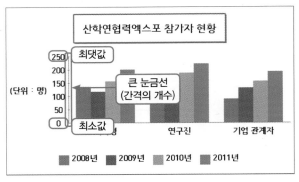

그림 4-57 **범례 선택**

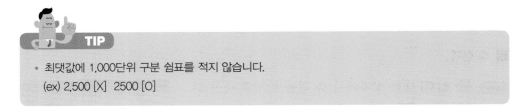

TIP

• 최댓값에 1,000단위 구분 쉼표를 적지 않습니다.
(ex) 2,500 [X] 2500 [O]

(6) 차트 크기 조절하기

❶ 차트 크기 조절

▶▶ 차트를 선택하면 8개의 [**크기 조절 핸들**]이 나타납니다. [**크기 조절 핸들**]을 마우스로 드래그하여 크기를 조절합니다.

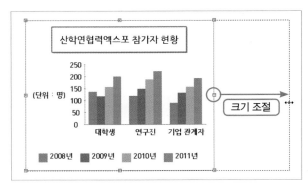

그림 4-58 **차트 크기 조절**

(7) 글자처럼 취급하기

차트를 '**글자처럼 취급**'으로 설정하고, '**가운데 정렬**'을 합니다.

■ 개체 속성 실행

▶▶ 차트를 선택하고, 마우스 오른쪽 버튼 → [**바로 가기 메뉴**] → [**개체 속성**]을 선택
합니다.

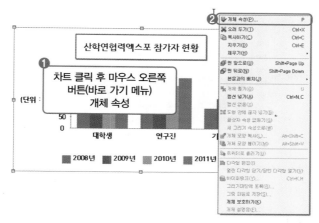

그림 4-59 **차트 글자처럼 취급**

② 글자처럼 취급 설정

▶▶ [**개체 속성**] 대화 상자에서 [**기본**] **탭** → [**위치**] **그룹** → [**글자처럼 취급**] 체크 → [**설
정**]을 클릭합니다.

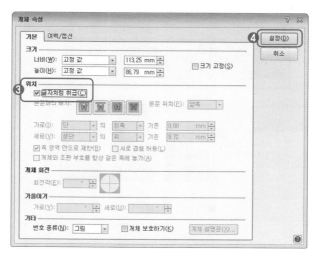

그림 4-60 **차트 글자처럼 취급**

❸ 차트 가운데 정렬

▶▶ 차트 오른쪽을 클릭하고, [서식] 탭 → [문단] 그룹 → [가운데 정렬]을 클릭합니다.

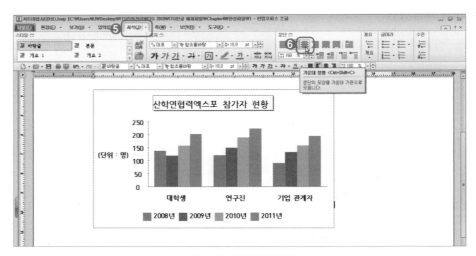

그림 4-61 차트 가운데 정렬

❹ 차트 가운데 정렬 완료

▶▶ 차트가 가운데 정렬된 것을 확인할 수 있습니다.

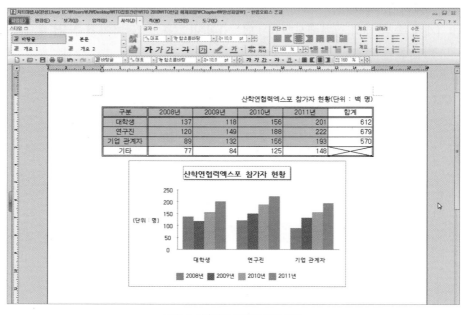

그림 4-62 차트 가운데 정렬 완료

TIP

표의 내용을 연결하지 않고 바로 차트 만들기

① [편집] 탭 → [입력] 그룹 → [차트] 클릭하여 기본 차트 생성

② 차트에서, 마우스 오른쪽 버튼 → [바로 가기 메뉴] → [차트 데이터 편집]

③ 데이터 내용 입력

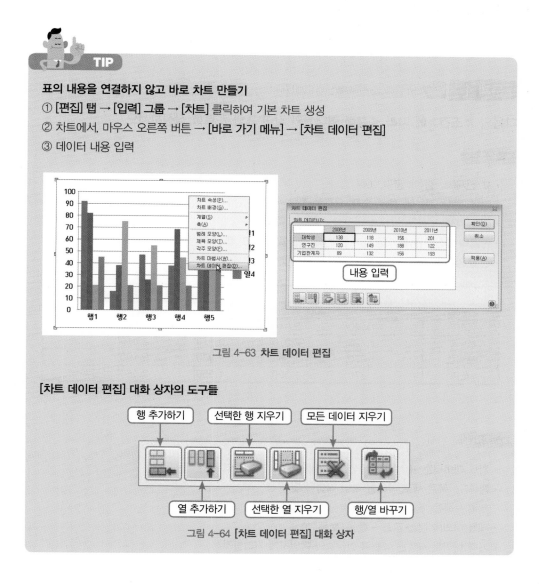

그림 4-63 **차트 데이터 편집**

[차트 데이터 편집] 대화 상자의 도구들

그림 4-64 **[차트 데이터 편집] 대화 상자**

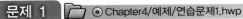

문제 1　⊙ Chapter4/예제/연습문제1.hwp

다음의 《조건》에 따라 《출력 형태》와 같이 표와 차트를 작성하시오.

표 조건

- 표 전체(표, 캡션): 굴림, 10pt
- 정렬: 문자: 가운데 정렬, 숫자: 오른쪽 정렬
- 셀 배경색: 노랑
- 한글의 계산 기능을 이용하여 빈 칸에 평균을 구하고, 캡션 기능 사용할 것
- 선 모양은 《출력 형태》와 동일하게 처리할 것

구분	2007년	2008년	2009년	2010년	평균
미국	1,340	2,340	3,050	4,720	
영국	1,220	2,070	3,120	4,010	
프랑스	1,070	960	2,080	3,190	
호주	870	1,390	1,950	2,060	✕

차트 조건

- 차트 데이터는 표 내용에서 연도별 미국, 영국, 프랑스의 값만 이용할 것
- 종류 - 〈묶은 세로 막대형〉으로 작업할 것
- 제목 - 돋움, 진하게, 12pt, 배경 - 선 모양(한 줄로), 그림자(2pt)
- 제목 이외의 전체 글꼴 - 돋움, 보통, 10pt
- 기타 나머지 사항은 《출력 형태》와 동일하게 처리할것

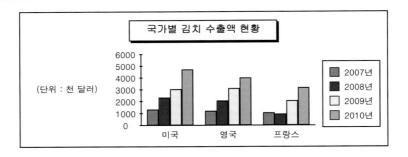

문제 2 　 ⊙ Chapter4/예제/연습문제2.hwp

다음의 ≪조건≫에 따라 ≪출력 형태≫와 같이 표를 작성하시오.

조건

- 표 전체 글꼴: 돋움, 10pt, 가운데 정렬
- 셀 배경색(그러데이션): 유형(수평)
- 시작 색(노랑), 끝 색(흰색)

구분	내용	문의처
기간	2011년 11월 19일(토) – 2012년 2월 29일(수)	
장소	경기도 남양주시 진접읍 내각리 농촌체험테마파크	031-572-2435
시간	오전 10:00-저녁 18:00	031-573-2435
주관	한국도시원예농업협회, 3G영농조합법인, 덕양원예영농조합법인, 그린존영농조합법인 등	02-442-2777
홈페이지	www.남양주김치축제.com	

문제 3 　 ⊙ Chapter4/예제/연습문제3.hwp

다음의 ≪조건≫에 따라 ≪출력 형태≫와 같이 표를 작성하시오.

조건

- 표 전체 글꼴: 굴림, 10pt, 가운데 정렬
- 셀 배경색(그러데이션): 유형(수직)
- 시작 색(흰색), 끝 색(노랑)

구분	주요 협약 및 조약	내용
제네바법	제네바 제1협약	육전 시 군대의 부상자 및 병자의 상태 개선에 관한 협약
	제네바 제2협약	해상 군대의 부상자, 병자, 조난자의 개선에 관한 협약
	제네바 제3협약	포로의 대우에 관한 협약
헤이그법	제1호 조약	국제 분쟁의 평화적 처리에 관한 조약
	제12호 조약	국제포획심판소의 설치에 관한 조약
	제14호 조약	기구로부터 투사물 및 폭발물 발사의 금지 선언

학/습/정/리

01 표 만들기 (Ctrl+N, T)

• [입력] 탭 → [표] 그룹 → [표]
• 줄/칸수를 입력하고 글자처럼 취급을 합니다.

02 줄/칸 나누기와 삭제

• 표를 만든 후 **삽입**하고자 하는 영역을 드래그하고 S키를 누르고, **삭제**하고자 하는 영역을 드래그하고 Ctrl+E키를 누릅니다.

03 셀 합치기 (M)

• 합치고자 하는 셀의 영역을 드래그한 후 M키를 누릅니다.

04 셀 배경색 만들기 (C)

• 배경색을 넣을 영역을 드래그한 후 C키를 누릅니다.
• 그러데이션 채우기는 두 가지 색을 선택한 후 유형을 선택합니다.

05 셀 테두리 만들기 (L)

• 배경색을 넣을 영역을 드래그한 후 L키를 누릅니다.
• 선 스타일을 먼저 선택한 후 테두리가 들어갈 위치를 선택합니다.
• [대각선] 탭의 대각선 모양을 이용하여 대각선을 만듭니다.

06 셀 테두리 감추기

• 감추고자 하는 위치의 영역을 드래그한 후 L키를 누릅니다.
• [선 종류] 선 없음을 한 후 위치를 선택합니다.

07 셀에 내용 입력하고 글자, 문단 정렬 수정하기

- 표 안에 기본 값으로 내용을 입력한 후 글자 모양 문단 정렬을 수정합니다.
- 떨어져 있는 셀을 같이 선택하고자 할 경우는 Ctrl 키를 누릅니다.

08 블록 계산과 자릿점 넣기

- 표 안의 계산할 숫자 영역과 계산 결과가 들어갈 빈 셀들을 같이 드래그합니다.
- 마우스 오른쪽 버튼(바로 가기 메뉴)의 [블록 계산식]을 이용합니다.
- 자릿점을 넣을 숫자 영역을 드래그한 후 바로 가기 메뉴(마우스 오른쪽 버튼)의 [1,000 단위 구분 쉼표]를 이용합니다.

09 셀 너비 조절과 셀 너비 같게

- 표 안에서 원하는 부분의 셀 너비를 조절한 후 이웃한 셀들과 너비를 같게 하고 싶다면 영역을 드래그한 후 마우스 오른쪽 버튼(바로 가기 메뉴)을 클릭하여 셀 너비를 같게 할 수 있습니다.

10 캡션 넣기 (Ctrl+N, C)

- 개체에 붙인 제목을 캡션이라고 합니다.
- 한번 캡션을 넣어 두면 개체의 위치를 바꾸더라도 항상 캡션이 따라다니기 때문에 매우 편리합니다.
- 캡션 도구를 이용하여 캡션의 위치를 조정할 수 있습니다.

11 차트 마법사

- 1단계: 차트 종류를 선택합니다.
- 2단계: 차트 방향을 선택합니다.
- 3단계(마지막 단계): 차트 제목과 축 제목을 입력하고 범례 방향을 선택합니다.

12 차트 수정

- 차트 제목을 더블 클릭한 후 제목 테두리 선과 그림자. 글자 모양을 수정합니다.
- 각각의 축 이름표를 더블 클릭하여 글자 모양을 수정합니다.
- 범례를 더블 클릭하여 글자 모양 범례 표시나 범례 위치를 수정합니다.
- 마우스 오른쪽 버튼(바로 가기 메뉴)을 이용하여 축 값을 수정합니다.
- 차트 크기를 조정합니다.
- 개체 속성의 글자처럼 취급 후 가운데 정렬을 합니다.

13 차트 데이터 편집

- 표의 내용을 차트로 연결하지 않고 직접 차트를 만들 수 있습니다.

그리기 개체
사용하기

05 그리기 개체 사용하기

학습 목표

- 다양한 도형을 그려 봅니다.
- 도형의 면 색 채우기에 여러 색을 채워 보고 그러데이션과 무늬로도 채워 봅니다.
- 도형의 테두리를 다양한 종류로 만들어 보고 필요없는 부분의 테두리는 선 없음을 적용해 봅니다.
- 도형을 복사해 보고 다른 위치로 이동해 봅니다.
- 여러 개체를 선택한 후 정렬과 배분을 해 보고 회전 및 대칭을 적용해 봅니다.

1 도형 그리기와 [도형] 탭

(1) 도형 그리기

1 도형 삽입하기 시작

▶▶ 문서에 도형을 삽입하기 위해서는 **[입력] 탭** → **[개체] 그룹** → **[도형 개체]**를 선택하고, 문서의 원하는 위치에 드래그하여 도형을 삽입합니다.

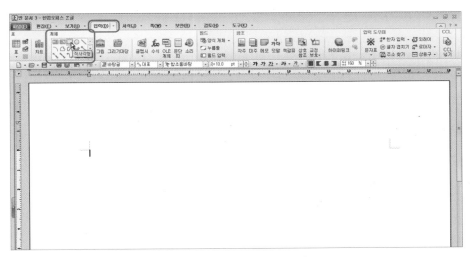

그림 5-1 도형 그리기

(2) [도형] 탭

[도형] 탭은 도형이 삽입되지 않은 상태에서는 활성화되지 않아 확인할 수 없습니다. 하지만 도형을 그리거나 선택하면 새로운 탭으로 활성화가 됩니다.

[도형] 탭에서는 **[도형] 그룹**, **[스타일] 그룹**, **[그림자] 그룹**, **[크기] 그룹**, **[글상자] 그룹**, **[배치] 그룹**, **[정렬] 그룹**, **[회전/대칭] 그룹**, **[보호] 그룹**으로 구성되어 도형의 여러 설정을 할 수 있습니다.

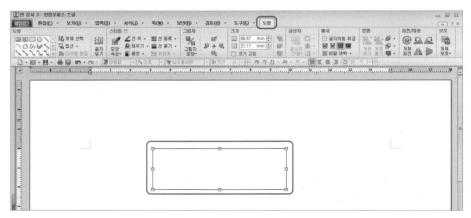

그림 5-2 [도형] 탭

2 도형 선택하기

이미 그려진 개체의 수정 작업을 하기 위해서는 먼저 해당 개체를 선택해야 합니다.

(1) 여러 개체 선택하기

1 개체 선택하기 시작

▶▶ 문서에 도형을 선택하고 **[편집] 탭 → [입력] 그룹 → [개체 선택]**을 클릭합니다.

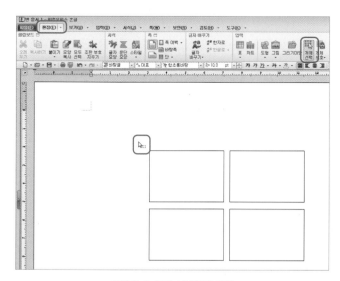

그림 5-3 개체 선택하기 시작

2 개체 선택

▶▶ 선택할 개체가 있는 범위를 마우스 드래그로 선택합니다.

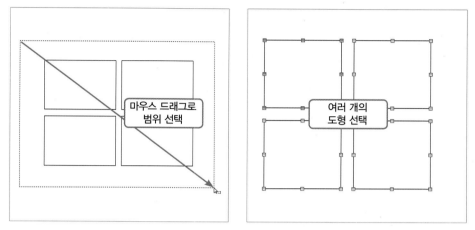

그림 5-4 개체 선택하기 시작

3 선택된 개체 해제

▶▶ ESC 키를 누르면 선택된 개체가 해제됩니다.

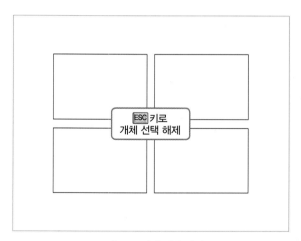

그림 5-5 개체 선택 해제

TIP

하나의 개체 선택

• 하나의 개체를 선택할 때에는 그냥 마우스 왼쪽 버튼을 눌러 선택하는 것이 효과적입니다.

Shift 키로 개체 선택

• 여러 개의 그리기 개체를 선택할 때에는 Shift 키를 누른 채로 마우스 왼쪽 버튼을 눌러 개체를 선택합니다. 이와 같이 Shift 키를 계속 누른 채로 다른 개체를 선택하면 원하는 개체들만 쉽게 선택할 수 있습니다.

여러 개의 개체 동시에 속성 변경

• 여러 개의 개체를 선택한 경우는 다음에 알아볼 여러 속성들을 동시에 변경할 수도 있습니다.

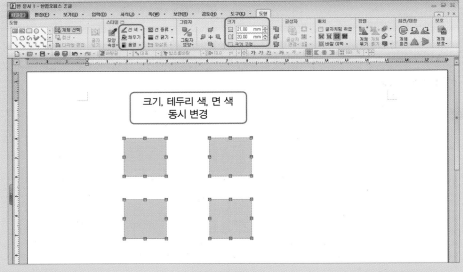

그림 5-6 동시에 개체 속성 변경

(2) 개체 묶기

📁 ⊙Chapter5/예제/개체묶기.hwp

도형을 그리다 보면 여러 개의 도형을 하나의 개체처럼 만들어야 할 때가 있습니다. 이럴 때 사용하는 방법이 바로 **개체 묶기**입니다. 개체 묶기로 묶인 개체는 하나의 개체처럼 취급되므로, 개체의 이동과 크기 조절을 자유롭게 할 수 있습니다.

1 개체 선택하기

▶▶ 여러 도형을 묶기 위해서 먼저 **[편집] 탭** → **[입력] 그룹** → **[개체 선택]**을 클릭하고, 마우스 드래그를 통하여 여러 개체를 선택합니다.

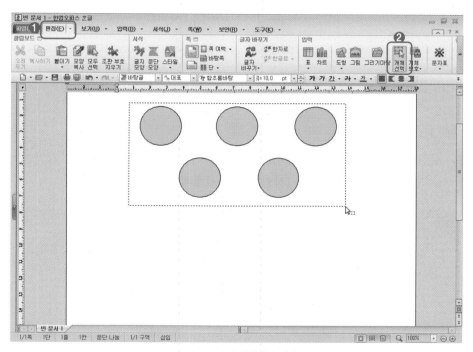

그림 5-7 개체 선택하기 시작

2 도형 묶기

▶▶ [도형] 탭 → [정렬] 그룹 → [개체 묶기]를 클릭하여 여러 개체를 하나의 개체처럼 묶습니다.

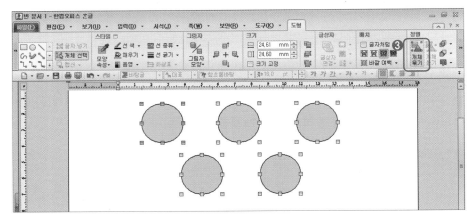

그림 5-8 개체 묶기

3 개체 풀기

▶▶ 하나의 개체처럼 취급하기 위하여 개체 묶기가 진행된 도형을 다시 각각의 개체로 되돌리려면 [도형] 탭 → [정렬] 그룹 → [개체 풀기]를 선택합니다.

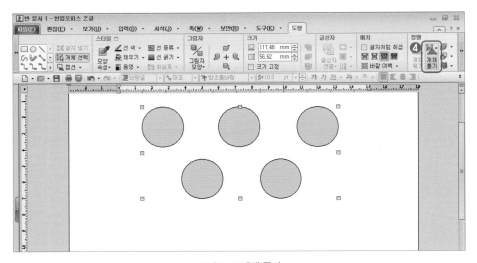

그림 5-9 개체 풀기

③ 도형 크기 조절하기

도형의 크기 조절은 도형 테두리에 있는 **조절점**을 이용합니다. 하지만 세밀한 크기 조정이 필요할 때에는 **[도형] 탭 → [크기] 그룹**을 이용하거나 **[개체 속성]** 대화 상자를 이용합니다.

(1) 크기 조절점을 이용하여 크기 조절

도형을 선택하면 8개의 크기 조절점이 나타납니다. 이것을 마우스로 드래그하여 크기를 조절합니다.

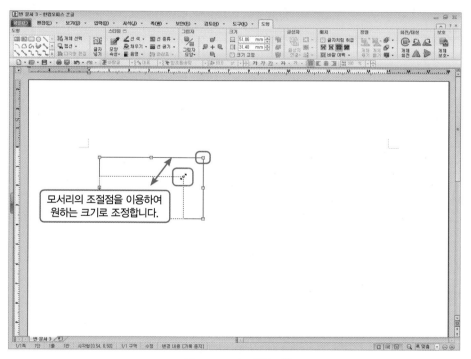

그림 5-10 **크기 조절점 이용**

(2) [크기] 그룹을 이용하여 크기 조절

도형을 선택하면 [도형] 탭이 활성화됩니다. [도형] 탭 → [크기] 그룹을 이용하여 가로 세
로의 크기를 정밀히 조절할 수 있습니다.

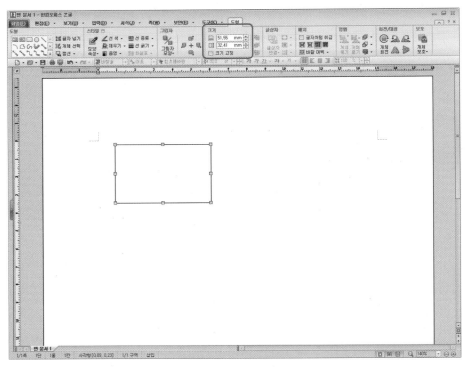

그림 5-11 도형 크기 조절

(3) 도형 [개체 속성] 대화 상자를 이용하여 크기 조절

문서에 삽입된 도형을 더블 클릭하여 도형 [개체 속성] 대화 상자를 불러옵니다. 도형 [개체
속성] 대화 상자에서 [기본] 탭 → [크기] 그룹 → [너비] 또는 [높이] 설정 → [설정]을 클릭합
니다.

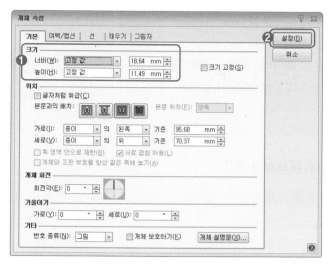

그림 5-12 도형 [개체 속성] 대화 상자를 이용한 도형 크기 조절

TIP

크기 고정

• [도형] 탭 → [크기] 그룹 → [크기 고정] 또는 [개체 속성] 대화 상자의 [기본] 탭 → [크기] 그룹 →
[크기 고정] 항목에 체크가 되어 있으면, 크기의 변환 및 회전 등을 진행할 수 없습니다.

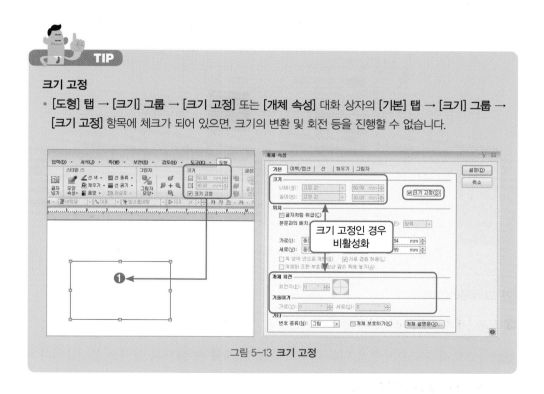

그림 5-13 **크기 고정**

④ 도형 채우기

그리기 개체의 면을 색깔과 무늬로 채우거나 그러데이션으로 채우기, 또는 그림으로 채우기 등을 지정하여 **다양한 채우기 효과**를 낼 수 있습니다.

(1) 색 채우기

❶ 도형 [개체 속성] 대화 상자 열기

▶▶ 문서에 삽입된 도형을 더블 클릭하여 도형 **[개체 속성]** 대화 상자를 불러옵니다.

❷ 도형 색 채우기

▶▶ 도형 **[개체 속성]** 대화 상자에서 **[채우기]** 탭 → **[색]** → '**면 색**', '**무늬 색**', '**무늬 모양**' 설정 → **[설정]**을 클릭합니다.

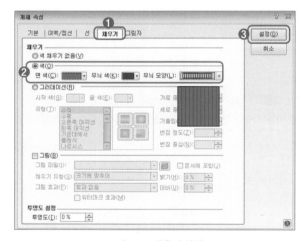

그림 5-14 **채우기 설정**

(2) 그러데이션 채우기

❶ 도형 [개체 속성] 대화 상자 열기

▶▶ 문서에 삽입된 도형을 더블 클릭하여 도형 **[개체 속성]** 대화 상자를 불러옵니다.

❷ 도형 그러데이션 채우기

▶▶ 도형 **[개체 속성]** 대화 상자에서 **[채우기]** 탭 → **[그러데이션]** → '**시작 색**', '**끝 색**', '**유형**' 설정 → **[설정]**을 클릭합니다.

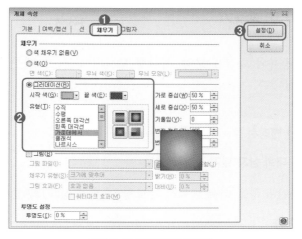

그림 5-15 **그러데이션 채우기**

(3) 그림 채우기

1 도형 [개체 속성] 대화 상자 열기

▶▶ 문서에 삽입된 도형을 더블 클릭하여 도형 **[개체 속성]** 대화 상자를 불러옵니다.

2 도형 그림 채우기

▶▶ 도형 **[개체 속성]** 대화 상자에서 **[채우기] 탭** → **[그림]** → '**그림 파일**'에서 도형에
채울 그림 선택 → **[설정]**을 클릭합니다.

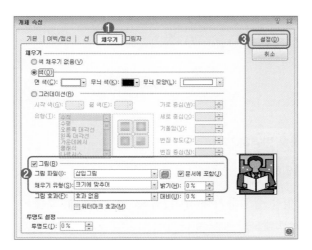

그림 5-16 **그림 채우기**

⑤ 도형 테두리 변경하기

선택한 개체의 선 종류와 화살표 모양, 사각형 모서리 곡률, 호 테두리 모양 등을 지정하여 선 종류를 바꿉니다.

(1) 도형의 테두리 선 변경하기

❶ 도형 [개체 속성] 대화 상자 열기

▶▶ 문서에 삽입된 도형을 더블 클릭하여 도형 **[개체 속성]** 대화 상자를 불러옵니다.

❷ 도형 테두리 선 변경

▶▶ 도형 **[개체 속성]** 대화 상자에서 **[선] 탭** → **[선] 그룹** → **'색', '종류', '끝 모양', '굵기'** 선택 → **[설정]**을 클릭합니다.

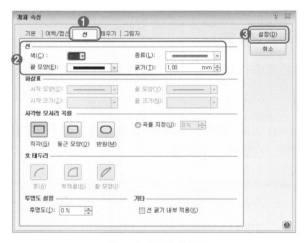

그림 5-17 테두리 선 변경

(2) 사각형 모서리 곡률 변경하기

❶ 문서에 사각형 삽입하기

▶▶ 문서에 사각형을 삽입하기 위하여 **[입력] 탭** → **[개체] 그룹** → **[직사각형]**을 선택하고, 마우스 드래그를 통하여 문서에 사각형을 삽입합니다.

그림 5-18 사각형 삽입

2 도형 [개체 속성] 대화 상자 열기

▶▶ 문서에 삽입된 사각형을 더블 클릭하여 도형 **[개체 속성]** 대화 상자를 불러옵니다.

3 도형 테두리 선 변경

▶▶ 도형 **[개체 속성]** 대화 상자에서 **[선]** 탭 → **[사각형 모서리 곡률]** 그룹에서 '곡률' 설정 → **[설정]**을 클릭합니다.

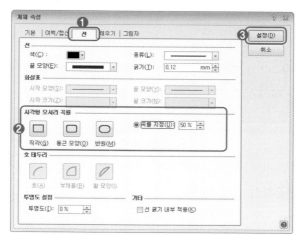

그림 5-19 사각형 모서리 곡률 변경

(3) 호 테두리 변경하기

1 문서에 호 삽입하기

▶▶ 문서에 사각형을 삽입하기 위하여 **[입력]** 탭 → **[개체]** 그룹 → **[호]**를 선택하고, 마우스 드래그를 통하여 문서에 호를 삽입합니다.

그림 5-20 호 삽입

❷ 도형 [개체 속성] 대화 상자 열기

▶▶ 문서에 삽입된 호를 더블 클릭하여 도형 **[개체 속성]** 대화 상자를 불러옵니다.

❸ 도형 테두리 선 변경

▶▶ 도형 **[개체 속성]** 대화 상자에서 **[선] 탭** → **[호 테두리] 그룹**에서 호의 모양 설정
→ **[설정]**을 클릭합니다.

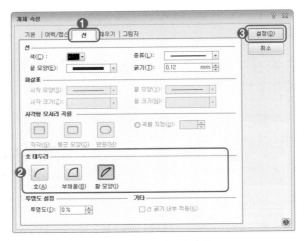

그림 5-21 호 테두리 설정

(4) 선을 화살표로 변경하기

❶ 문서에 선 삽입하기

▶▶ 문서에 사각형을 삽입하기 위하여 **[입력] 탭** → **[개체] 그룹** → **[직선]**을 선택하고,
마우스 드래그를 통하여 문서에 선을 삽입합니다.

그림 5-22 사각형 삽입

❷ 도형 [개체 속성] 대화 상자 열기

▶▶ 문서에 삽입된 선을 더블 클릭하여 도형 **[개체 속성]** 대화 상자를 불러옵니다.

❸ 도형 테두리 선 변경

▶▶ 도형 **[개체 속성]** 대화 상자에서 **[선]** 탭 → **[화살표]** 그룹에서 '**시작 모양**'과 '**시작 크기**' 설정 → '**끝 모양**'과 '**끝 크기**' 설정 → **[설정]**을 클릭합니다.

그림 5-23 화살표 설정

6 복잡한 형태의 도형 그리기

여러 가지 복잡하고 다양한 형태의 도형을 직접 문서에 삽입하고, 편집할 수 있습니다.

(1) 정사각형과 원 그리기

문서에 직사각형과 타원이 아닌 정사각형과 원을 삽입합니다.

❶ 직사각형 또는 타원 메뉴 선택

▶▶ 문서에 정사각형을 또는 원을 삽입하기 위해서 **[입력]** 탭 → **[개체]** 그룹 → **[타원]** 또는 **[직사각형]**을 선택합니다.

❷ 정사각형 또는 원 삽입

▶▶ 마우스 모양이 '+'로 바뀌면 Shift 키를 누른 채로 원하는 크기만큼 드래그하여 삽입합니다.

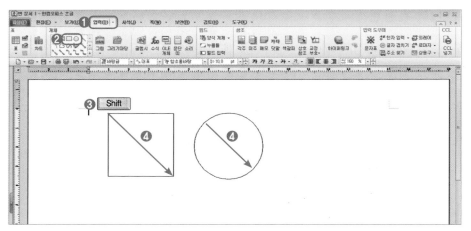

그림 5-24 정사각형, 정원 그리기

(2) 직선 그리기

각도가 15° 단위로만 움직이는 바른 직선을 문서에 삽입합니다.

❶ 직선 메뉴 선택

▶▶ 문서에 직선을 삽입하기 위해서 **[입력] 탭 → [개체] 그룹 → [직선]**을 선택합니다.

❷ 15° 단위의 직선 입력

▶▶ 마우스 모양이 '+'로 바뀌면 Shift 키를 누른 채로 직선을 입력합니다.

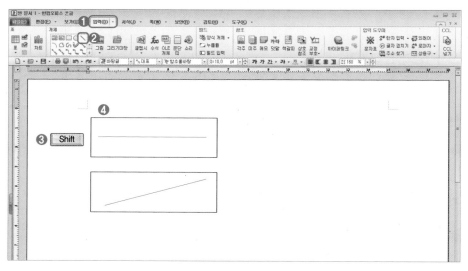

그림 5-25 15° 단위의 직선

(3) 다각형 그리기

직선 형태의 다각형을 마우스를 이용해 문서에 삽입합니다.

1 다각형 메뉴 선택

▶▶ 문서에 다각형을 삽입하기 위해서 **[입력] 탭 → [개체] 그룹 → [다각형]**을 선택합니다.

그림 5-26 다각형 그리기 시작

2 다각형 입력

▶▶ 마우스 모양이 '+'로 변경되었을 때, 다각형의 꼭짓점마다 마우스를 클릭하여 문서에 다각형을 삽입합니다.

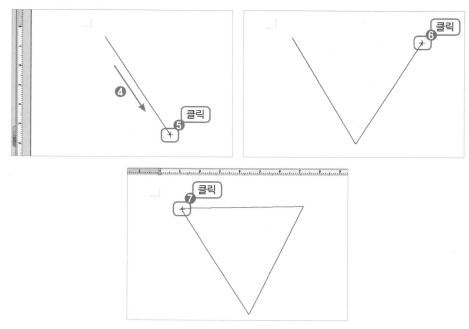

그림 5-27 다각형 그리기

TIP

[격자 보기] 이용한 다각형 그리기

- [보기] → [표시/숨기기] 그룹 → [격자] → [격자 보기]를 선택하면 문서에 격자가 나타납니다. 이 격자는 화면에서만 확인이 가능하고 인쇄를 했을 때는 나타나지 않습니다. 격자와 [Shift] 키를 이용한다면 다각형을 좀 더 쉽게 그릴 수 있습니다.

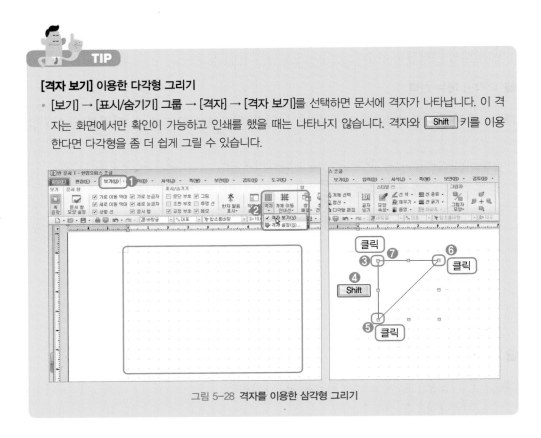

그림 5-28 격자를 이용한 삼각형 그리기

(4) 곡선 그리기

구부러진 형태의 곡선을 문서에 삽입합니다.

❶ 곡선 메뉴 선택

▶▶ 문서에 곡선을 삽입하기 위해서 **[입력] 탭 → [개체] 그룹 → [곡선]**을 선택합니다.

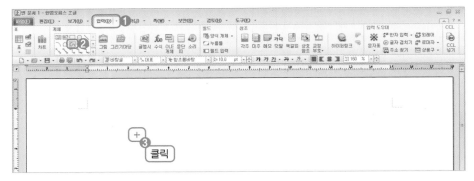

그림 5-29 곡선 그리기

2 곡선 입력

▶▶ 마우스 모양이 '+'로 변경되었을 때, 곡선이 구부러지는 방향마다 마우스를 클릭하여 문서에 곡선을 그려줍니다.

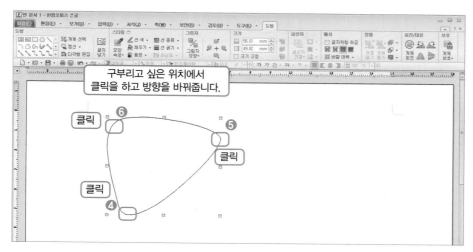

그림 5-30 곡선 그리기

(5) 직선과 곡선 함께 그리기

하나의 도형에 직선과 곡선이 함께 표현되는 다각형을 문서에 삽입합니다.

1 곡선 메뉴 선택

▶▶ 문서에 직선과 곡선이 함께 표현되어 있는 도형을 삽입하기 위해서 **[입력] 탭 →
[개체] 그룹 → [곡선]**을 선택합니다.

2 곡선과 직선 입력

▶▶ 마우스 모양이 '+'로 변경되었을 때, 곡선이 구부러지는 방향마다 마우스를 클릭합니다. 이때 Ctrl 키를 누르고 있는 동안은 직선이 그려집니다. 또한 곡선을 입력하다가 각도가 15° 단위로만 움직이는 바른 직선을 표현하기 위해서는 Shift + Ctrl 키를 이용하면 더욱 편리합니다.

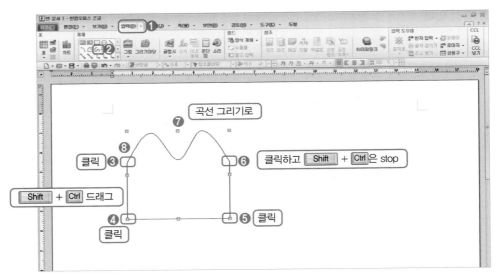

그림 5-31 곡선과 직선 그리기

TIP

새 그리기 속성

• 그려질 개체의 선 종류와 채우기 모양, 본문과의 배치, 글상자의 여백과 정렬 기준 등을 미리 지정해 놓고, 정해진 속성대로 도형 개체를 그릴 수 있습니다. 하나의 도형의 선 속성, 채우기 속성 등을 변경하고, 해당 도형을 마우스 오른쪽 버튼 → [바로 가기 메뉴] → [새 그리기 속성으로]를 선택하면 앞으로 해당 문서에 새롭게 도형이 삽입될 때마다 설정된 속성이 그대로 적용되어 삽입됩니다.

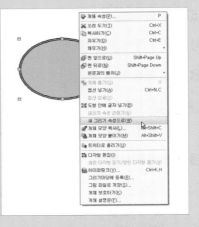

그림 5-32 새 그리기 속성 적용

도형 정리하기

① 도형 이동과 복사

문서에 삽입된 여러 도형들에 대해서 **이동하는 방법**과 **복사하는 방법**을 알아보겠습니다.

(1) 이동하기

1 도형 오려두기

▶▶ 문서에 삽입된 도형 중 이동할 도형을 선택하고, **[편집] 탭 → [클립보드] 그룹 → [오려두기]**를 선택합니다.

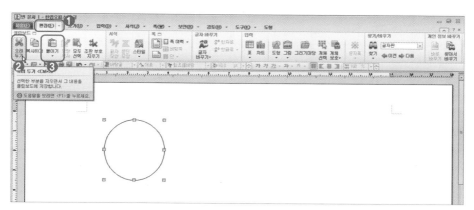

그림 5-33 이동하기

2 도형 이동하기

▶▶ 오려둔 도형을 이동하여 붙일 위치를 선택하고, **[편집] 탭 → [클립보드] 그룹 → [붙이기]**를 선택하여 도형을 이동시킵니다.

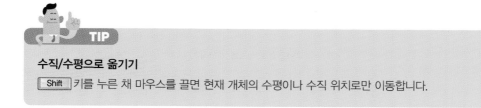

수직/수평으로 옮기기

[Shift] 키를 누른 채 마우스를 끌면 현재 개체의 수평이나 수직 위치로만 이동합니다.

(2) 복사하기

1 도형 복사하기

▶▶ 문서에 삽입된 도형 중 복사할 도형을
선택하고, [편집] 탭 → [클립보드] 그룹
→ [복사하기]를 선택합니다.

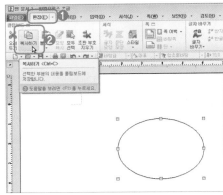

그림 5-34 도형 복사하기

2 도형 복사하여 붙이기

▶▶ 복사한 도형에 대해서 새롭게 붙일 위치를 선택하고, [편집] 탭 → [클립보드] 그
룹 → [붙이기]를 선택하여 도형을 복사하여 붙여 넣기 합니다.

TIP

Ctrl 키를 이용한 복사하기

• Ctrl 키를 누른 채로 붙일 위치까지 마우스를 끕니다. 붙여 넣을 위치에서 마우스 왼쪽 버튼을 놓으
면 똑같은 모양의 개체가 복사되어 나타납니다.

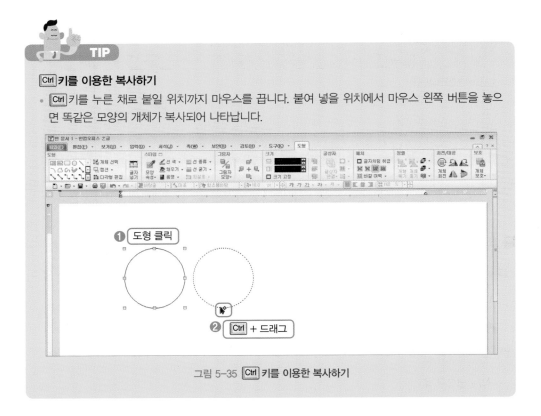

그림 5-35 Ctrl 키를 이용한 복사하기

200

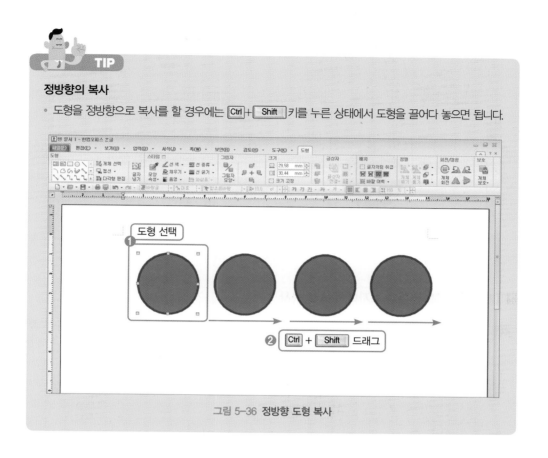

정방향의 복사

• 도형을 정방향으로 복사를 할 경우에는 Ctrl + Shift 키를 누른 상태에서 도형을 끌어다 놓으면 됩니다.

그림 5-36 정방향 도형 복사

(3) 개체 모양 복사 붙이기

📁 ⊙Chapter5/예제/개체모양복사.xlsx

그림 개체 또는 그리기 개체의 선 종류, 채우기 모양, 개체 크기 등 개체의 모양을 복사하여 다른 개체에 간편하게 붙여 넣는 기능입니다. 특정한 개체의 모양을 반복적으로 자주 지정해야 하는 경우 매우 간편하게 활용할 수 있습니다.

1 개체 모양 복사하기

▶▶ 도형 속성을 복사할 개체를 선택하고, **[도형] 탭 → [스타일] 그룹 → [모양 속성]** → **[개체 모양 복사]**를 선택합니다.

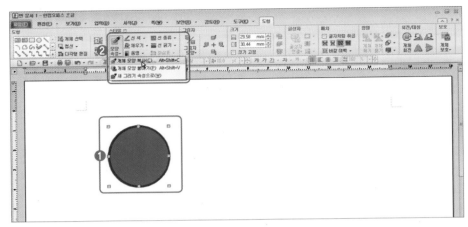

그림 5-37 개체 모양 복사 실행

2 [개체 모양 복사] 대화 상자에서 속성 복사

▶▶ **[개체 모양 복사]** 대화 상자에서 다른 개체에 복사할 속성을 선택 → **[복사]**를 클릭합니다.

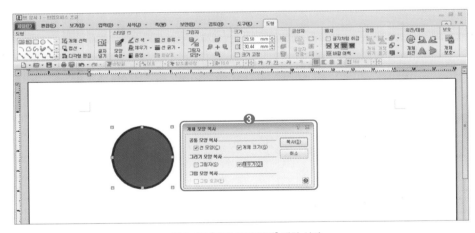

그림 5-38 [개체 모양 복사] 대화 상자

3 개체 모양 붙이기

▶▶ 복사된 속성을 적용할 도형을 선택하고, **[도형] 탭 → [스타일] 그룹 → [모양 속성] → [개체 모양 붙이기]**를 선택하면, 복사한 속성이 적용된 것을 확인할 수 있습니다.

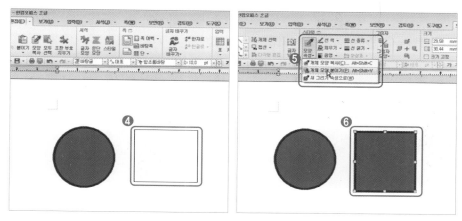

그림 5-39 개체 모양 복사 붙이기

- 복사하기: `Ctrl` + `C`
- 붙이기: `Ctrl` + `V`
- 개체 모양 복사: `Alt` + `Shift` + `C`
- 정방향 이동: `Shift` + 드래그

- 잘라내기: `Ctrl` + `X`
- 도형 복사 + 붙여 넣기: `Ctrl` + 드래그
- 개체 모양 붙이기: `Alt` + `Shift` + `V`
- 정방향 복사: `Ctrl` + `Shift` + 드래그

② 도형 순서 바꾸기

📁 ◉ Chapter5/예제/도형정렬.hwp

도형이나 그림을 그리다 보면 개체끼리 겹쳐져 표현될 때 서로 자리를 바꾸어 주어야 하는 경우가 발생할 수 있습니다. 이럴 때 개체의 위치를 간편하게 바꾸는 방법을 알아 보겠습니다.

도형 정렬을 연습하기 위해 소스 파일을 준비합니다.

(1) [맨 앞으로]와 [앞으로] 정렬

1 맨 앞으로 또는 앞으로 순서 변경

▶▶ 여러 개의 도형 개체들이 겹쳐 있을 때, 앞으로 보내야 할 도형 개체를 선택하고, **[도형] 탭 → [정렬] 그룹 → [맨 앞으로]** 또는 **[앞으로]**를 선택하여 도형의 순서를 변경합니다.

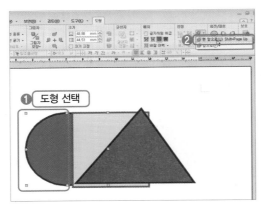
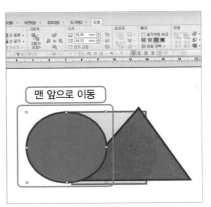

그림 5-40 **맨 앞으로 이동**

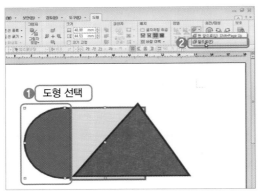
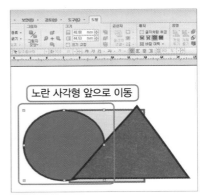

그림 5-41 **앞으로 이동**

[맨 앞으로]와 [앞으로]

- **[맨 앞으로]**: 여러 개의 개체들이 겹쳐 있을 때, 선택된 개체를 맨 앞으로 순서를 변경합니다.
- **[앞으로]**: 여러 개의 개체가 겹쳐 있을 때, 선택된 개체를 바로 앞에 위치한 개체의 한 단계 앞으로 보냅니다.

(2) [맨 뒤로]와 [뒤로] 정렬

1 맨 뒤로 또는 뒤로 순서 변경

▶▶ 여러 개의 도형 개체들이 겹쳐 있을 때, 뒤로 보내야 할 도형 개체를 선택하고, **[도형]** **탭 → [정렬] 그룹 → [맨 뒤로]** 또는 **[뒤로]**를 선택하여 도형의 순서를 변경합니다.

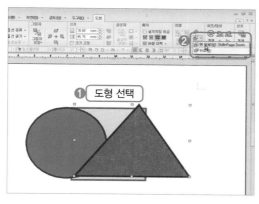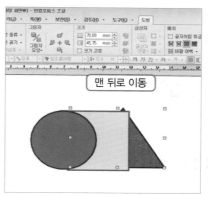

그림 5-42 [맨 뒤로] 이동

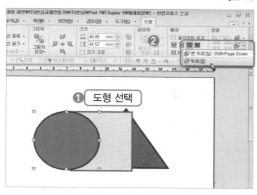

그림 5-43 [뒤로] 이동

TIP

[맨 뒤로]와 [뒤로]

- **[맨 뒤로]**: 여러 개의 개체들이 겹쳐 있을 때, 선택된 개체를 맨 뒤로 순서를 변경합니다.
- **[뒤로]**: 여러 개의 개체가 겹쳐 있을 때, 선택된 개체를 바로 뒤에 위치한 개체의 한 단계 뒤로 보냅니다.

③ 맞춤

편집 화면에 그려진 2개 이상의 개체를 상하좌우로 가지런히 맞추는 기능을 알아보겠습니다.

(1) 위쪽 맞춤

⊙ Chapter5/예제/위쪽맞춤.hwp

1 개체 선택

▶▶ 위쪽 맞춤 정렬을 할 개체들을 모두 선택하고, 정렬에 기준이 되는 개체를 마우스로 클릭합니다.

2 맞춤 정렬

▶▶ [도형] 탭 → [정렬] 그룹 → [맞춤/배분] → [위쪽 맞춤]을 선택합니다.

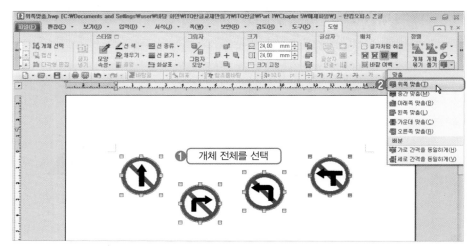

그림 5-44 위쪽 맞춤

3 위쪽 맞춤 정렬 완료

▶▶ 개체들이 선택한 기준 개체의 위쪽에 맞추어 가지런히 정렬된 것을 확인할 수 있습니다.

그림 5-45 위쪽 맞춤 정렬 완료

(2) 왼쪽 맞춤

⊙ Chapter5/예제/왼쪽맞춤.hwp

왼쪽 맞춤을 연습하기 위해 소스 파일을 준비합니다.

❶ 개체 선택

▶▶ 왼쪽 맞춤 정렬을 할 개체들을 모두 선택하고, 정렬에 기준이 되는 개체를 마우스로 클릭합니다.

❷ 맞춤 정렬

▶▶ [도형] 탭 → [정렬] 그룹 → [맞춤/배분] → [왼쪽 맞춤]을 선택합니다.

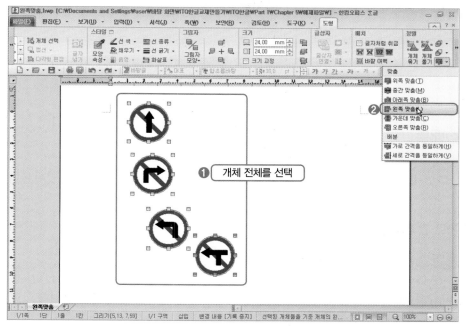

그림 5-46 **왼쪽 맞춤**

❸ 왼쪽 맞춤 정렬 완료

▶▶ 개체들이 선택한 기준 개체의 왼쪽 끝에 맞추어 가지런히 정렬된 것을 확인할 수 있습니다.

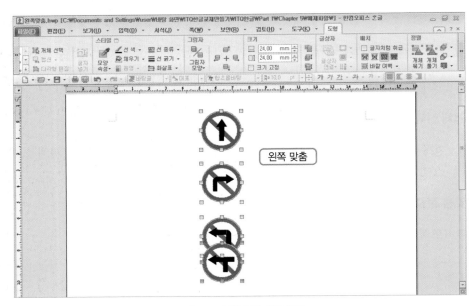

그림 5-47 왼쪽 맞춤 정렬 완료

4 배분

편집 화면에 그려진 2개 이상의 개체 사이의 거리를 똑같이 배분하는 기능을 알아봅니다.

(1) 가로 간격을 동일하게 배분

📁 ⊙ Chapter5/예제/가로간격동일배분.hwp

3개 이상의 개체를 선택해 수평 방향으로 서로 같은 간격이 되도록 정렬합니다.

배분을 연습하기 위해 소스 파일을 준비합니다.

1 개체 선택

▶▶ 가로 간격을 동일하게 배분할 개체들을 모두 선택합니다.

2 맞춤 정렬

▶▶ [도형] 탭 → [정렬] 그룹 → [맞춤/배분] → [가로 간격을 동일하게]를 선택합니다.

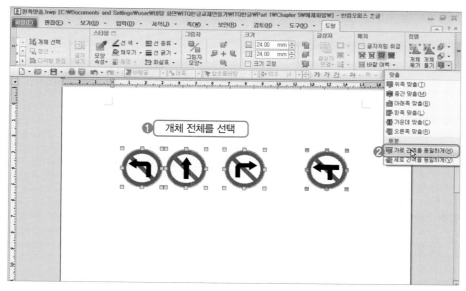

그림 5-48 가로 간격을 동일하게 배분 선택

3 가로 간격을 동일하게 배분 완료

▶▶ 개체들이 가로 방향으로 일정한 간격으로 가지런히 배분된 것을 확인할 수 있습니다.

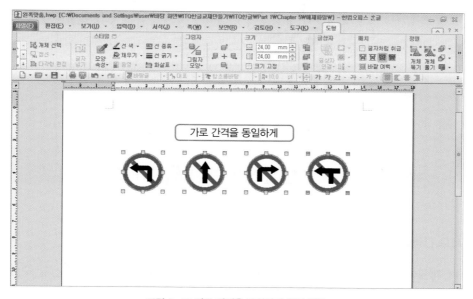

그림 5-49 가로 간격을 동일하게 배분 완료

(2) 세로 간격을 동일하게 배분

⊙ Chapter5/예제/세로간격동일배분.hwp

3개 이상의 개체를 선택해 수직 방향으로 서로 같은 간격이 되도록 정렬합니다.

배분을 연습하기 위해 소스 파일을 준비합니다.

❶ 개체 선택

▶▶ 세로 간격을 동일하게 배분할 개체들을 모두 선택합니다.

❷ 맞춤 정렬

▶▶ [도형] 탭 → [정렬] 그룹 → [맞춤/배분] → [세로 간격을 동일하게]를 선택합니다.

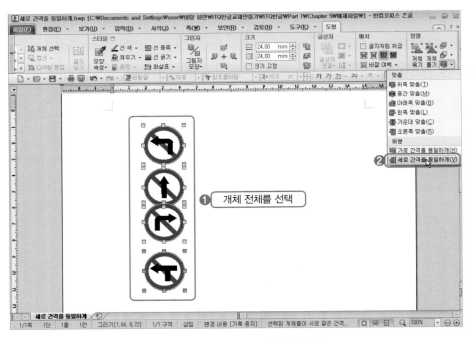

그림 5-50 세로 간격을 동일하게 배분 선택

❸ 세로 간격을 동일하게 배분 완료

▶▶ 개체들이 세로 방향으로 일정한 간격으로 가지런히 배분된 것을 확인할 수 있습니다.

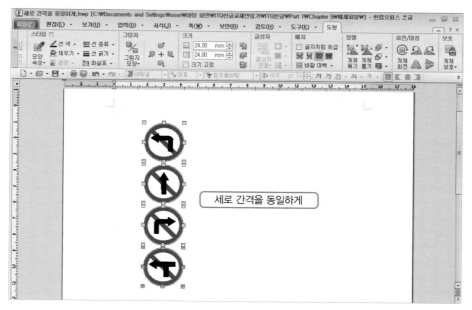

그림 5-51 세로 간격을 동일하게 배분 완료

TIP

맞춤/배분을 적용할 때 '글자처럼 취급'이 선택된 개체

- '글자처럼 취급된 개체'만 선택했을 때에는 그리기 개체 맞춤/배분 기능을 사용할 수 없습니다.
- '글자처럼 취급된 개체'를 포함하여 여러 개의 개체를 선택했을 때에는 글자처럼 취급된 개체를 제외한 나머지 개체들만 맞춤/배분됩니다.

5 회전

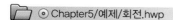 ⊙ Chapter5/예제/회전.hwp

회전은 개체의 중심점을 기준으로 회전시키는 기능입니다.

회전을 연습하기 위해 소스 파일을 준비합니다.

1 개체 회전 시작

▶▶ 회전이 필요한 개체를 선택하고, [도형] 탭 → [회전/대칭] 그룹 → [개체 회전]을 선택합니다.

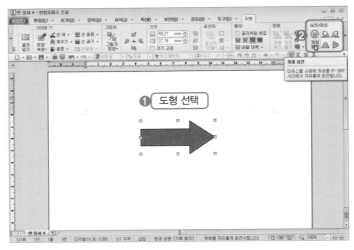

그림 5-52 개체 회전 선택

2 개체 회전하기

▶▶ 개체의 크기 조절 핸들이 4개의 회전 핸들로 변형됩니다. 회전 핸들을 클릭한 채로 원하는 방향으로 회전시킵니다.

 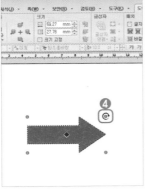 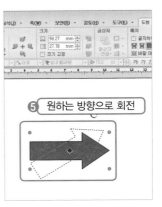

그림 5-53 개체 회전

왼쪽/오른쪽으로 90° 회전

• 도형 개체를 선택한 상태에서 [도형] 탭 → [회전/대칭] 그룹 → [왼쪽으로 90° 회전] 또는 [오른쪽으로 90° 회전]을 선택하면 선택된 개체를 시계 방향 또는 반대 방향으로 90° 회전시킵니다.

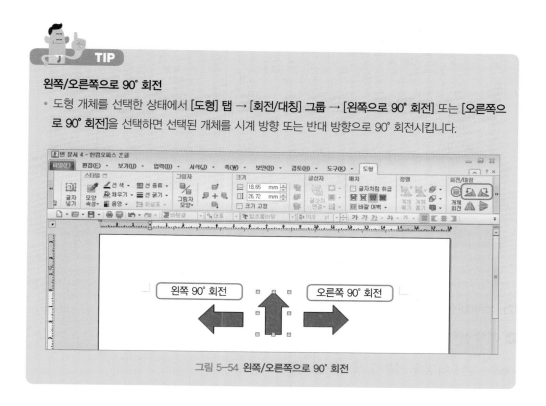

그림 5-54 왼쪽/오른쪽으로 90° 회전

❻ 대칭

📁 ⊙Chapter5/예제/대칭.hwp

대칭은 선택된 개체의 중심점을 기준으로 개체의 상하좌우를 뒤집어 주는 기능입니다.

대칭을 연습하기 위해 소스 파일을 준비합니다.

(1) 좌우 대칭 적용하기

1 개체 선택

▶▶ 좌우 대칭을 적용할 개체를 선택합니다.

2 좌우 대칭

▶▶ [도형] 탭 → [회전 대칭] 그룹 → [좌우 대칭]을 선택하면, 선택된 개체의 중심점을 기준으로 개체의 좌우가 뒤집어집니다.

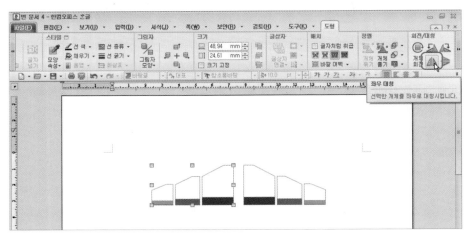

그림 5-55 좌우 대칭

(2) 상하 대칭 적용하기

1 개체 선택

▶▶ 상하 대칭을 적용할 개체를 선택합니다.

2 상하 대칭

▶▶ [도형] 탭 → [회전 대칭] 그룹 → [상하 대칭]을 선택하면, 선택된 개체의 중심점을 기준으로 개체의 상하가 뒤집어집니다.

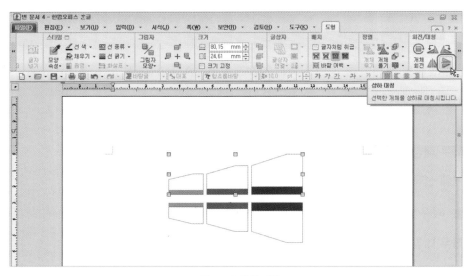

그림 5-56 상하 대칭

TIP

Ctrl 키와 마우스를 이용한 대칭 적용

• Ctrl 키를 누른 채 크기 조절이 위치한 반대 방향으로 드래그하면 같은 위치에서 대칭된 도형으로 대체됩니다.

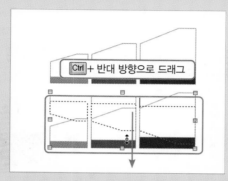

그림 5-57 Ctrl 키와 마우스 드래그로 대칭 만들기

 연습문제

문제 1 　📁 ⊙ Chapter5/예제/연습문제1.hwp

아래 출력 형태를 보고 완성해 보세요.

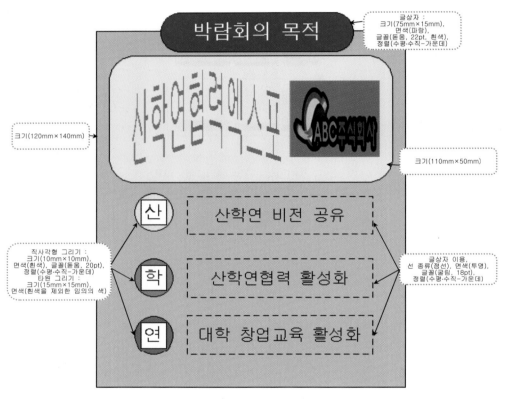

글상자 :
크기(75mm×15mm),
면색(파랑),
글꼴(돋움, 22pt, 흰색),
정렬(수평·수직-가운데)

크기(120mm×140mm)

크기(110mm×50mm)

직사각형 그리기 :
크기(10mm×10mm),
면색(흰색), 글꼴(돋움, 20pt),
정렬(수평·수직-가운데)
타원 그리기 :
크기(15mm×15mm),
면색(흰색을 제외한 임의의 색)

글상자 이용,
선 종류(점선), 면색(투명),
글꼴(굴림, 18pt),
정렬(수평·수직-가운데)

그림 5-58 출력 형태

216

문제 2 　 ⊙ Chapter5/예제/연습문제2.hwp

아래 출력 형태를 보고 완성해 보세요.

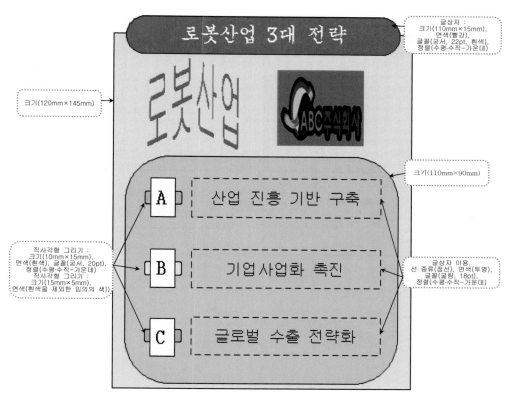

그림 5-59 **출력 형태**

 문제 3 📁 ⊙ Chapter5/예제/연습문제3.hwp

맞춤/배분 기능을 연습하기 위해 소스 파일을 준비합니다.
글상자를 맞춤/배분 기능을 이용하여 아래쪽의 결과와 같게 하세요.

맞춤/배분하기 전	맞춤/배분하기 후
산업 진흥 기반 구축	산업 진흥 기반 구축
기업사업화 촉진	기업사업화 촉진
글로벌 수출 전략화	글로벌 수출 전략화

01 도형 크기 조절하기

• 도형의 조절점을 이용하여 마우스로 임의의 크기로 조절할 수 있습니다.

• 정확하게 숫자를 입력하여 크기를 조절할 수 있습니다.

• 크기 고정을 선택해 놓으면, 마우스로도 크기 조절을 할 수 없습니다. 또한 크기 고정이 되어 있는 개체는 회전을 할 수도 없습니다.

02 그룹화 하기

• 여러 개의 도형(개체)을 선택하여 개체 묶기를 할 수 있습니다.

• 묶인 개체는 하나의 개체가 되어 한꺼번에 속성을 지정할 수 있습니다.

• 개체 풀기를 하여 다시 여러 개의 개체로도 만들 수 있습니다.

03 도형 채우기

• 도형 안의 면 색을 여러 색으로 변경할 수 있습니다.

• 도형 안의 면 색을 여러 색의 혼합인 그러데이션으로 변경할 수 있습니다.

• 도형 안의 무늬 색과 무늬 모양을 선택하여 다양한 채우기를 할 수 있습니다.

• 도형 안에 여러 형태의 그림을 넣을 수 있습니다.

04 도형 테두리

• 여러 형태의 도형 테두리를 선택할 수 있습니다.

• 도형 테두리 굵기와 색을 조정할 수 있습니다.

• 사각형의 경우 모서리 곡률을 이용하여 둥근 모양과 반원을 만들 수 있습니다.

05 여러 종류의 도형 만들기

• Shift 키를 이용하여 정사각형, 원을 만들 수 있습니다.

• 직선을 그릴 때 Shift 키를 누른 채로 마우스를 끌면 15도 단위로만 움직이는 똑바른 직선이 그려집니다.

• 다각형 그리기를 이용하여 삼각형을 그릴 수 있습니다.

- [격자 보기]를 이용하면 세밀한 도형을 그릴 수 있습니다.
- Ctrl 키를 이용하여 곡선 그리기를 하면 곡선과 직선이 함께 들어간 도형을 그릴 수 있습니다.

06 도형 복사와 이동

- Ctrl 키를 이용하여 도형 복사를 쉽게 할 수 있습니다.
- Shift 키를 이용하여 도형 이동을 하면 정방향으로 이동할 수 있습니다.
- Ctrl + Shift 키와 함께 복사를 하면 정방향으로 복사할 수 있습니다.

07 개체 모양 복사 (Alt + Shift + C), 개체 모양 붙이기 (Alt + Shift + V)

- 특정한 개체의 모양을 반복적으로 자주 지정해야 하는 경우 개체 모양 복사, 붙이기를 하면 간편하게 도형 복사를 할 수 있습니다.

08 도형 순서 바꾸기

- 도형 정렬을 이용하여 도형의 순서를 변경할 수 있습니다.

09 맞춤/배분

- 여러 개의 도형(개체)을 선택하고 기준이 될 방향을 선택하여 맞춤을 할 수 있습니다.
- 배분을 이용하여 가로/세로 간격을 동일하게 할 수 있습니다.
- 맞춤/배분 기능을 활용하면 도형(개체)들을 세밀하게 편집할 수 있고 세련된 문서를 만들 수 있습니다.

10 회전/대칭

- 도형(개체) 회전 속성의 초록점을 이용하여 도형(개체)을 회전시킬 수 있습니다.
- 도형(개체)을 상하좌우로 대칭시킬 수 있습니다.

PART 2

한글 2010
출제 유형 대비하기

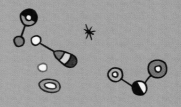

CHAPTER **06**

시험 준비와
출제 유형 정리

06 시험 준비와 출제 유형 정리

> 학습 목표

- ITQ 시험에 대해 알아봅니다.
- ITQ 한글의 출제 기준을 알아봅니다.
- ITQ 한글의 작업별 요점을 알아봅니다.
- ITQ 한글의 여러 Tip과 감점되기 쉬운 부분들에 대해 알아봅니다.

> 학습 내용

SECTION 1 시험에 필요한 안내

1 ITQ 소개

(1) 주관

한국생산성 본부

(2) 정보 기술 자격(ITQ)시험의 의의와 목적

정보 기술 자격(ITQ)시험은 Information Technology Qualification의 약자로 정보화 시대의 기업, 기관, 단체 구성원들에 대한 정보 기술 능력 또는 정보 기술 활용 능력을 객관적으로 평가하여 정보 기술 관리 및 실무 능력 수준을 지수화 및 등급화하여 국가(정보통신부)에서 공식적으로 인증하는 시험으로서, 산업 인력의 정보 경쟁력 강화를 통한 산업의 정보화를 추구하며 나아가서는 국가의 정보화를 촉진시키기 위한 목적으로 시행하는 국가 공인 자격을 말합니다.

(3) ITQ 시험 제도의 운영 방향

- 국제 수준 정보 기술 자격(ITQ)시험으로 정착
- 정보 기술 관련 교육 평가 시스템으로 활용
- 대학 교양 컴퓨터 강좌의 학점 인정 제도와 연계
- 전문 대학 정보 기술 관련 학과의 학점 인정 제도와 연계 및 실업계 특별 전형 혜택
- 생산성 대상(산업 훈.포장) 신청 업체의 인력 정보화 평가 기준으로 적용
- 기업체 및 공공 기관 단체의 신입 사원 채용시 ITQ 자격증 소지자 우대 및 내부 승진 인사 고과 자료로 적극 활용 추진

(4) ITQ 과목 소개

- 정보 기술 자격(ITQ)시험은 정보 기술 실무 능력을 평가하는 시험으로 국민 누구나 응시가 가능한 시험입니다.
- ITQ 시험은 아래한글·MS워드, 한글엑셀, 한글액세스, 한글파워포인트, 인터넷의 5개 과목 중 3과목까지 시험자가 선택하여 신청할 수 있습니다.

과목	S/W 버전	응시 가능 회차	접수 방법	시험 시간
아래한글	아래한글 2005	특별 시험만 가능	인터넷 접수 www.ITQ.or.kr 또는 방문 접수 (전국 지역 센터)	과목당 60분
	아래한글 2007/2010	상시 가능		
MS 워드 한글 엑셀 한글 액세스 한글 파워포인트	MS 오피스 2003	특별 시험만 가능		
	MS 오피스 2007/2010	상시 가능		
인터넷	익스플로러 8.0 이상	상시 가능		

ITQ 정기 시험은 상위 버전으로 시행되며 ITQ 특별 시험은 상위 버전, 기존 버전 응시 가능합니다.(두 버전 응시 가능)

(5) 시험 배점 및 문항

시험 배점	문항
과목당 500점	4~12 문항 실무 작업형 실기 시험

(6) 응시료

1과목	2과목	3과목
16,500원	30,500원	44,000원

(7) 센터 소개

수도권 · 강원권			
서 울 남 부 지 역 센 터	(02)2607-9402	경기동부지역센터	(031)781-9401
서 울 동 부 지 역 센 터	(02)972-9402	경기남부지역센터	(031)236-9402
서 울 서 부 지 역 센 터	(02)719-9402	경기중부지역센터	(031)429-9402
인 천 지 역 센 터	(032)421-9402	경기서부지역센터	(032)323-9402
경 기 북 부 지 역 센 터	(031)853-9408	강원지역센터	(033)731-9402
충청권			
대 전 지 역 센 터	(042)222-9402	충북지역센터	(043)556-9402
충 남 북 부 지 역 센 터	(041)556-9402		

영남권			
대 구 지 역 센 터	(053)622-9402	부산동부지역센터	(051)313-9402
경북서부지역센터	(054)451-9402	부산서부지역센터	(051)465-9402
경북북부지역센터	(054)841-9402	경남지역센터	(055)762-9402
경북동부제역센터	(054)277-9402	울산지역센터	(052)223-9402
호남권 · 제주권			
전 북 지 역 센 터	(063)286-9402	전남서부지역센터	(061)283-9402
광 주 지 역 센 터	(062)603-9402	제주지역센터	(064)726-9402
전남동부지역센터	(061)745-9402		

(8) 2013년 시험 일정

시험일	시험명	인터넷 접수	방문 접수	성적 공고
2013.01.12	2013년 제1회 ITQ 시험(2013.1.12)	12.07~12.11	12.12~12.12	01.31~02.07
2013.02.02	2013년 제2회 ITQ 시험(2013.2.2)	01.04~01.08	01.09~01.09	02.21~02.28
2013.02.24	2013년 제1회 특별시험(2013.2.24)	01.25~01.29	01.30~01.30	03.14~03.21
2013.03.09	2013년 제3회 ITQ 시험(2013.3.9)	02.01~02.05	02.06~02.06	03.28~04.04
2013.04.13	2013년 제4회 ITQ 시험(2013.4.13)	03.08~03.12	03.13~03.13	05.02~05.09
2013.05.11	2013년 제5회 ITQ 시험(2013.5.11)	04.05~04.09	04.10~04.10	05.30~06.06
2013.05.26	2013년 제2회 특별시험(2013.5.26)	04.26~04.30	05.01~05.01	06.13~06.20
2013.06.08	2013년 제6회 ITQ 시험(2013.6.8)	05.03~05.07	05.08~05.08	06.27~07.04
2013.07.13	2013년 제7회 ITQ 시험(2013.7.13)	06.07~06.11	06.12~06.12	08.01~08.08
2013.08.10	2013년 제8회 ITQ 시험(2013.8.10)	07.05~07.09	07.10~07.10	08.29~09.05
2013.08.25	2013년 제3회 특별시험(2013.8.25)	07.26~07.30	07.31~07.31	09.12~09.19
2013.09.14	2013년 제9회 ITQ 시험(2013.9.14)	08.09~08.13	08.14~08.14	10.02~10.10
2013.10.12	2013년 제10회 ITQ 시험(2013.10.12)	09.06~09.10	09.11~09.11	10.31~11.07
2013.11.09	2013년 제11회 ITQ 시험(2013.11.9)	10.04~10.08	10.09~10.09	11.28~12.05
2013.11.24	2013년 제4회 특별시험(2013.11.24)	10.25~10.29	10.30~10.30	12.12~12.19
2013.12.14	2013년 제12회 ITQ 시험(2013.12.14)	11.08~11.12	11.13~11.13	01.02~01.09

- 자격증 교부는 신청 후 2주입니다.
- 자격증 신청은 매주 월요일(09:00)~금요일(18:00)까지 가능합니다.

② ITQ 한글 출제 기준 및 검정 기준

(1) 출제 기준

검정 과목	문항	배점	출제 기준
아래한글 MS워드	1. 스타일	50점	※ 영문 텍스트 작성 능력과 스타일 기능 사용 능력을 평가 ▶ 영문 텍스트 작성 ▶ 스타일 이름/ 문단 모양/글자 모양
	2. 표와 차트	100점	※ 표를 작성하고 이를 이용하여 간단한 차트를 작성할 수 있는 능력을 평가 ▶ 표 내용 작성/ 정렬/ 셀 배경 색 ▶ 표 계산 기능/ 캡션 기능/ 차트 기능
	3. 수식 편집기	40점	※ 수식 편집기 사용 능력 평가 ▶ 수식 편집기를 이용한 수식 작성
	4. 그림/그리기	110점	※ 다양한 기능을 통합한 문제로 그림/그리기, 책갈피 및 하이퍼링크[하이퍼텍스트] 등 문서 작성 시의 응용 능력을 평가 ▶ 하이퍼링크 [하이퍼텍스트] ▶ 그림 삽입 및 크기 설정 / 그림 앞뒤 배치 ▶ 글맵시 작성 / 도형에 문자열 입력하기
	5. 문서 작성 능력	200점	※ 문서 작성을 위한 다양한 능력을 평가 ▶ 글꼴/머리말, 쪽 번호 ▶ 책갈피, 각주, 문단 번호 ▶ 그림 삽입 및 편집, 표 작성, 그러데이션 ▶ 문단 첫 글자 장식, 들여쓰기, 한자 ▶ 문자표, 줄 간격, 장평, 자간 등

(2) 검정 기준

등급	등급 기준
A등급 400점 ~ 500점	주어진 과제의 80%~100%를 정확히 해결할 수 있는 능력 수준
B등급 300점 ~ 399점	주어진 과제의 60%~79%를 정확히 해결할 수 있는 능력 수준
C등급 200점 ~ 299점	주어진 과제의 40%~59%를 정확히 해결할 수 있는 능력 수준

• 500점 만점이며 200점 미만은 불합격임.

③ 저장 및 답안 전송

(1) 수험자 로그인

1 수험자 로그인 시작

▶▶ 바탕 화면의 **[KOAS 수험자용]**을 더블 클릭합니다.

그림 6-1 수험자 로그인

2 수험자 등록

▶▶ **[수험자 등록]** 대화 상자에 '**수험 번호**'를 입력한 후 **[확인]**을 클릭합니다.

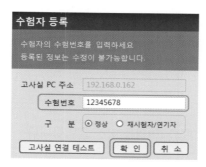

그림 6-2 수험자 등록

3 수험 번호 확인

▶▶ **[MessageBox]** 대화 상자의 내용을 확인한 후 맞으면 **[예]**를 클릭합니다.

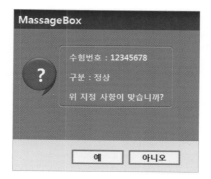

그림 6-3 수험 번호 확인

4 수험자 버전 선택 확인

▶▶ [**수험자 버전 선택**] 대화 상자의 내용을 확인한 후 맞으면 [**확인**]을 클릭하면 수험자 로그인이 완료됩니다.

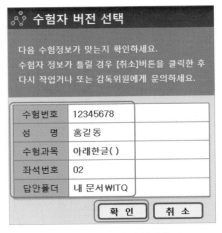

그림 6-4 수험자 버전 선택 확인

(2) 저장 답안 저장

1 한글 시작

▶▶ 바탕 화면의 [**한컴 오피스 2010**]을 더블 클릭합니다.

2 저장 시작

▶▶ 한컴 오피스 2010이 실행되면 [**파일**] → [**다른 이름으로 저장하기**]를 클릭합니다.

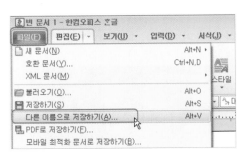

그림 6-5 저장 시작

❸ 저장 위치 선택

▶▶ **[다른 이름으로 저장하기]** 대화 상자가 나타나고, 여기에서 저장 위치로 **[내 문서]**
의 **[ITQ]** 폴더를 더블 클릭합니다.

그림 6-6 저장 위치 선택

❹ 파일 이름 변경

▶▶ 파일 이름을 본인의 "**수험 번호-이름**"으로 수정한 후 **[저장]**을 클릭합니다.

그림 6-7 저장 이름 변경

▶▶ 한컴 오피스 2010의 제목 표시 줄에 본인의 파일 이름이 맞게 되었는지 확인합니다.

그림 6-8 저장 확인

(3) 답안 전송

1 답안 전송 시작

▶▶ 작업 표시 줄의 **[KOAS 수험자용..]**을 클릭하고, 저장한 답안을 전송하기 위해 **[답 안 전송]**을 클릭합니다.

그림 6-9 답안 전송 시작

2 파일 전송 시작

▶▶ [MessageBox] 대화 상자의 내용을 확인한 후 맞으면 [예]를 클릭합니다.

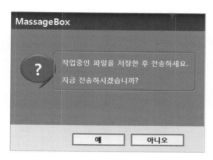

그림 6-10 답안 파일 전송 시작

3 파일 전송

▶▶ [고사장 PC로 답안 파일 보내기] 대화 상자의 내용을 확인한 후 [답안 전송]을 클릭합니다.

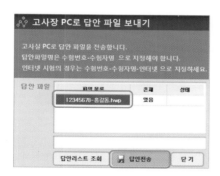

그림 6-11 답안 파일 전송

4 메시지 확인

▶▶ [MessageBox] 대화 상자의 내용을 확인한 후 [확인]을 클릭합니다.

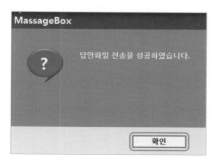

그림 6-12 메시지 확인

5 답안 전송 성공 확인

▶▶ **[고사장 PC로 답안 파일 보내기]** 대화 상자의 **'상태'** 항목에 **"성공"** 으로 나타나는지 확인한 후 **[닫기]**를 클릭합니다.

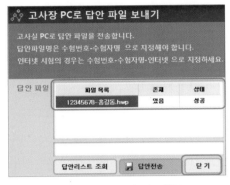

그림 6-13 답안 전송 성공 확인

6 최종 답안 전송 시간 확인

▶▶ 답안 전송이 성공되면 **'최종 답안 전송 시간'**을 확인할 수 있습니다.

그림 6-14 답안 전송 시간 확인

TIP

답안의 저장과 전송은 처음부터 마지막까지 수시로 진행합니다.

SECTION 2 기능 평가 | 따라 하기

① 준비하기

(1) 용지 종류와 용지 여백 지정하기

① [편집 용지] 대화 상자 실행

▸▸ 한글 화면에서 F7 키를 누릅니다.

② 용지 및 여백 설정

▸▸ [편집 용지] 대화 상자에서 [용지 종류] 그룹 → 'A4(국배판) [210x297mm]' 확인 → [용지 여백] 그룹 → '왼쪽', '오른쪽'을 "11mm"로, '위쪽', '아래쪽', '머리말', '꼬리말'을 "10mm"로, '제본'을 "0mm" → [설정]을 클릭합니다.

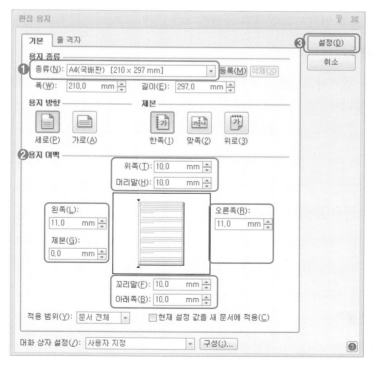

그림 6-15 용지 여백

(2) 글자체 변경하기

■ 글자체 및 글자 크기 변경

▶▶ 한글 2010 기본 글자체는 '**함초롱바탕**'입니다. ITQ 한글 시험 조건에 맞도록 [**서식 도구 상자**] → '**글자 모양**'을 "**바탕**"으로, '**글자 크기**'를 '**10pt**'로 변경합니다.

그림 6-16 글꼴 변경

(3) 문제 번호 입력하기

문제 1번에 스타일을 입력하고 문제 2번을 입력하면 문제 1번에서 만들었던 스타일이 그대로 적용됩니다. 나머지 문제에 스타일이 적용되는 것을 방지하기 위하여 **미리 3페이지와 문제 번호를 입력해 놓으면 문제 풀기가 수월해집니다.** 아래 순서에 따라 **3페이지와 문제 번호를 입력**하고 문제를 풀겠습니다.

■ 1페이지 만들기

▶▶ "**1.**" 을 입력하고 Enter 키 5번 → "**2.**" 를 입력 → Enter 키 5번 → Ctrl + Enter 키를 누릅니다.

그림 6-17 문제 번호 입력과 준비-1

■ 2페이지 만들기

▶▶ 커서가 2페이지로 옮겨졌습니다. "**3.**" 을 입력 → Enter 키 5번 → "**4.**" 를 입력 → Enter 키 5번 → Ctrl + Enter 키를 누릅니다.

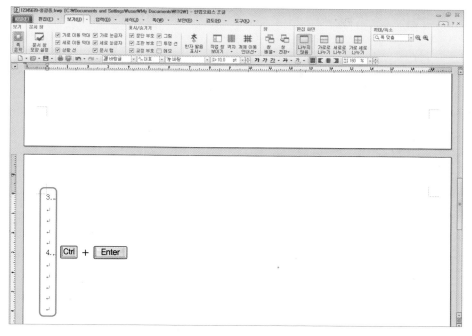

그림 6-18 문제 번호 입력과 준비-2

❸ 3페이지 만들기

▶▶ 커서가 3페이지로 옮겨졌습니다. 3페이지는 문제 번호가 없으므로 빈 화면 그대로 두고 다시 1페이지의 '1.' 다음 문단을 클릭합니다.

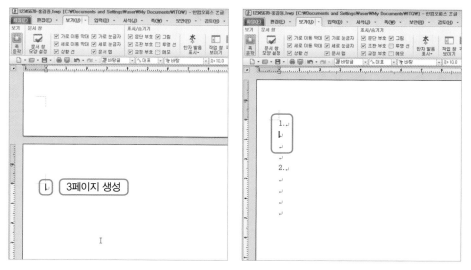

그림 6-19 문제 번호 입력과 준비-3

2 스타일

조건

- 스타일 이름: gene
- 문단 모양: 왼쪽 여백: 15pt, 문단 아래 간격: 10pt
- 글자 모양: 글꼴: 한글(돋움)/영문(굴림), 크기: 10pt, 장평: 95%, 자간: 5%

출력 형태

> The Human Genome Project seeks nothing less than a comprehensive inventory of all 100,000 of our genes, those units of heredity that determine nearly every feature that makes us human.
>
> 인간이 영장류보다 장수하는 원인이 할머니가 손자와 손녀들을 돌보면서 가임기 여성이 출산을 계속할 수 있었기 때문이라는 할머니 가설이 발표되어 관심이 집중되고 있다.

그림 6-20 **스타일 결과**

⊙Chapter6/예제/스타일.hwp

스타일을 연습하기 위해 소스 파일을 준비합니다.

1 데이터 입력

▶▶ 출력 형태와 동일하게 데이터를 입력합니다. 단, Enter 키는 문단 끝나는 곳에서
만 누릅니다.

그림 6-21 **데이터 입력**

❷ 범위 지정

▶▶ 입력한 범위를 드래그합니다. 단, 문제 번호는 제외시킵니다.

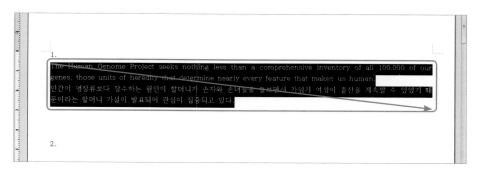

그림 6-22 **스타일 범위 지정**

❸ [스타일] 대화 상자 실행

▶▶ F6키를 눌러 [스타일] 대화 상자를 불러온 후 여기서 [스타일 추가하기]를 클릭합니다.

❹ [스타일 추가하기] 대화 상자 문단 모양 설정 시작

▶▶ [스타일 추가하기] 대화 상자에서 '스타일 이름'에 "gene" 입력 → [문단 모양]을 클릭합니다.

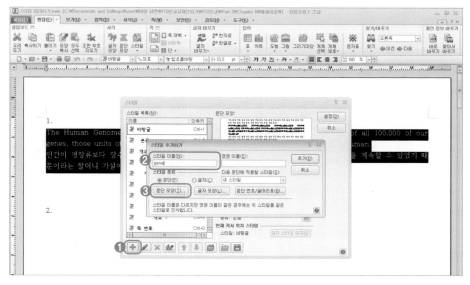

그림 6-23 **스타일 추가**

5 스타일 문단 모양 설정

▶▶ **[문단 모양]** 대화 상자에서 **[기본]** 탭 → **[여백]** 그룹 → '**왼쪽**'에 "15"입력 → **[간격]** 그룹 → '**문단 아래**' 간격에 "10"입력 → **[설정]**을 클릭합니다.

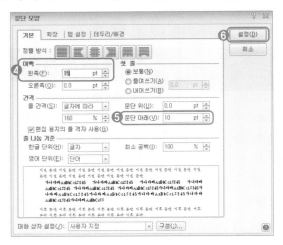

그림 6-24 스타일 문단 모양 설정

6 [스타일 추가하기] 대화 상자 글자 모양 설정 시작

▶▶ 다시 **[스타일 추가하기]** 대화 상자에서 **[글자 모양]**을 클릭합니다.

그림 6-25 스타일 글자 모양 설정 시작

7 스타일 글자 모양 설정

▶▶ [글자 모양] 대화 상자에서 '기준 크기'를 '10pt'로 설정 → '언어'에서 '한글' 선택 → '글꼴'을 '돋움', '크기'를 '10pt', '장평'을 '95%', '자간'을 '5%'로 설정 → '언어'에서 '영문' 선택 → '글꼴'을 '굴림', '크기'를 '10pt', '장평'을 '95%', '자간'을 '5%'로 설정 → [설정]을 클릭합니다.

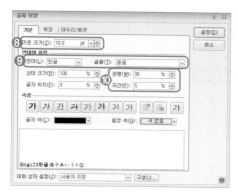

그림 6-26 스타일 글자 모양 설정

8 스타일 만들기 끝내기

▶▶ 다시 나타난 [스타일 추가하기] 대화 상자 → [추가] → [스타일] 대화 상자 → [설정]을 클릭합니다.

그림 6-27 스타일 만들기 끝내기

⑨ 스타일 완성

▶▶ 완성된 스타일을 확인합니다.

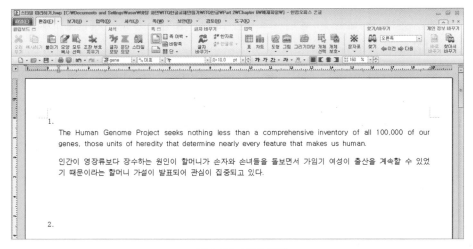

그림 6-28 **스타일 완성**

③ 표

조건

- 표 전체(표, 캡션): 돋움, 10pt
- 정렬: 문자: 가운데 정렬, 숫자: 오른쪽 정렬
- 셀 배경(면 색): 노랑
- 한글의 계산 기능을 이용하여 빈 칸에 합계를 구하고, 캡션 기능을 사용할 것
- 선 모양은 ≪출력 형태≫와 동일하게 처리할 것

출력 형태

조부모 동거 가구 현황(단위 : 백 가구)

구분	2008년	2009년	2010년	2011년	합계
서울	6,950	5,470	4,510	4,190	21,120
광주	7,320	6,020	5,830	5,100	24,270
부산	6,090	5,140	5,560	4,320	21,110
대구	4,890	5,030	4,710	3,360	

그림 6-29 **표 결과**

 ⊙Chapter6/예제/표.hwp

표를 연습하기 위해 소스 파일을 준비합니다.

❶ 표 만들기

▶▶ Ctrl + N, T 키 → [**표 만들기**] 대화 상자 → '**줄 수**' 에 "5"입력, '**칸 수**' 에 "6" 입력
→ '**글자처럼 취급**' 체크 → [**만들기**]를 클릭합니다.

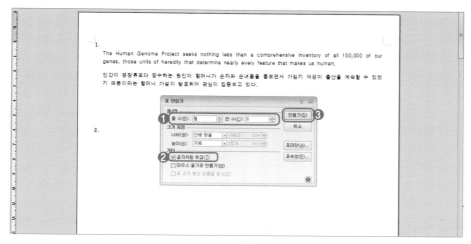

그림 6-30 표 만들기

❷ 데이터 입력

▶▶ 출력 형태를 보고 만들어진 표에 데이터를 입력합니다.

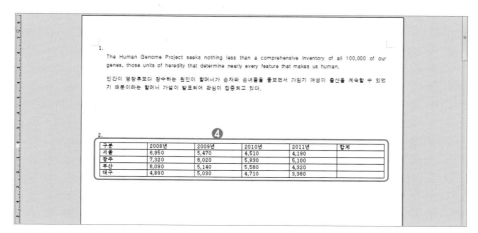

그림 6-31 데이터 입력

3 글자 모양 변경 및 정렬하기

▶▶ 표 전체 드래그 → [서식 도구 상자]에서 '글자 모양'을 '돋움', '글자 크기'를 '10pt'
로 설정 → 표에서 글자만 드래그 → [서식 도구 상자]에서 '정렬'을 '가운데 정렬'
로 설정 → 표에서 숫자만 드래그 → [서식 도구 상자]에서 '정렬'을 '오른쪽 정렬'
로 설정합니다.

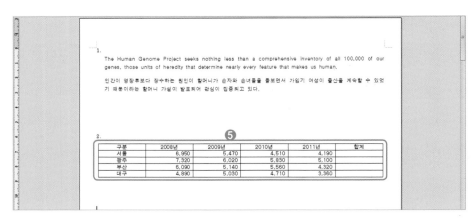

그림 6-32 글자 모양 변경 및 정렬

4 셀 배경색 넣기

▶▶ 출력 형태를 확인해 배경 색이 있는 범위를 드래그 → C 키 → [셀 테두리/배경]
대화 상자 → [배경] 탭 → [색] → '면 색'에서 '노랑' 선택 → [설정]을 클릭합니다.

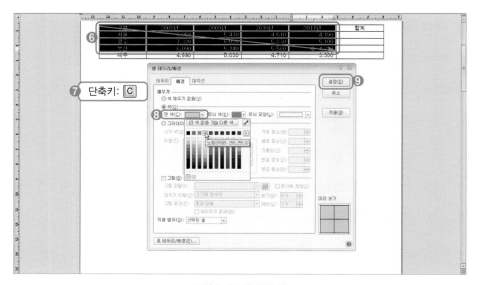

그림 6-33 셀 배경 색

5 테두리 변경(표 바깥쪽 이중 실선)

▶▶ 표 전체 범위 드래그 → L 키 → [셀 테두리/배경] 대화 상자 → [테두리] 탭 → '테두리'에서 종류 '이중선' 선택, '바깥쪽' 선택 → [설정]을 클릭합니다.

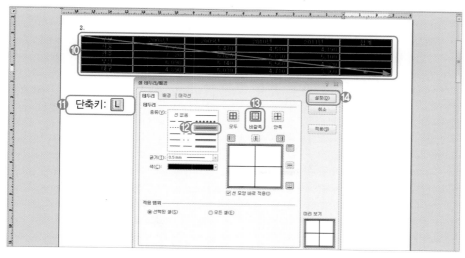

그림 6-34 표 바깥쪽 이중 실선

6 테두리 변경(제목 행 아래 이중 테두리)

▶▶ 제목 행만 드래그 → L 키 → [셀 테두리/배경] 대화 상자 → [테두리] 탭 → '종류'에서 '이중선' 선택, '아래쪽' 선택 → [설정]을 클릭합니다.

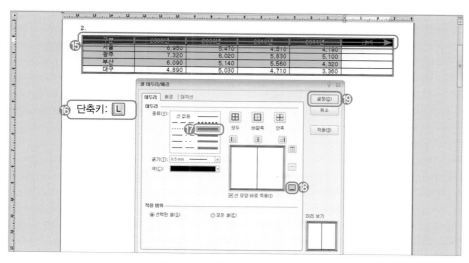

그림 6-35 표 제목 행 아래 이중 테두리

7 테두리 변경(제목 열 오른쪽 이중 테두리)

▶▶ 제목 열만 드래그 → □키 → [셀 테두리/배경] 대화 상자 → [테두리] 탭 → '종류' 에서 '이중선' 선택, '오른쪽' 선택 → [설정]을 클릭합니다.

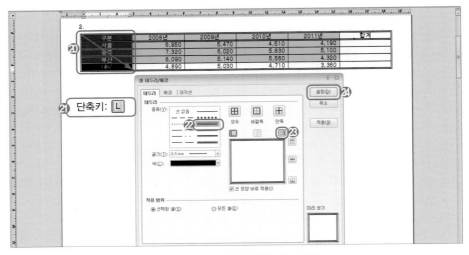

그림 6-36 표 제목 열 오른쪽 이중 테두리

8 테두리 변경(합계 아래 대각선)

▶▶ 합계 아래 셀 클릭 → F5키 → □키 → [셀 테두리/배경] 대화 상자 → [대각선] 탭 → '종류'에서 '실선' 선택, '대각선' 선택 → [설정]을 클릭합니다.

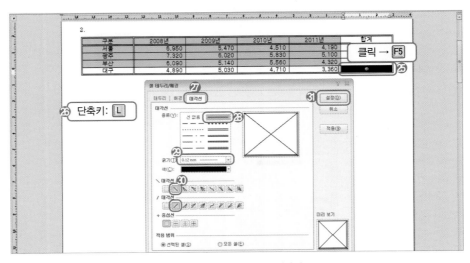

그림 6-37 표 합계 아래 대각선

❾ 합계 구하기

▶▶ 출력 형태의 빈 칸에 합계를 구하기 위해서 합계를 구할 데이터와 합계 결과를 나타낼 빈 칸까지 드래그 → 마우스 오른쪽 버튼 클릭 → 바로 가기 메뉴 **[블록 계산식]** → **[블록 합계]**를 클릭합니다. 자동으로 합계가 계산되어 나타납니다.

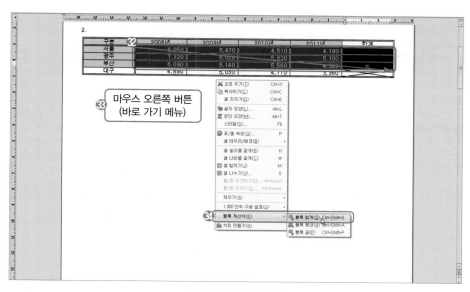

그림 6-38 합계 구하기

❿ 표 캡션 달기

▶▶ 표 안에 아무 셀이나 클릭 → F11키로 표 선택 → Ctrl + N, C키로 표 캡션 달기 → 표 아래 "**표 1**"이라고 나타납니다. "**표 1**" 삭제 → "**조부모 동거 가구 현황(단위: 백 가구)**"을 입력합니다.

구분	2008년	2009년	2010년	2011년	합계
서울	표 안에 클릭 → F11 → Ctrl + N C		,510	4,190	21,120
광주	7,320	6,020	5,830	5,100	24,270
부산	6,090	5,140	5,560	4,320	21,110
대구	4,890	5,030	4,710	3,360	

표 1

구분	2008년	2009년	2010년	2011년	합계
서울	6,950	5,470	4,510	4,190	21,120
광주	7,320	6,020	5,830	5,100	24,270
부산	6,090	5,140	5,560	4,320	21,110
대구	4,890	5,030	4,710	3,360	

조부모 동거 가구 현황(단위 : 백 가구) ㉟ 표 1 지우고 내용 입력

그림 6-39 표 캡션 달기

⓫ 캡션 서식 변경

▶▶ 캡션 드래그 → [서식 도구 상자] → '글자 모양'을 '돋움', '글씨 크기'를 '10pt', '정
렬'을 '오른쪽 정렬'로 설정합니다.

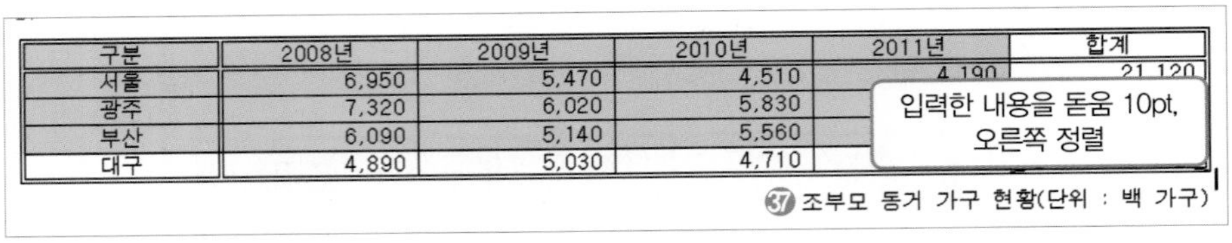

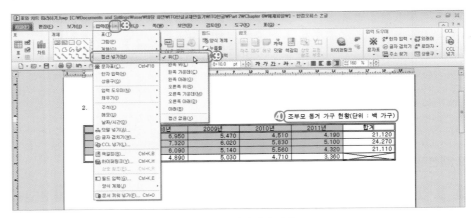

그림 6-40 캡션 서식 변경

⓬ 캡션 위치 변경

▶▶ [입력] 탭 → [캡션 넣기] → [위]를 클릭합니다.

그림 6-41 캡션 위치 변경

④ 차트

조건

- 차트 데이터는 표 내용에서 연도별 서울, 광주, 부산의 값만 이용할 것
- 종류: 〈묶은 세로 막대형〉으로 작업할 것
- 제목: 궁서, 진하게, 12pt, 배경 – 선 모양(한 줄로), 그림자(2pt)
- 제목 이외의 전체 글꼴 – 궁서, 보통, 10pt
- 축 제목과 범례는 ≪출력 형태≫와 동일하게 처리할 것

출력 형태

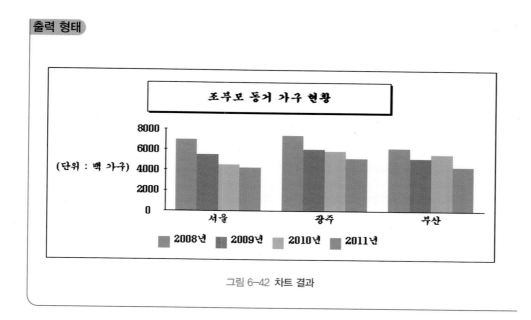

그림 6-42 **차트 결과**

📁 ⊙Chapter6/예제/차트.hwp

1 차트 만들기

▶▶ 표의 노란색 영역을 드래그 → **[표] 탭** → **[표] 그룹** → **[차트]**를 클릭합니다.

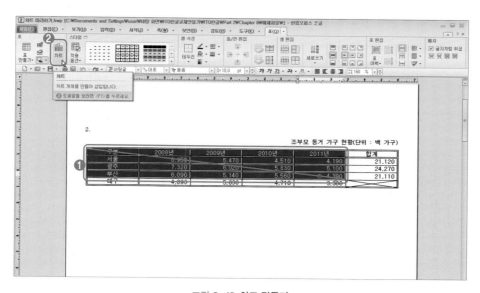

그림 6-43 **차트 만들기**

2 차트 이동과 크기 조정

▶▶ 차트가 표 위에 만들어지면 드래그하여 표 아래쪽으로 이동시키고, 차트의 크기를 출력 형태와 비슷한 크기로 조정합니다.

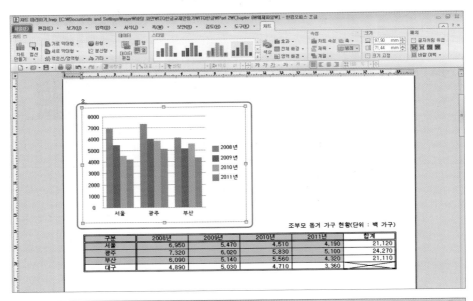

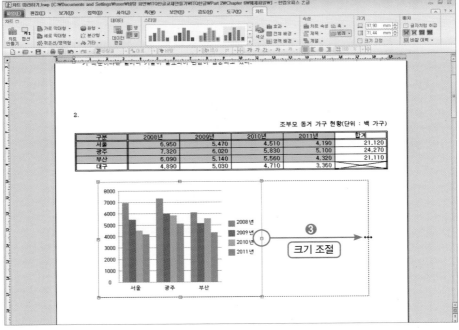

그림 6-44 차트 이동 및 크기 조정

❸ **차트 마법사 실행**

▶▶ 차트의 제목, 축 제목, 범례의 위치를 변경하기 위해서 차트 더블 클릭 → 마우스 오른쪽 버튼 → [바로 가기 메뉴] → [차트 마법사]를 클릭하여 차트 마법사를 실행합니다.

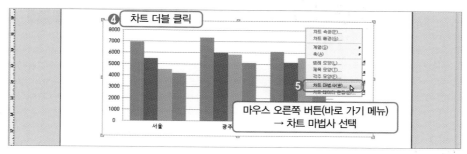

그림 6-45 **차트 마법사 실행**

❹ **차트 마법사로 레이아웃 변경**

▶▶ [차트 마법사] 대화 상자로 레이아웃을 변경합니다.

- [차트 마법사 - 3단계 중 1단계] 대화 상자: '차트 종류 선택'에 '묶은 세로 막대형' 선택 → [다음]
- [차트 마법사 - 3단계 중 2단계] 대화 상자: '방향'을 '열'로 선택 → [다음]
- [차트 마법사 - 마지막 단계] 대화 상자: [제목] 탭 → '차트 제목'에 "조부모 동거 가구 현황"입력, 'Y(값) 축(Y)'에 "(단위:백 가구)"입력 → [범례] 탭 → '범례의 배치'를 '아래쪽'으로 설정 → [확인]을 클릭합니다.

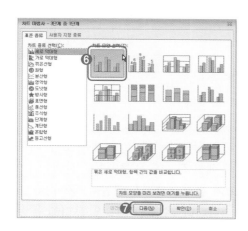
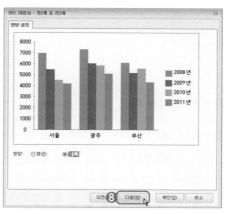

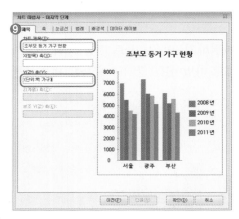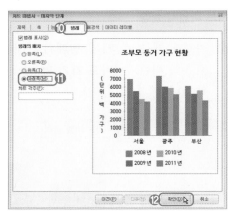

그림 6-46 [차트 마법사] 대화 상자 설정

5 차트 완성

▶▶ 완성된 차트가 나타납니다. 다음으로 세부 조건에 맞게 차트를 수정합니다.

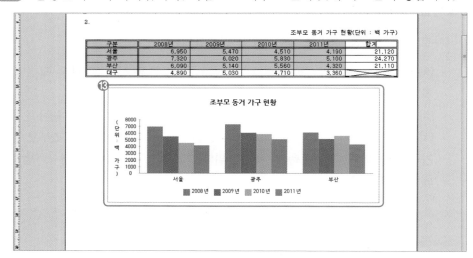

그림 6-47 차트 완성

6 차트 제목 서식 수정

▶▶ 차트 제목의 서식을 수정하기 위해서 차트 제목 더블 클릭 → [제목 모양] 대화 상
자 → [배경] 탭 → [선 모양] 그룹 → '종류'에서 선 모양을 '한 줄'로 선택 → [기타]
그룹 → '그림자' 체크 → [글자] 탭 → [크기 설정] 그룹 → '글꼴'을 '궁서'로, '크기'
를 "12"로, '진하게' 설정 → [설정]을 클릭합니다. 수정된 제목을 클릭해 출력 형
태와 비슷한 크기로 조절합니다.

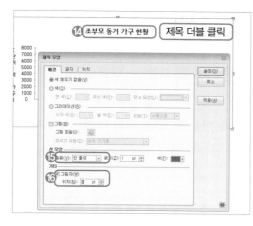
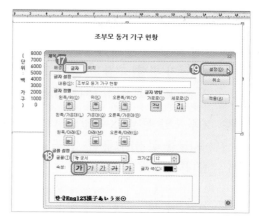

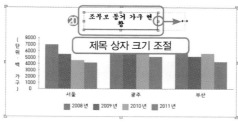

그림 6-48 차트 제목 변경

7 축 제목 모양 설정

▶▶ 축 제목 모양을 수정하기 위해서, [축 제목]을 더블 클릭 → [축 제목 모양] 대화 상
자 → [글자] 탭 → [글자 방향] 그룹 → [가로로 선택] → [글꼴 설정] 그룹 → '글꼴'
을 '궁서'로, '크기'를 "10"으로 설정 → [설정]을 클릭합니다.

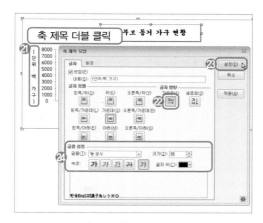

그림 6-49 축 제목 모양 설정

❽ X축, Y축 모양 설정

▶▶ **Y축 모양 설정**: [Y축 값]을 더블 클릭 → [축 이름표 모양] 대화 상자 → [글자] 탭 → [글자 방향] 그룹 → [가로로] 선택 → [글꼴 설정] 그룹 → '글꼴'을 '궁서'로, '크 기'를 "10"으로 설정 → [설정]을 클릭합니다.

▶▶ **X축 모양 설정**: [X축 값]을 더블 클릭 → [축 이름표 모양] 대화 상자 → [글자] 탭 → [글꼴 설정] 그룹 → '글꼴'을 '궁서'로, '크기'를 "10"으로 설정 → [설정]을 클릭 합니다.

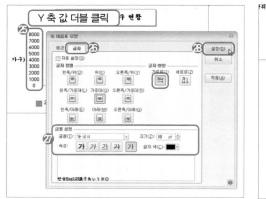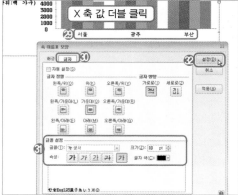

그림 6-50 Y축, X축 글꼴 변경

❾ 범례 모양 설정

▶▶ [범례] 더블 클릭 → [범례 모양] 대화 상자 → [글자] 탭 → [글꼴 설정] 그룹 → '글 꼴'을 '궁서', '크기'를 "10"으로 설정 → [설정]을 클릭합니다.

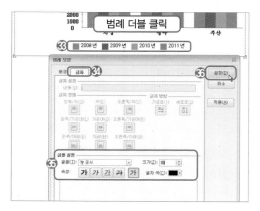

그림 6-51 범례 변경

⑩ 제목, 축, 범례 모양 변경 완료

▶▶ 차트의 제목, 축, 범례 모양이 변경되었습니다. 출력 형태와 비교해 봅니다. Y축의 눈금선 값이 다른 것을 확인할 수 있습니다. 마지막으로 눈금선 값을 변경해 봅니다.

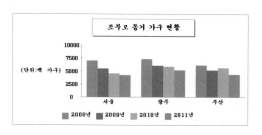

그림 6-52 차트 완성

⑪ Y축 눈금선 값 변경

▶▶ Y축의 눈금선 값을 변경하기 위해서, 차트 안에서 마우스 오른쪽 버튼 클릭 → **[바로 가기 메뉴]** → **[축]** → **[축]**을 선택합니다. 이어 나온 **[축 선택]** 대화 상자에서 '**종류**'에서 '**세로 값 축**' 선택 → **[선택]** → **[축 모양]** 대화 상자 → **[비례]** 탭 → '**꾸밈 설정 보여 주기**' 체크 → '**최솟값**'에 "0", '**최댓값**'에 "8000.0", '**큰 눈금선**'에 "4"입력 → **[설정]**을 클릭합니다. 출력 형태와 동일하게 변경되었습니다.

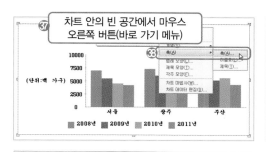
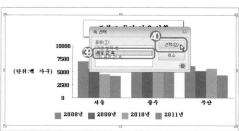
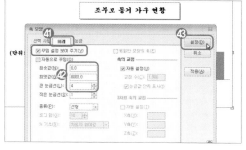
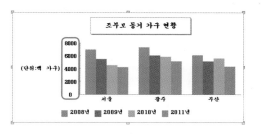

그림 6-53 Y축 눈금선 값 변경

SECTION **3** 기능 평가 II 따라 하기

1 수식 따라 하기

조건

• 다음 출력 형태를 보고 (1), (2)의 수식을 수식 편집기로 각각 입력하시오.

출력 형태

3.

$$(1)\quad Q = \lim_{\triangle t \to 0} \frac{\triangle s}{\triangle t} = \frac{d^2 s}{dt^2}$$

$$(2)\quad \frac{t_A}{t_B} = \sqrt{\frac{d_B}{d_A}} = \sqrt{\frac{M_B}{M_A}}$$

그림 6-54 수식 결과

◎ Chapter6/예제/수식.hwp

1 "(1)" 번호 매기기

▶▶ 출력 형태와 동일하게 3. 아래를 클릭하여 "(1)"을 입력하고, Ctrl + N, M키를 눌러 [수식 편집기] 대화 상자가 나타나도록 합니다.

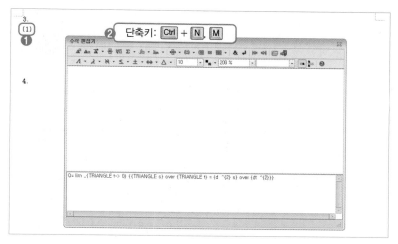

그림 6-55 (1)번 수식 입력 준비

2 수식 입력

▶▶ 그림 순서에 따라 수식을 입력해 봅니다.

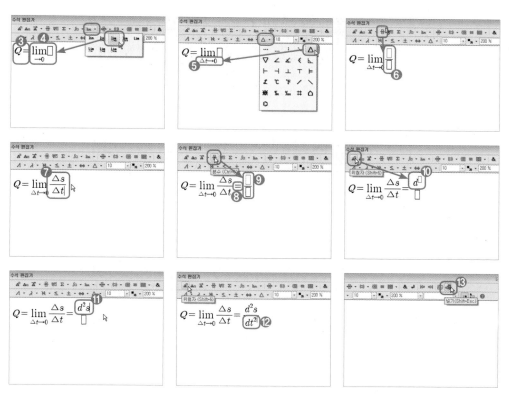

그림 6-56 (1)번 수식 따라 하기

3 "(2)" 번호 매기기

▶▶ (1) 아래를 클릭하여 "(2)"를 입력하고, Ctrl + N , M 키를 눌러 **[수식 편집기]** 대화
상자가 나타나도록 합니다.

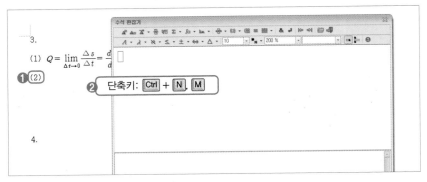

그림 6-57 (2)번 수식 입력 준비

4 수식 입력

▶▶ 그림 순서에 따라 수식을 입력해 봅니다.

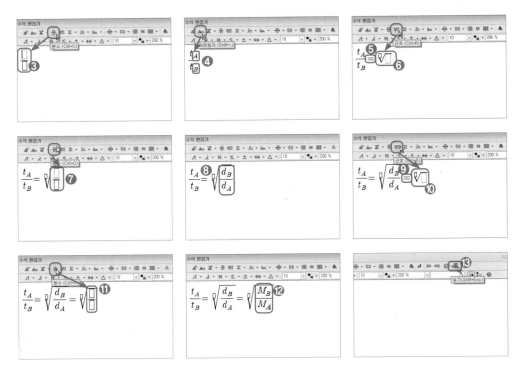

그림 6-58 (2)번 수식 따라 하기

② 도형, 글맵시, 하이퍼링크, 그림 넣기

조건

- 다음의 ≪조건≫에 따라 ≪출력 형태≫와 같이 문서를 작성하시오.
- 그리기 도구를 이용하여 작성하고, 모든 도형(글맵시, 지정된 그림 포함)을 ≪출력 형태≫와 같이 작성하시오.
- 도형의 면 색은 지시 사항이 없으면 색 없음을 제외하고 서로 다르게 임의로 지정하시오.

출력 형태

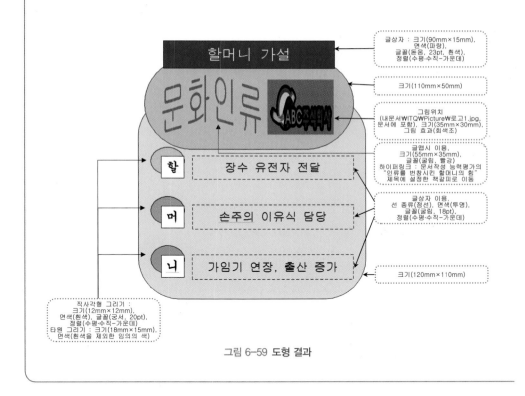

그림 6-59 **도형 결과**

📁 ⊙ Chapter6/예제/도형.hwp

도형 따라 하기를 연습하기 위해 소스 파일을 준비합니다.

(1) 기본 배경 도형 만들기

1 도형 만들기

▶▶ 도형은 입력하는 순서대로 정렬이 되므로 제일 아래 있는 도형부터 삽입하면 작업이 수월해집니다. 도형을 삽입하기 위하여 **[입력] 탭 → [개체] 그룹 → [직사각형]** 선택 → 빈 문서 원하는 위치에 드래그해서 도형을 만듭니다.

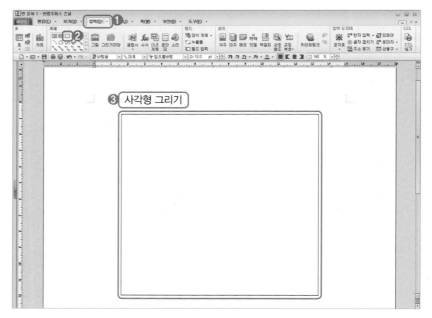

그림 6-60 도형 만들기

2 기본 도형 속성 변경

▶▶ 문제 조건에 맞게 도형 속성을 변경하기 위하여 앞에서 넣은 도형을 더블 클릭합니다. **도형 [개체 속성]** 대화 상자가 나타납니다. **도형 [개체 속성]** 대화 상자에서 다음과 같이 속성을 변경합니다.

- **도형 크기 설정:** [기본] 탭 → [크기] 그룹 → '너비'에 "120", '높이'에 "110"입력 → '크기 고정' 체크
- **둥근 모양 설정:** [선] 탭 → [사각형 모서리 곡률] 그룹 → '둥근 모양' 선택
- **색 채우기:** [채우기] 탭 → [색] → '면 색'에서 "**보라색 계열**" 선택

모든 설정이 완료되면 **[설정]**을 클릭합니다.

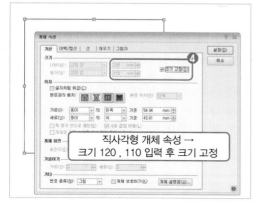

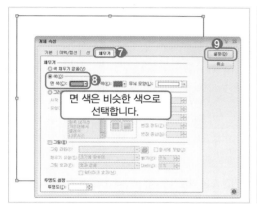

그림 6-61 도형 만들기

TIP

도형에 색 넣기

• 조건에 지정되어 있지 않으면, 어떤 색으로 채워도 무방하며 도형들이 동일한 색으로 겹치지 않게 넣는 것이 좋습니다.

(2) 모서리가 반원인 두 번째 도형 만들기

🔳 도형 만들기

▶▶ 두 번째 도형을 삽입하기 위하여 **[입력] 탭 → [개체] 그룹 → [직사각형]** → 출력
형태와 비슷한 위치에 드래그해서 도형을 만듭니다.

그림 6-62 모서리가 반원인 도형 만들기

🔳 두 번째 도형 속성 변경

▶▶ 문제 조건에 맞게 도형 속성을 변경하기 위하여 두 번째 도형을 더블 클릭합니
다. **도형 [개체 속성]** 대화 상자가 나타납니다. **도형 [개체 속성]** 대화 상자에서 다
음과 같이 속성을 변경합니다.

- **도형 크기 설정:** [기본] 탭 → [크기] 그룹 → '너비'에 "110", '높이'에 "50"입력 →
'크기 고정' 체크
- **둥근 모양 설정:** [선] 탭 → [사각형 모서리 곡률] 그룹 → [반원] 선택
- **색 채우기:** [채우기] 탭 → [색] → '면 색'에서 '진한 보라색 계열' 선택

모든 설정이 완료되면 **[설정]**을 클릭합니다.

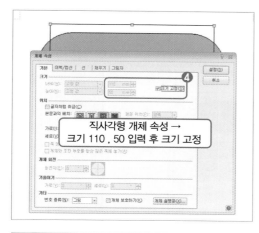

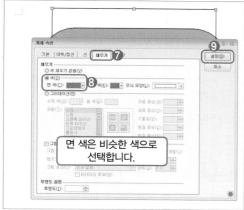
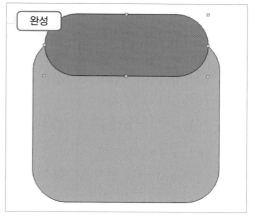

그림 6-63 **도형 속성 변경**

(3) 글상자 만들기

⬛ 글상자 만들기

▶▶ 글상자를 삽입하기 위하여 **[입력] 탭 → [개체] 그룹 → [가로 글상자]** → 출력 형태
와 비슷한 위치에 드래그해서 도형을 만듭니다.

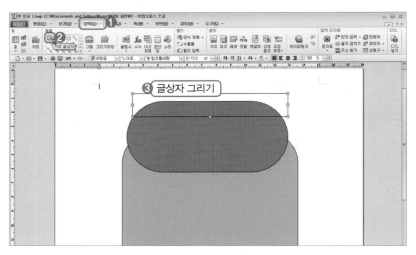

그림 6-64 글상자 만들기

② 글상자 속성 변경

▶▶ 문제 조건에 맞게 글상자 속성을 변경하기 위하여 앞에서 넣은 글상자를 더블 클릭합니다. **글상자 [개체 속성]** 대화 상자가 나타납니다. **글상자 [개체 속성]** 대화 상자에서 다음과 같이 속성을 변경합니다.

- **글상자 크기 설정:** [기본] 탭 → [크기] 그룹 → '너비'에 "90", '높이'에 "15"입력 → '크기 고정' 체크
- **색 채우기:** [채우기] 탭 → [색] → '면 색'에서 '**파랑**' 선택

모든 설정이 완료되면 [**설정**]을 클릭합니다.

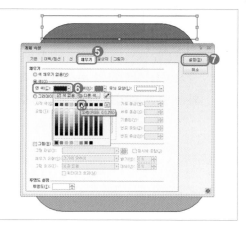

그림 6-65 글상자 속성 변경

❸ 텍스트 입력 및 수정

▶▶ 위에서 완성된 글상자가 선택되어 있지 않은 상태에서 도형안쪽을 클릭하면 글씨를 입력할 수 있는 상태가 됩니다. 안쪽에 커서가 깜박이는지 확인한 상태에서, "**할머니 가설**" 입력 → [**서식 도구 상자**] → '**글자 모양**'을 '**돋움**', '**글씨 크기**'를 "**23pt**", '**글씨 색**'을 '**흰색**', '**정렬**'을 '**가운데 정렬**'로 설정합니다.

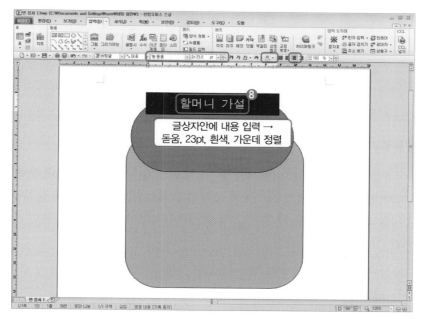

그림 6-66 글상자에 텍스트 입력

(4) 내용 입력 도형 만들기

❶ 타원 도형 만들기 및 도형 속성 변경

▶▶ 타원을 삽입하기 위하여 [**입력**] 탭 → [**개체**] 그룹 → [**타원**] 선택 → 출력 형태와 비슷한 위치에 드래그합니다. 그리고 삽입된 타원을 더블 클릭하여 나온 **도형 [개체 속성]** 대화 상자 → [**채우기**] 탭 → [**색**] → '**면 색**'을 '**주황색 계열**' 선택 → [**설정**]을 클릭합니다.

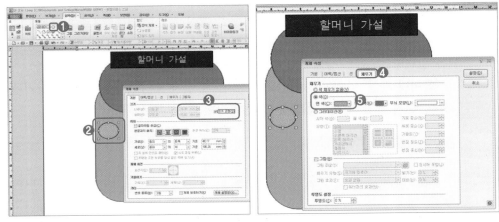

그림 6-67 타원 도형 만들기 및 도형 속성 변경

❷ 글상자 만들기 및 글상자 속성 변경

▶▶ 글상자를 삽입하기 위하여 **[입력] 탭 → [개체] 그룹 → [가로 글상자]** 선택 → 출력 형태와 비슷한 위치에 드래그해서 도형을 만듭니다. 그리고 방금 삽입한 글상자를 더블 클릭하여 나온 **글상자 [개체 속성]** 대화 상자에서 다음과 같이 속성을 변경합니다.

- **글상자 크기 설정**: **[기본] 탭 → [크기] 그룹 → '너비'**에 "12", **'높이'**에 "12"입력 → '**크기 고정**' 체크
- **색 채우기**: **[채우기] 탭 → [색] → '면 색'**에서 '**흰색**' 선택

모든 설정이 완료되면 **[설정]**을 클릭합니다.

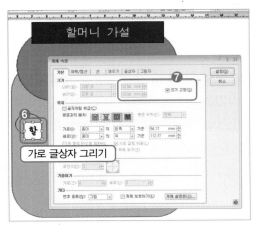
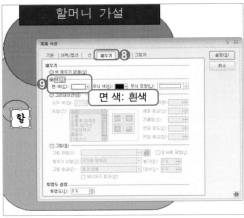

그림 6-68 글상자 만들기 및 글상자 속성 변경

❸ 텍스트 입력 및 수정

▶▶ 위에서 완성된 글상자가 선택되어 있지 않은 상태에서 도형 안쪽을 클릭하면 글씨를 입력할 수 있는 상태가 됩니다. 안쪽에 커서가 깜박이는지 확인한 상태에서, "**할**" 입력 → [**서식 도구 상자**] → '**글자 모양**'을 '**궁서**', '**글씨 크기**'를 "20pt", '**정렬**'을 '**가운데 정렬**'로 설정합니다.

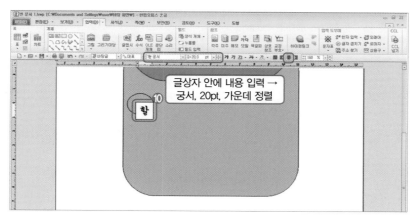

그림 6-69 텍스트 입력 및 수정

❹ 글상자 만들기 및 글상자 속성 변경

▶▶ 글상자를 삽입하기 위하여 [**입력**] **탭** → [**개체**] **그룹** → [**가로 글상자**] 선택 → 출력 형태와 비슷한 위치에 드래그해서 글상자를 만듭니다. 글상자에 선 모양을 변경하기 위하여 글상자 더블 클릭 → [**개체 속성**] 대화 상자 → [**선**] **탭** → [**선**] **그룹** → '**종류**'를 '**파선**', '**굵기**'를 "0.30" 입력 → [**설정**]을 클릭합니다.

그림 6-70 글상자 만들기 및 속성 변경

⑤ 텍스트 입력 및 수정

▶▶ 위에서 완성된 글상자가 선택되어 있지 않은 상태에서 도형 안쪽을 클릭하면 글씨를 입력할 수 있는 상태가 됩니다. 안쪽에 커서가 깜박이는지 확인한 상태에서, **"장수 유전자 전달"** 입력 → **[서식 도구 상자]** → '**글자 모양**'을 '**굴림**', '**글씨 크기**'를 "**18pt**", '**정렬**'을 '**가운데 정렬**'로 설정합니다.

그림 6-71 텍스트 입력 및 수정

⑥ 도형 복사

▶▶ 삽입한 글상자와 도형을 복사하여 붙여 넣기 위해서 **[편집] 탭** → **[입력] 그룹** → **[개체 선택]** → 도형과 글상자 모두 포함되게 크게 드래그하여 개체를 선택합니다. 그리고 Ctrl + Shift 키를 누른 상태에서 아래로 드래그하여 다음과 같이 복사하여 개체를 두 개 추가합니다.

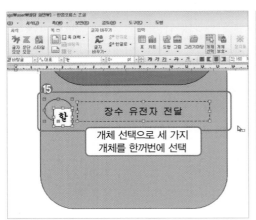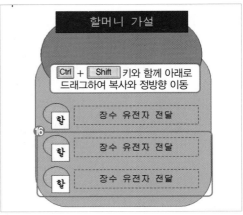

그림 6-72 도형 복사

7 텍스트 수정 및 도형 마지막 확인

▶▶ 글상자를 출력 형태와 동일하게 텍스트를 수정하고, 타원은 흰색을 제외한 서로
다른 색으로 지정하라는 세부 조건에 따라 앞선 과정을 반복하여 임의의 색을 설
정합니다.

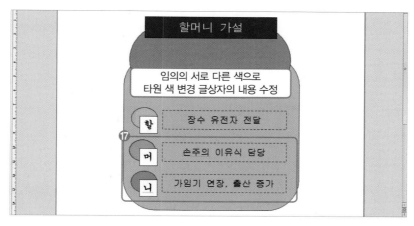

그림 6-73 텍스트 수정

(5) 글맵시 만들기

1 글맵시 만들기

▶▶ [입력] 탭 → [개체] 그룹 → [글맵시] → [글맵시] → [글맵시 만들기] 대화 상자 →
'내용'에 "문화인류", '글꼴'에 '굴림', '글맵시 모양'에 '갈매기형 수장' 선택 → [설
정]을 클릭하여 글맵시를 삽입합니다.

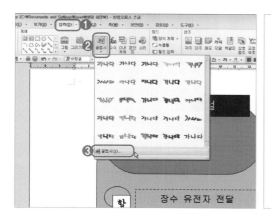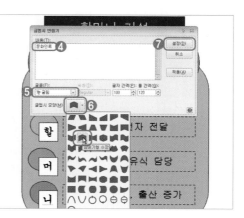

그림 6-74 글맵시 만들기

2 글맵시 속성 수정

▶▶ 문서에 삽입된 글맵시를 더블 클릭하고 나온 **[개체 속성]** 대화 상자에서 **[기본]** 탭 → **[크기]** 그룹 → '**너비**'에 "**55**"를, '**높이**'에 "**35**"를 입력 → '**크기 고정**' 체크 → **[채우기]** 탭 → **[색]** → '**면 색**'에 '**빨강**' 선택 → **[설정]**을 클릭합니다.

그림 6-75 글맵시 속성 수정

3 글맵시 배치하기

▶▶ 도형에 가려 있는 글맵시를 도형 위로 올리기 위해서 글맵시를 마우스 오른쪽 버튼으로 클릭 → **[바로 가기 메뉴]** → **[본문과의 배치]** → **[글 앞으로]**를 클릭합니다. 글맵시는 드래그해 출력 형태와 동일한 위치에 배치합니다.

그림 6-76 글맵시 배치

4 글맵시에 하이퍼링크 넣기

▶▶ 글맵시에 하이퍼링크 연결을 위해 삽입된 글맵시를 선택한 상태에서 **[입력] 탭 → [참조] 그룹 → [하이퍼링크] → '연결 대상'**을 책갈피 안에 **문화인류** 선택 → **[넣기]**를 클릭합니다.

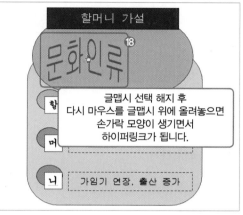

그림 6-77 하이퍼링크 넣기

TIP

- 하이퍼링크 과정은 3페이지의 책갈피를 먼저 지정한 다음 하는 과정입니다. 책갈피 삽입 후 하이퍼링크를 적용합니다.
- 하이퍼링크 삽입 후 글맵시를 클릭하면, 책갈피를 지정한 3페이지 제목으로 이동됩니다.
- 하이퍼링크 문제는 글맵시 또는 그림에 나옵니다. 시험 볼 때는 세부 조건을 확인하고 삽입합니다.

(6) 그림 넣기

1 그림 삽입

▶▶ 그림을 삽입하기 위해 **[입력] 탭 → [개체] 그룹 → [그림] → [그림]**을 선택합니다. **[그림 넣기]** 대화 상자가 나타나면 **'찾는 위치'**의 경로를 **"내문서/ITQ/Picture/"**로 설정 → **'로고1.jpg'** 그림 선택 → **[넣기]**를 클릭합니다.

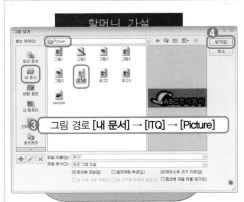

그림 6-78 그림 삽입

2 그림 배치하기

▶▶ 그림을 앞으로 배치하기 위해서 삽입된 그림을 마우스 오른쪽 버튼으로 클릭 → [바로 가기 메뉴] → [본문과의 배치] → [글 앞으로]를 클릭합니다.

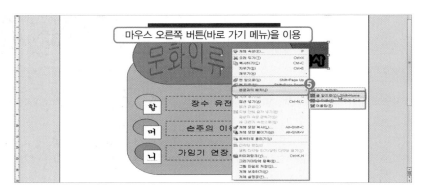

그림 6-79 그림 배치

3 그림 속성 수정

▶▶ 그림을 마우스 오른쪽 버튼으로 클릭 → [바로 가기 메뉴] → [개체 속성]을 클릭하여 나온 그림 [개체 속성] 대화 상자에서 다음과 같이 설정합니다.

- 그림 크기 설정: [기본] 탭 → [크기] 그룹 → '너비'에 "35"를, '높이'에 "30"을 입력 → '크기 고정' 체크
- 그림 효과: [그림] 탭 → [그림 효과] 그룹 '회색조' 선택

모든 설정이 완료되면 [설정]을 클릭합니다.

그림 6-80 그림 속성 변경

4 그림 넣기 완성

▶▶ 그림 넣기가 완성된 것을 확인할 수 있습니다.

그림 6-81 그림 넣기 완성

 TIP

그림 경로 변경하기

- 연습 시에도 시험과 동일하게 하기 위해 'ITQ폴더'를 내 컴퓨터 바탕 화면에 내문서 폴더로 이동합니다.
- 시험 볼 때는 세부 조건에서 제시한 경로와 동일하게 '내문서/ITQ/Picture/로고1.jpg'을 찾아서 삽입합니다.

SECTION 4 문서 작성 능력 평가 따라 하기

1 문서 작성하기

조건

• 《출력 형태》와 같이 문서를 작성하시오.

출력 형태

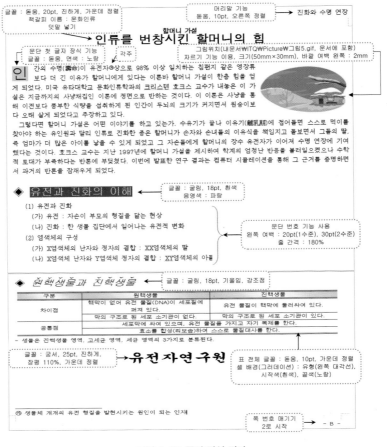

그림 6-82 문서 작성 결과

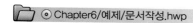
⊙ Chapter6/예제/문서작성.hwp

본문을 작성하기 위해 소스 파일을 준비합니다.

1 데이터 입력 스타일 알기

▶▶ ITQ 시험 시 세 번째 페이지에 커서를 놓고 아래 그림과 같이 **[문서 작성 능력 평가]**의 기본 내용을 입력하면 됩니다. 문서 편집은 기본적으로 입력을 한 상태에서 한번에 수정하는 것이 수월합니다. 기본으로 입력되어 있는 데이터를 확인 후 편집을 시작하겠습니다.

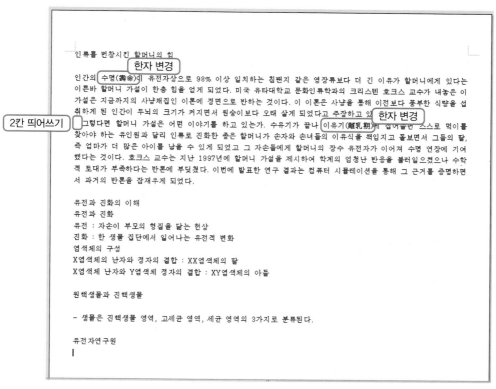

그림 6-83 문서 작성 기본 입력된 스타일

② 문서 편집하기

(1) 머리말 넣기

❶ 머리말 넣기

▶▶ 머리말을 입력하기 위해서 Ctrl + N, H키 → [머리말/꼬리말] 대화 상자 → '종류'에서 '머리말'을 선택 → [만들기]를 클릭합니다. 머리말 입력 상태가 되면, "진화와 수명 연장"을 입력합니다.

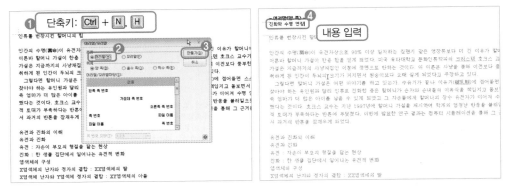

그림 6-84 머리말 넣기

❷ 머리말 글자 모양 변경 및 머리말 편집 종료

▶▶ 위에서 입력한 머리말 '진화와 수명 연장'을 드래그하여 선택하고, [서식 도구 상자] → '글자 모양'을 '돋움'으로, '글씨 크기'를 "10pt"로, '정렬'을 "오른쪽 정렬"로 설정합니다. 그리고 [머리말/꼬리말] 탭 → [닫기] 그룹 → [닫기]를 클릭하여 머리말 편집을 종료합니다.

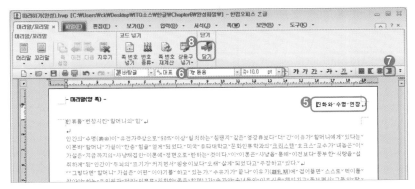

그림 6-85 머리말 글자 모양 변경 및 종료

(2) 제목 편집, 덧말 넣기, 책갈피 넣기

1 제목 편집

▶▶ 제목인 '인류를 번창시킨 할머니의 힘'을 드래그하여 선택하고, [서식 도구 상자] → '글자 모양'을 '돋움'으로, '글씨 크기'를 "20pt"로, '정렬'을 '가운데 정렬'로 설정합니다.

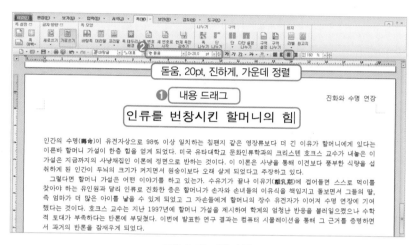

그림 6-86 제목 수정

2 덧말 넣기

▶▶ 덧말을 넣기 위하여 [입력] 탭 → [참조] 그룹 → [덧말]을 선택하여 나온 [덧말 넣기] 대화 상자에서, '덧말'에 "할머니 가설" 입력 → [넣기]를 클릭합니다.

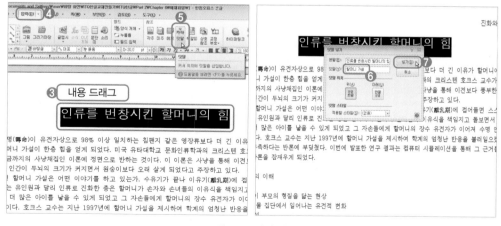

그림 6-87 덧말 넣기

3 책갈피 넣기

▶▶ 책갈피를 삽입하기 위하여 제목 맨 앞인 '인' 앞에 클릭 → [입력] 탭 → [참조] 그룹 → [책갈피]를 선택합니다. [책갈피] 대화 상자에서 '책갈피 이름'에 "문화인류" 입력 → [넣기]를 클릭합니다.

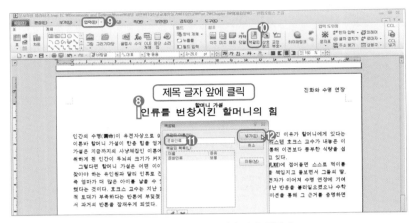

그림 6-88 제목 편집, 덧말 넣기, 책갈피

(3) 문단 첫 글자 장식하기

1 문단 첫 글자 장식

▶▶ 문단 첫 글자 장식을 위하여 첫 번째 줄 클릭 → [서식] 탭 → [문단] 그룹 → [문단 첫 글자 장식]을 선택합니다. [문단 첫 글자 장식] 대화 상자에서 [모양] 그룹 → [2줄] → [글꼴/테두리] 그룹 → '글꼴'을 '돋움'으로, '면 색'을 '노랑'으로 설정 → [설정]을 클릭합니다.

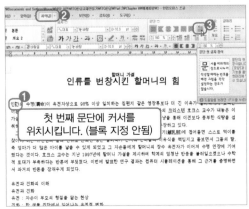
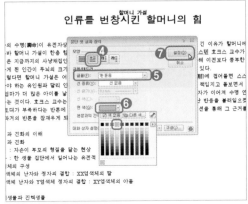

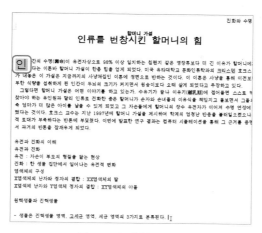

그림 6-89 문단 첫 글자 장식

(4) 각주 넣기

1 각주 넣기

▶▶ '유전자'라는 단어를 설명할 각주를 삽입하기 위해 '**유전자**' 뒤를 클릭 → [**입력**]
탭 → [**참조**] 그룹 → [**각주**]를 클릭합니다. 각주 구역이 자동 생성되면 "**생물체 개
개의 유전 형질을 발현시키는 원인이 되는 인자**"를 입력합니다.

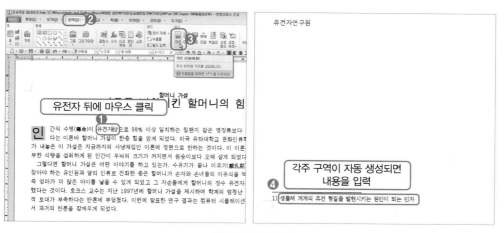

그림 6-90 각주 넣기

❷ 각주 번호 모양 변경

▶▶ 각주 번호 모양을 변경하기 위해서 [주석] 탭 → [주석] 그룹 → [각주/미주 모양 고치기]를 선택합니다. [주석 모양] 대화 상자 → [번호 서식] 그룹 → '번호 모양' 을 '㉮,㉯,㉰'로 선택 → [설정]을 클릭합니다.

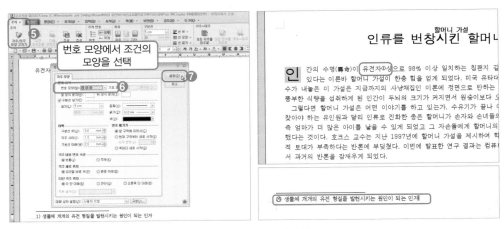

그림 6-91 각주 번호 변경 완료

(5) 그림 넣기

❶ 그림 넣기

▶▶ 그림을 삽입하기 위해서 [입력] 탭 → [개체] 그룹 → [그림] → [그림]을 선택합니 다. [그림 넣기] 대화 상자 → '찾는 위치' 경로를 '내문서/ITQ/Picture/'로 설정 → '그림5.jpg' 선택 → [넣기]를 클릭합니다. 이제 마우스 포인터 모양이 '+' 형태로 변경되고, 비어 있는 영역에 드래그하여 그림을 넣습니다.

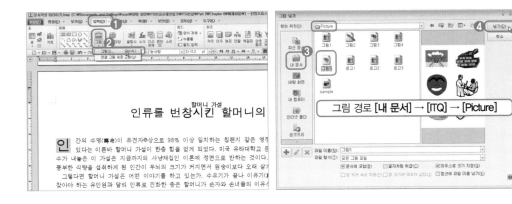

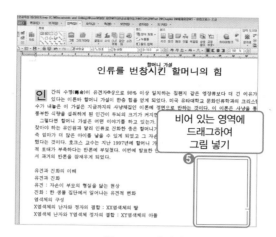

그림 6-92 그림 넣기

2 그림 자르기

▶▶ [그림] 탭 → [크기] 그룹 → [자르기]를 클릭하여 출력 형태와 동일한 그림만 남도록 자르기를 합니다.

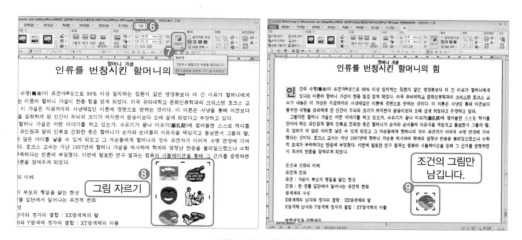

그림 6-93 그림 자르기

3 그림 속성 수정

▶▶ 그림을 더블 클릭하여 나온 **그림 [개체 속성]** 대화 상자에서 그림 속성 수정 후 출력 형태와 비슷한 위치에 드래그합니다.

- **그림 크기 설정**: [기본] 탭 → [크기] 그룹 → '너비'에 "50", '높이'에 "30" 입력, '크기 고정' 체크 → [위치] 그룹 → '본문과의 배치'에 '어울림' 선택

- 그림 여백: [여백/캡션] 탭 → [바깥 여백] 그룹 → '왼쪽'에 "2mm" 입력

모든 설정이 완료되면 [설정]을 클릭합니다.

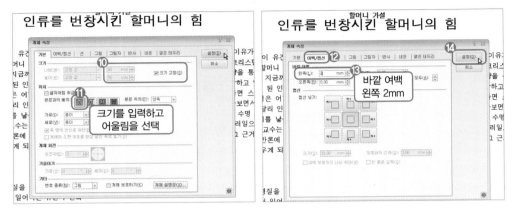

그림 6-94 그림 속성 수정

❹ 그림 위치 변경

▶▶ 그림을 드래그하여 왼쪽 본문의 글자와 잘 맞도록 이동시킵니다.

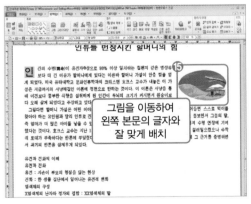

그림 6-95 그림 위치 변경

(6) 중간 제목 편집

❶ "유전과 진화의 이해" 제목 앞에 문자표 넣기

▶▶ 문자표 삽입을 위해 '유전과 진화의 이해'에서 '유' 앞을 클릭 → Ctrl + F10 키를 누릅니다. [문자표 입력] 대화 상자 → [한글(HNC) 문자표] 탭 → '문자 영역'에 [전각 기호(일반)] 클릭 → '문자 선택'에서 '◆' 선택 → [넣기]를 클릭합니다.

2 문자표를 포함한 글자 모양 수정

▶▶ 글자 모양을 변경하기 위해 '◆ **유전과 진화의 이해**' 드래그 → [서식 도구 상자]
→ '글자 모양'을 '굴림', '글씨 크기'를 "18pt"로 설정합니다.

3 문자표를 제외한 제목 글자 모양 변경

▶▶ 문자표를 제외한 제목 글자의 모양을 변경하기 위해서 '**유전과 진화의 이해**' 드래
그 → Alt + L키를 누릅니다. [글자 모양] 대화 상자에서 [기본] 탭 → [속성] 그룹
→ '글자 색'에 '흰색', '음영 색'에 '파랑' 선택 → [설정]을 클릭합니다.

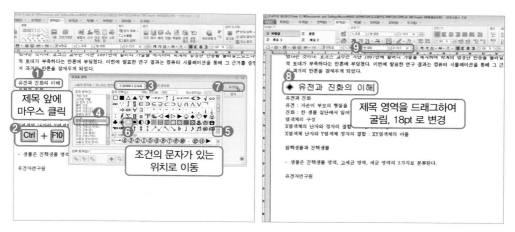

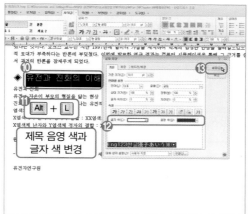

그림 6-96 중간 제목 편집 1

4 **"원핵생물과 진핵생물" 제목 앞에 문자표 넣기**

▶▶ 문자표를 삽입하기 위해서 '**원핵생물과 진핵생물**'에서 '**원**' 앞에 클릭 → `Ctrl` + `F10`
키를 누릅니다. [**문자표 입력**] 대화 상자에서 [**한글(HNC) 문자표**] 탭 → '**문자 영
역**'에 [**전각 기호(일반)**] 클릭 → '**문자 선택**'에서 '◆' 선택 → [**넣기**]를 클릭합니다.

5 **문자표를 포함한 제목 글자 모양 수정**

▶▶ 제목의 글자 모양을 수정하기 위해서 '**◆ 원핵생물과 진핵생물**' 드래그 → [**서식
도구 상자**] → '**글자 모양**'을 '**굴림**', '**글씨 크기**'를 "18pt" 로 설정합니다.

6 **문자표를 제외한 제목 글자 모양 변경**

▶▶ 문자표를 제외한 제목 글자의 모양을 변경하기 위해서 '**원핵생물과 진핵생물**' 드
래그 → `Alt` + `L` 키를 누릅니다. [**글자 모양**] 대화 상자에서 [**확장**] 탭 → [**기타**] 그
룹 → '**강조점**'에 'ⱽ' 선택 → [**설정**]을 클릭합니다.

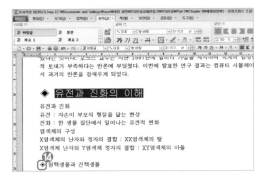

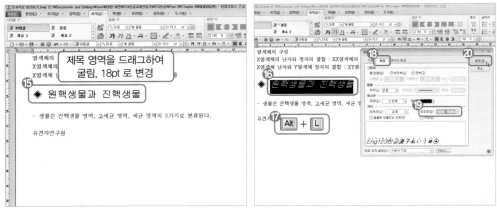

그림 6-97 중간 제목 편집 2

❼ 중간 제목 편집 완성

▶▶ 글자 서식 및 모양이 변경된 것을 확인할 수 있습니다.

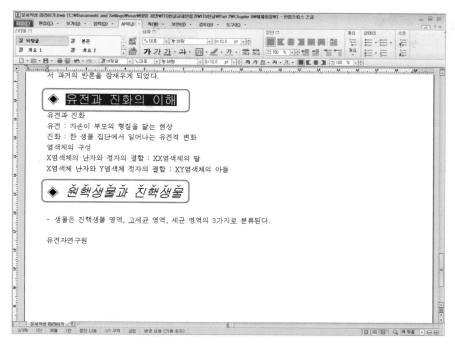

그림 6-98 중간 제목 편집 완성

주의

• 문자표는 글꼴과 크기만 적용됩니다. 그러므로 다른 조건이 포함되지 않도록 주의합시다.

(7) 문단 번호 만들기

❶ 문단 번호 만들기

▶▶ 문단 번호를 넣기 위해서 데이터 영역 드래그 → [서식] 탭 → [글머리] 그룹 → [문단 번호] → [문단 번호 모양]을 선택합니다. [문단 번호/글머리표] 대화 상자 → [문단 번호 모양] 그룹 → '(1)(가)(a)1)' 선택 → [사용자 정의]를 클릭합니다.

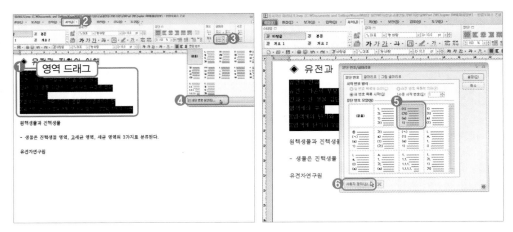

영역 드래그

그림 6-99 문단 번호 만들기

② 문단 번호 수준별 수정하기

▶▶ **[문단 번호 사용자 정의 모양]** 대화 상자에서 다음과 같이 설정을 합니다.

- 1 수준: '**수준**'을 '**1수준**' 선택 → **[번호 위치]** 그룹 → '**너비 조정**'을 "**20pt**", '**정렬**'을 '**오른쪽**'으로 선택
- 2 수준: '**수준**'을 '**2수준**' 선택 → **[번호 위치]** 그룹 → '**너비 조정**'을 "**30pt**", '**정렬**'을 '**오른쪽**'으로 선택

[문단 번호 사용자 정의 모양] 대화 상자의 설정이 완료되면 **[설정]**을 클릭하고, 다시 **[문단 번호/글머리표]** 대화 상자에서 **[설정]**을 클릭합니다.

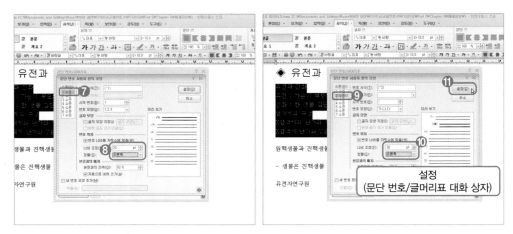

설정
(문단 번호/글머리표 대화 상자)

그림 6-100 문단 번호 수준별 수정하기

3 한 수준 내리기

▶▶ 출력 형태를 보고 2수준으로 변경이 될 문단을 드래그하여 선택한 후 [서식] 탭
→ [수준] 그룹 → [한 수준 감소]를 클릭합니다.

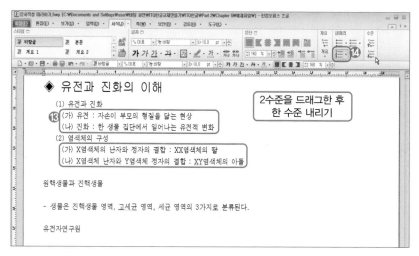

그림 6-101 문단 번호

4 줄 간격 조절

▶▶ 줄 간격 조절이 필요한 문단을 드래그하여 선택한 후 [서식 도구 상자] → '줄 간
격'을 '180%'로 설정합니다.

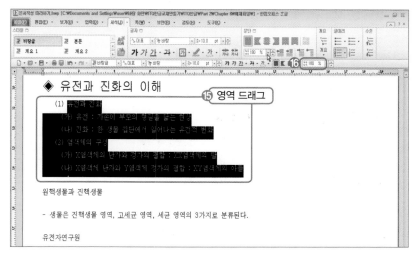

그림 6-102 줄 간격 조절

(8) 표 만들기

1 표 만들기

▶▶ 표를 삽입할 위치에서 Ctrl + N, T 키를 누릅니다. [표 만들기] 대화 상자에서 [줄/칸] 그룹 → '줄 수'에 "5"를, '칸 수'에 "3"을 입력 → [기타] 그룹 → '글자처럼 취급' 체크 → [만들기]를 클릭합니다.

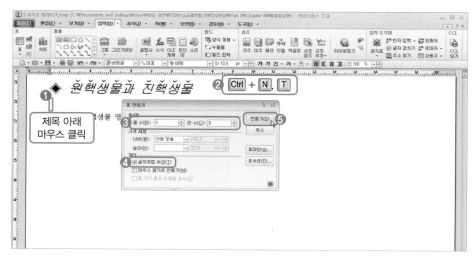

그림 6-103 표 만들기

2 데이터 입력

▶▶ 출력 형태를 보고, 만들어진 표 안에 데이터를 입력합니다.

◆ 원핵생물과 진핵생물 ⑥ 만들어진 표 안에 내용 입력

구분	원핵생물	진핵생물
차이점	핵막이 없어 유전 물질(DNA)이 세포질에 퍼져 있다.	유전 물질이 핵막에 둘러싸여 있다.
	막의 구조로 된 세포 소기관이 없다.	막의 구조로 된 세포 소기관이 있다.
공통점	세포막에 싸여 있으며, 유전 물질을 가지고 자기 복제를 한다.	
	효소를 합성(리보솜)하여 스스로 물질대사를 한다.	

그림 6-104 표안에 데이터 입력

❸ 표 셀 병합

▶▶ 출력 형태를 보고, 병합할 셀을 드래그한 다음 M키를 누릅니다.

◆ 원핵생물과 진핵생물
❼ 아래의 각 영역을 드래그하고 M키를 눌러 셀 병합
구분
원핵생물
차이점
핵막이 없어 유전 물질(DNA)이 세포질에 퍼져 있다.
유전 물질이 핵막에 둘러싸여 있다.
막의 구조로 된 세포 소기관이 없다.
막의 구조로 된 세포 소기관이 있다.
공통점
세포막에 싸여 있으며, 유전 물질을 가지고 자기 복제를 한다.
효소를 합성(리보솜)하여 스스로 물질대사를 한다.

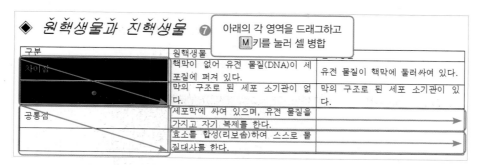

그림 6-105 셀 병합

❹ 표 글자 모양 수정

▶▶ 표 안에 삽입된 글자들의 모양을 변경하기 위해서 표 전체 드래그 → **[서식 도구 상자]** → **'글자 모양'**을 **'돋움'**으로, **'글씨 크기'**를 **"10pt"로**, **'정렬'**을 **'가운데 정렬'**로 설정합니다.

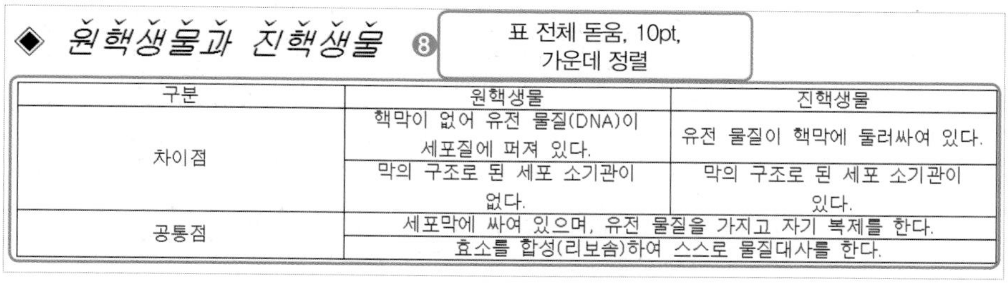

◆ 원핵생물과 진핵생물
❽ 표 전체 돋움, 10pt, 가운데 정렬
구분
원핵생물
진핵생물
차이점
핵막이 없어 유전 물질(DNA)이 세포질에 퍼져 있다.
유전 물질이 핵막에 둘러싸여 있다.
막의 구조로 된 세포 소기관이 없다.
막의 구조로 된 세포 소기관이 있다.
공통점
세포막에 싸여 있으며, 유전 물질을 가지고 자기 복제를 한다.
효소를 합성(리보솜)하여 스스로 물질대사를 한다.

그림 6-106 글씨 서식 수정하기

❺ 열 너비 조정

▶▶ 너비를 조절할 선을 드래그하여 너비를 조절합니다.

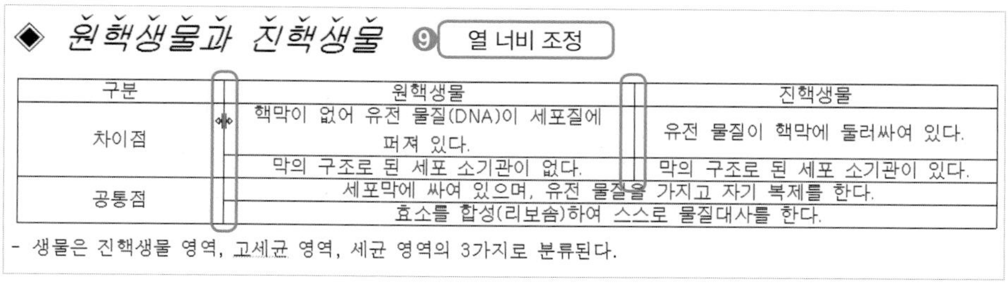

◆ 원핵생물과 진핵생물
❾ 열 너비 조정
구분
원핵생물
진핵생물
차이점
핵막이 없어 유전 물질(DNA)이 세포질에 퍼져 있다.
유전 물질이 핵막에 둘러싸여 있다.
막의 구조로 된 세포 소기관이 없다.
막의 구조로 된 세포 소기관이 있다.
공통점
세포막에 싸여 있으며, 유전 물질을 가지고 자기 복제를 한다.
효소를 합성(리보솜)하여 스스로 물질대사를 한다.
- 생물은 진핵생물 영역, 고세균 영역, 세균 영역의 3가지로 분류된다.

그림 6-107 열 너비 조정

6 셀 배경 색 넣기

▶▶ 제목 셀에 배경 색을 지정하기 위해서 제목 행을 드래그하고, C키를 누릅니다. [셀 테두리/배경] 대화 상자에서 [배경] 탭 → [그러데이션] → '시작 색'을 '흰색', '끝 색'을 '노랑색', '유형'을 '왼쪽 대각선' 선택 → [설정]을 클릭합니다.

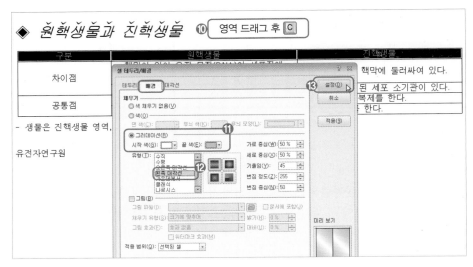

그림 6-108 셀 배경 색 넣기

7 테두리 수정

▶▶ **표 전체(위, 아래)**: 표 전체의 위, 아래 테두리 수정을 위해서 표 전체를 드래그하고, L키를 누릅니다. [셀 테두리/배경] 대화 상자에서 [테두리] 탭 → [테두리] 그룹 → '종류'를 '이중 실선', '위', '아래' 선택 → [설정]을 클릭합니다.

▶▶ **제목 행**: 제목 행의 테두리 수정을 위해서 제목 행을 드래그하고 L키를 누릅니다. [셀 테두리/배경] 대화 상자에서 [테두리] 탭 → [테두리] 그룹 → '종류'를 '이중 실선', '위', '아래' 선택 → [설정]을 클릭합니다.

▶▶ **표 전체(왼쪽, 오른쪽)**: 표 전체의 좌, 우 테두리 수정을 위해서 표 전체를 드래그하고, L키를 누릅니다. [셀 테두리/배경] 대화 상자에서 [테두리] 탭 → [테두리] 그룹 → '종류'를 '선 없음', '왼쪽', '오른쪽' 선택 → [설정]을 클릭합니다.

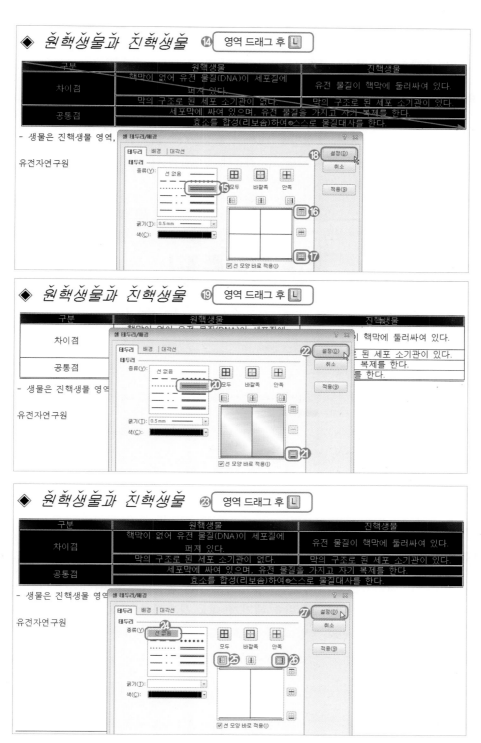

◆ 원핵생물과 진핵생물 ⑭ 영역 드래그 후 ㄴ

구분	원핵생물	진핵생물
차이점	핵막이 없어 유전 물질(DNA)이 세포질에 퍼져 있다.	유전 물질이 핵막에 둘러싸여 있다.
	막의 구조로 된 세포 소기관이 없다.	막의 구조로 된 세포 소기관이 있다.
공통점	세포막에 싸여 있으며, 유전 물질을 가지고 자가 복제를 한다.	
	효소를 합성(리보솜)하여 스스로 물질대사를 한다.	

- 생물은 진핵생물 영역,

유전자연구원

◆ 원핵생물과 진핵생물 ⑲ 영역 드래그 후 ㄴ

구분	원핵생물	진핵생물
차이점	핵막이 없어 유전 물질(DNA)이 세포질에	핵막에 둘러싸여 있다.
공통점		된 세포 소기관이 있다.
		복제를 한다.
		를 한다.

- 생물은 진핵생물 영역

유전자연구원

◆ 원핵생물과 진핵생물 ㉓ 영역 드래그 후 ㄴ

구분	원핵생물	진핵생물
차이점	핵막이 없어 유전 물질(DNA)이 세포질에 퍼져 있다.	유전 물질이 핵막에 둘러싸여 있다.
	막의 구조로 된 세포 소기관이 없다.	막의 구조로 된 세포 소기관이 있다.
공통점	세포막에 싸여 있으며, 유전 물질을 가지고 자기 복제를 한다.	
	효소를 합성(리보솜)하여 스스로 물질대사를 한다.	

- 생물은 진핵생물 영역

유전자연구원

그림 6-109 테두리 수정

(9) 기관명 수정

1 기관명 글자 모양 수정

▶▶ 기관명 글자 모양 수정을 위해서 '유전자연구원'을 드래그하고, Alt + L 키를 누릅니다. [글자 모양] 대화 상자에서 [기본] 탭 → '기준 크기'를 "25"로 설정 → [언어별 설정] 그룹 → '글꼴'을 '궁서'로, '장평'을 '110%'로 설정 → [속성] 그룹 → [진하게] 선택 → [설정]을 클릭합니다. 그리고 기관명을 가운데 정렬하기 위해서 [서식 도구 상자] → '정렬'을 '가운데 정렬'로 설정합니다.

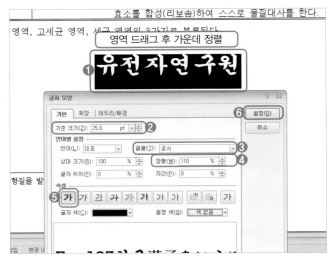

그림 6-110 기관명 수정

(10) 쪽 번호 매기기

1 쪽 번호 매기기

▶▶ 쪽 번호 매기기를 위해서 3쪽을 클릭하고, [쪽] 탭 → [쪽 모양] 그룹 → [쪽 번호 매기기]를 선택합니다. [쪽 번호 매기기] 대화 상자에서 [번호 위치] 그룹 → '오른쪽 아래' 선택 → [번호 모양] 그룹 → 'A,B,C' 선택 → [넣기]를 클릭합니다.

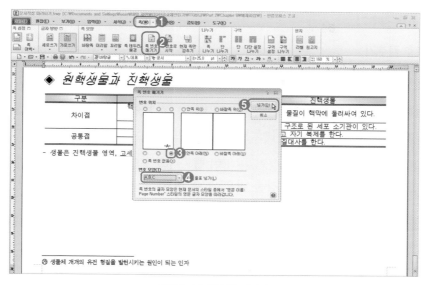

그림 6-111 쪽 번호 매기기

❷ 새 번호로 시작

▶▶ 자동으로 매겨진 쪽 번호를 새 번호로 입력하기 위해서 [쪽] 탭 → [쪽 모양] 그룹
→ [새 번호로 시작]을 선택합니다. [새 번호로 시작] 대화 상자에서 [번호 종류] 그
룹 → '쪽 번호' 선택 → '시작 번호'에 "2"를 입력 → [넣기]를 클릭합니다.

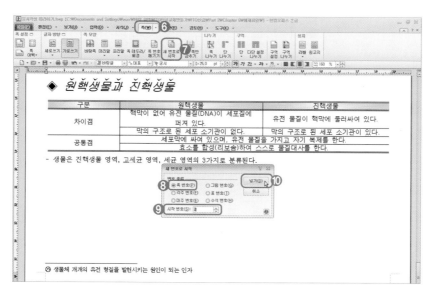

그림 6-112 쪽 번호 새 번호로 시작

(11) 쪽 번호 감추기

1 쪽 번호 감추기

1쪽과 2쪽의 쪽 번호를 감추기를 진행합니다.

▶▶ **1쪽 쪽 번호 감추기**: 1쪽 클릭 → [쪽] 탭 → [쪽 모양] 그룹 → [현재 쪽만 감추기] → [감추기] 대화 상자 → '감출 내용'에 '쪽 번호' 체크 → [설정]을 클릭합니다.

▶▶ **2쪽 쪽 번호 감추기**: 2쪽 클릭 → [쪽] 탭 → [쪽 모양] 그룹 → [현재 쪽만 감추기] → [감추기] 대화 상자 → '감출 내용'에 '쪽 번호' 체크 → [설정]을 클릭합니다.

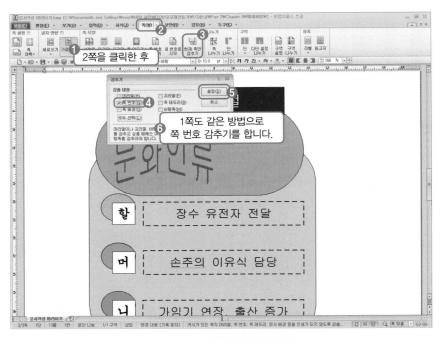

그림 6-113 쪽 번호 매기기와 감추기

감점되기 쉬운 부분 알아보기

1 수험자 유의 사항

❶ '수험 번호-성명'으로 저장해야 합니다. (답과 관련 없는 파일이 저장된 경우 실격 처리됩니다.)

❷ 각 항목은 지정된 페이지에 출력 형태와 같이 정확히 작성하며, 그렇지 않을 경우에 해당 항목은 0점 처리됩니다.

❸ 페이지 구분 1페이지 - 기능 평가 I (1, 2번 문제 번호 표시), 2페이지 - 기능 평가 II (3, 4번 문제 번호 표시), 3페이지 - 문서 작성 능력 평가(문제 번호 없음)

2 전체 포인트

❶ 용지 여백이나 페이지 설정이 지시 사항과 동일하게 설정되어 있는지 확인합니다.

❷ 총 3페이지로 해당 페이지에 해당 문제가 정확하게 작성되어 있는지 확인합니다.

❸ 오타가 없는지 확인합니다.

3 스타일

❶ 스타일에서는 스타일의 본문을 모두 입력한 후 스타일을 적용시키는 것이 좋습니다.

❷ 스타일을 입력한 후 나머지 문제 번호를 입력하면 나머지 부분들도 스타일이 적용되므로 전체 문제 번호를 미리 입력해 놓은 후 스타일을 지정하는 것이 좋습니다.

❸ 영문과 한글의 글꼴을 따로 지정하여야 합니다.

④ 표와 차트

❶ 블록 계산식을 작성하지 않거나 캡션의 글꼴 속성을 바꾸지 않은 경우가 많이 있습니다. 또한, 블록 계산식은 빈 셀에만 작성하며 결과값은 숫자이므로 오른쪽 정렬을 하여야 합니다. 이 모든 부분이 감점 대상이니 주의하시기 바랍니다.

❷ 차트의 축값 변동 시 최댓값에 1,000단위 구분 쉼표를 적지 않습니다.

❸ 차트에서는 주어진 조건 외에도 출력 형태를 참고하여 세부 사항(특히 눈금 및 범례 등)을 맞춰야 하며, 글꼴 또한 항목 축, 값 축, 범례 등에 모두 적용해야 좋은 점수를 받을 수 있습니다.

⑤ 수식

수식은 각각 20점씩이며, 수식의 문제 특성상 부분 점수는 없습니다(오타 및 기호가 출력 형태와 다를 경우 0점). 출력 형태와 동일하게 작성하시기를 바랍니다.

⑥ 도형

❶ 제시한 정확한 그림 파일을 선택합니다.

❷ 개체 묶기가 되어 있지 않아야 합니다.(개체 묶기가 되어 있을 경우 해당 그룹 0점 처리)

❸ 하이퍼링크는 [문서 작성 능력 평가]의 책갈피를 지정한 다음에 설정 가능합니다.

❹ 하이퍼링크는 책갈피를 그림 또는 글맵시에 연결하도록 출제됩니다. 문제의 지시 사항을 읽어보지 않고 무조건 그림에만 연결하는 경우가 종종 발생합니다. 지시 사항을 확인하고 연결된 개체에 하이퍼링크를 적용해야 합니다.

❺ 도형의 면 색은 서로 다르게 임의의 색으로 변경합니다.

❻ 글맵시 모양을 정확히 확인하시기 바랍니다.

❼ 도형의 크기 조정 후 크기 고정을 하여 크기가 변동되는 일이 없도록 합니다.

❼ 문서 작성 능력 평가

❶ 책갈피는 문서 작성 평가의 제목 앞에 커서를 두고 설정합니다. 제목 글자를 블록 지정 후 책갈피를 설정하면 감점입니다.

❷ 들여쓰기는 문단 모양에서 첫 줄 들여쓰기 10pt를 넣거나, 한 글자(2칸) 띄어쓰기를 하여도 모두 정답 처리됩니다.

❸ 3페이지에 쪽 번호를 삽입할 경우 1, 2페이지는 쪽 번호 감추기를 설정합니다.

❹ 특수 문자 또한 글자 크기와 동일하게 지정합니다.

❺ 본문 중 인터넷 URL주소를 입력한 경우 '하이퍼링크 연결 안 함'으로 체크합니다.

CHAPTER **07**

최종 마무리

07 최종 마무리

학습 목표

- ITQ 시험의 수험자 유의 사항을 알아봅니다.
- ITQ 한글의 답안 작성 요령을 알아봅니다.
- ITQ 한글 모의고사를 통하여 배운 내용을 복습합니다.
- ITQ 한글 최신 기출문제를 연습하고 최종 마무리를 합니다.

학습 내용

1. ITQ 한글 모의고사 1회
2. ITQ 한글 모의고사 2회
3. ITQ 한글 모의고사 3회
4. ITQ 한글 모의고사 4회
5. ITQ 한글 모의고사 5회
6. ITQ 한글 최신 기출문제 1회
7. ITQ 한글 최신 기출문제 2회
8. ITQ 한글 최신 기출문제 3회
9. ITQ 한글 최신 기출문제 4회
10. ITQ 한글 최신 기출문제 5회

ITQ 한글 모의고사 1회

한글
2007/2010

과목	코드	문제유형	시험시간	수험번호	성명
아래한글	1111		60분		

수험자 유의 사항

• 수험자는 문제지를 받는 즉시 문제지와 **수험표상의 시험과목(프로그램), 버전이 동일한지 반드시 확인**하여야 합니다.

• 파일명은 본인의 "수험번호−성명"으로 입력하여 답안폴더(내문서₩ITQ₩)에 하나의 파일로 저장해야 하며, 답안문서 파일명이 "수험번호−성명"과 일치하지 않거나, 답안파일을 전송하지 않아 미제출로 처리될 경우 실격 처리합니다(예 : 내문서₩ITQ₩12345678−홍길동.hwp).

• 답안 작성을 마치면 파일을 저장하고, '답안 전송' 버튼을 선택하여 감독위원 PC로 답안을 전송하십시오. 수험생 정보 와 저장한 파일명이 다를 경우 전송되지 않으므로 주의하시기 바랍니다.

• 답안 작성 중에도 **주기적으로 저장하고, '답안 전송'**하여야 문제 발생을 줄일 수 있습니다. 작업한 내용을 저장하지 않 고 전송할 경우 이전에 저장된 내용이 전송되오니 이점 유의하시기 바랍니다.

• 답안문서는 지정된 경로 외의 다른 보조기억장치에 저장하는 경우, 지정된 시험 시간 외에 작성된 파일을 활용할 경우, 기타 통신수단(이메일, 메신저, 네트워크 등)을 이용하여 타인에게 전달 또는 외부 반출하는 경우는 부정 처리합니다.

• 시험 중 부주의 또는 고의로 시스템을 파손한 경우는 수험자가 변상해야 하며, 〈수험자 유의사항〉에 기재된 방법대로 이행하지 않아 생기는 불이익은 수험생 당사자의 책임임을 알려 드립니다.

• 시험을 완료한 수험자는 답안파일이 전송되었는지 확인한 후 감독위원의 지시에 따라 문제지를 제출하고 퇴실합니다.

답안 작성 요령

• 온라인 답안 작성 절차
  수험자 등록 ⇒ 시험 시작 ⇒ 답안파일 저장 ⇒ 답안 전송 ⇒ 시험 종료

• 공통 부문
  ○ 글꼴에 대한 기본설정은 바탕(또는 신명조), 10포인트, 검정, 줄간격 160%, 양쪽정렬로 합니다.
  ○ 각 문항에 주어진 ≪조건≫에 따라 작성하고 언급하지 않은 조건은 출력형태와 같이 작성합니다.
  ○ 용지여백은 왼쪽·오른쪽 11mm, 위쪽·아래쪽·머리말·꼬리말 10mm, 제본 0mm로 합니다.
  ○ 그림 삽입 문제의 경우 내문서₩ITQ₩Picture 폴더에서 지정된 파일을 선택하여 삽입하십시오.
  ○ 삽입한 그림은 반드시 문서에 포함하여 저장해야 합니다(미포함 시 감점 처리).
  ○ 각 항목은 지정된 페이지에 출력형태와 같이 정확히 작성하시기 바라며, 그렇지 않을 경우에 해당 항목은 0점 처리 됩니다.
  ※ 페이지구분 : 1페이지 − 기능평가 I (1, 2번 문제번호 표시),
                2페이지 − 기능평가 II (3, 4번 문제번호 표시),
                3페이지 − 문서작성 능력평가

• 기능 평가
  ○ 문제와 ≪조건≫은 입력하지 않으며 문제번호와 답(≪출력형태≫)만 작성합니다.
  ○ 4번 문제는 묶기를 했을 경우 0점 처리됩니다.

• 문서 작성 능력 평가
  ○ A4 용지(210mm×297mm) 1매 크기, 세로 서식 문서로 작성합니다.
  ○ ⬭ 표시는 문서 작성에 대한 지시 사항이므로 작성하지 않습니다.

기능 평가 I   150점

1. 다음의 ≪조건≫에 따라 스타일 기능을 적용하여 ≪출력 형태≫와 같이 작성하시오. (50점)

조건

(1) 스타일 이름: expo
(2) 문단 모양: 왼쪽 여백: 10pt, 문단 아래 간격: 10pt
(3) 글자 모양: 글꼴: 한글(돋움)/영문(궁서), 크기: 10pt, 장평: 105%, 자간: 5%

출력 형태

2012 스리랑카 엑스포는 수출 개발위원회가 주최하는 스리랑카 최고의 국제 무역 박람회로 2012년 3월에 개최될 예정입니다.

The objective of the fair is to attract overseas buyers to Sri Lanka while instilling confidence in product and services.

2. 다음의 ≪조건≫에 따라 ≪출력 형태≫와 같이 표와 차트를 작성하시오. (100점)

표 조건

(1) 표 전체(표, 캡션): 굴림, 10pt
(2) 정렬: 문자: 가운데 정렬, 숫자: 오른쪽 정렬
(3) 셀 배경색: 노랑
(4) 한글의 계산 기능을 이용하여 빈 칸에 합계를 구하고, 캡션 기능을 사용할 것
(5) 선 모양은 ≪출력 형태≫와 동일하게 처리할 것

출력 형태

연도별 전시장 방문객 현황(단위 : 명)

구분	2007년	2008년	2009년	2010년	2011년
장난감	2,600	3,600	3,900	6,100	4,900
식품	3,100	2,900	5,300	3,900	7,900
전자제품	2,400	3,900	2,000	2,700	3,900
합계					

(1) 차트 데이터는 표 내용에서 구분별 2007년, 2008년, 2009년, 2010년의 값만 이용할 것
(2) 종류: 〈묶은 세로 막대형〉으로 작업할 것
(3) 제목: 돋움, 진하게, 12pt, 배경: 선 모양(한 줄로), 그림자(2pt)
(4) 제목 이외의 전체 글꼴: 돋움, 보통, 10pt
(5) 기타 나머지 사항은 ≪출력 형태≫와 동일하게 처리할 것

출력 형태

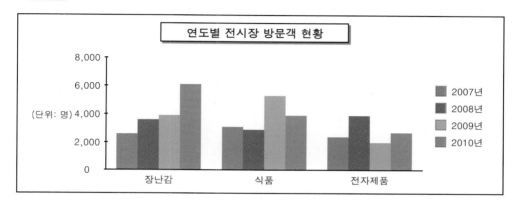

기능 평가 Ⅱ
150점

3. 수식 편집기로 다음 수식 ⑴, ⑵를 각각 입력하시오. (40점)

출력 형태

(1) $f(x) = \dfrac{\dfrac{x}{2} - \sqrt{5} + 2}{\sqrt{1 - x^2}}$

(2) $\int (\sin x + \dfrac{x}{2}) dx = \int \dfrac{1 + \sin x}{2} dx$

4. 다음의 ≪조건≫에 따라 ≪출력 형태≫와 같이 문서를 작성하시오. (110점)

조건

(1) 그리기 도구를 이용하여 작성하고, 모든 도형(글맵시, 지정된 그림 포함)을 ≪출력 형태≫와 같이 작성하시오.
(2) 도형의 면 색은 지시 사항이 없으면 색 없음을 제외하고 서로 다르게 임의로 지정하시오.

출력 형태

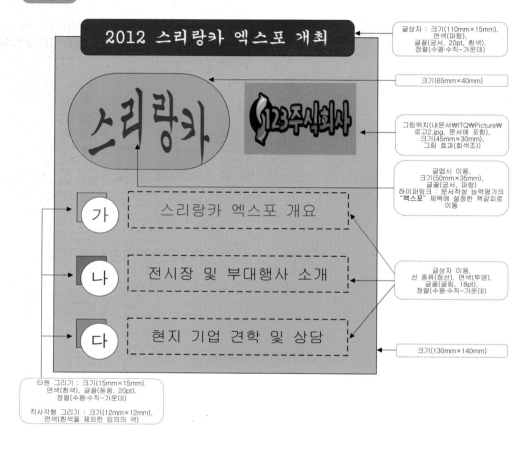

문서 작성 능력　　　　　　　　　　　　　　　　200점

글꼴 : 궁서, 16pt, 진하게, 가운데 정렬,
책갈피 이름 : 엑스포, 덧말 넣기

머리말 기능
굴림, 10pt, 오른쪽 정렬　　→　스리랑카

문단 첫 글자 장식 기능
글꼴 : 돋움, 면색 : 노랑

각주

스리랑카 ²⁰¹² 엑스포 안내

그림위치(내문서₩ITQ₩Picture₩그림4.jpg, 문서에 포함)
자르기 기능 이용, 크기(40mm×40mm), 바깥 여백 왼쪽 : 2mm

스리랑카 최대 규모의 메가 엑스포Ⓐ가 무역, 투자(投資), 관광(觀光) 등과 관련하여 스리랑카 콜롬보에서 개최됩니다. 아시아 지역 및 서남아시아 진출로 최적의 국가인 스리랑카는 인도 남부의 인도양 해상에 위치해 있습니다. 2009년 타밀 반군과의 내전 종식 이후 현 정부의 경제 회복 의지로 정치적 안정을 되찾으면서 글로벌 기업들의 관심이 높아지고 있는 국가입니다.

심포지엄, 기조연설, 일대일 비즈니스 미팅, 현지 업체 견학 등의 다양한 프로그램으로 구성된 2012 스리랑카 엑스포는 300개 이상의 스리랑카 기업이 참가한 가운데 경쟁력 있는 제품들을 전시하여 각국의 바이어들과 비즈니스 네트워킹을 시도할 수 있는 좋은 기회가 될 것으로 기대됩니다. 스리랑카를 방문하는 무역, 투자, 관광 분야의 해외 기업체 종사자들을 대상으로 스리랑카 내 사업 현황의 이해를 돕기 위한 프로그램도 함께 준비되어 있습니다. 본 엑스포에 참가를 희망하는 바이어 및 기업체, 여행자는 주한 스리랑카 대사관 상무관이나 스리랑카엑스포추진위로 문의하십시오. 해외 진출을 추진하는 분들의 많은 참여를 바랍니다.

☆ **엑스포 개최 개요**

글꼴 : 돋움, 18pt, 흰색
음영색 : 파랑

가) 일시 및 장소

　a) 일시 : 2012. 3. 28(수) - 2012. 3. 30(금) 10:00 - 17:00

　b) 장소 : 스리랑카 콜롬보 시리마보 무역전시장

나) 참여 기업 혜택

　a) 비즈니스 미팅 및 행사장 프로그램 무료 제공

　b) 공장 견학 및 방문, 현지 비즈니스 무료 주선

문단 번호 기능 사용,
왼쪽 여백 : 15pt(1수준),
25pt(2수준), 줄 간격 : 180%

☆ <u>엑스포 일정</u>

글꼴 : 돋움, 18pt,
밑줄, 강조점

표 전체 글꼴 : 굴림, 10pt, 가운데 정렬,
셀 배경색(그러데이션) : 유형(수평),
시작색(흰색), 끝색(노랑)

시간	주요 목적	장소	내용	발표자
10:00-10:30	등록		다이아몬드 대회의장(45층)	
10:30-11:30	개회 및 기조연설	다이아몬드 대회의장(45층)	스리랑카 비즈니스	니오말 페레라 외교부 차관
11:30-13:00	심포지엄		스리랑카 엑스포 소개	아노마 수출발전청장 외 3인
13:00-17:00	부대행사 및 이벤트		본관 야외 공연장 및 행사장(엑스포 3일간)	
10:00-17:00	비즈니스 네트워킹		본관 2층, 3층 업종별 전시장(엑스포 3일간)	

- 엑스포 참가 신청 기한은 2012년 1월 20일까지입니다.

스리랑카엑스포추진

글꼴 : 궁서, 20pt, 진하게,
장평 120%, 가운데 정렬

──────────────

Ⓐ 관련 내용은 Sri Lanka Expo 2012 사이트(http://www.srilankaexpo.com) 참고

쪽 번호 매기기
2로 시작　　→　- 2 -

305

memo

ITQ 한글 모의고사 2회

| | | | | 한글 2007/2010 |

과목	코드	문제유형	시험시간	수험번호	성명
아래한글	1111		60분		

수험자 유의 사항

- 수험자는 문제지를 받는 즉시 문제지와 **수험표상의 시험과목(프로그램), 버전이 동일한지 반드시 확인**하여야 합니다.

- 파일명은 본인의 "수험번호—성명"으로 입력하여 답안폴더(내문서\ITQ\)에 하나의 파일로 저장해야 하며, 답안문서 파일명이 "수험번호—성명"과 일치하지 않거나, 답안파일을 전송하지 않아 미제출로 처리될 경우 실격 처리합니다(예 : 내문서\ITQ\12345678—홍길동.hwp).

- 답안 작성을 마치면 파일을 저장하고, '답안 전송' 버튼을 선택하여 감독위원 PC로 답안을 전송하십시오. 수험생 정보와 저장한 파일명이 다를 경우 전송되지 않으므로 주의하시기 바랍니다.

- 답안 작성 중에도 **주기적으로 저장하고, '답안 전송'**하여야 문제 발생을 줄일 수 있습니다. 작업한 내용을 저장하지 않고 전송할 경우 이전에 저장된 내용이 전송되오니 이점 유의하시기 바랍니다.

- 답안문서는 지정된 경로 외의 다른 보조기억장치에 저장하는 경우, 지정된 시험 시간 외에 작성된 파일을 활용할 경우, 기타 통신수단(이메일, 메신저, 네트워크 등)을 이용하여 타인에게 전달 또는 외부 반출하는 경우는 부정 처리합니다.

- 시험 중 부주의 또는 고의로 시스템을 파손한 경우는 수험자가 변상해야 하며, 〈수험자 유의사항〉에 기재된 방법대로 이행하지 않아 생기는 불이익은 수험생 당사자의 책임임을 알려 드립니다.

- 시험을 완료한 수험자는 답안파일이 전송되었는지 확인한 후 감독위원의 지시에 따라 문제지를 제출하고 퇴실합니다.

답안 작성 요령

- 온라인 답안 작성 절차
  수험자 등록 ⇒ 시험 시작 ⇒ 답안파일 저장 ⇒ 답안 전송 ⇒ 시험 종료
- 공통 부문
  ○ 글꼴에 대한 기본설정은 바탕(또는 신명조), 10포인트, 검정, 줄간격 160%, 양쪽정렬로 합니다.
  ○ 각 문항에 주어진 《조건》에 따라 작성하고 언급하지 않은 조건은 출력형태와 같이 작성합니다.
  ○ 용지여백은 왼쪽 · 오른쪽 11mm, 위쪽 · 아래쪽 · 머리말 · 꼬리말 10mm, 제본 0mm로 합니다.
  ○ 그림 삽입 문제의 경우 내문서\ITQ\Picture 폴더에서 지정된 파일을 선택하여 삽입하십시오.
  ○ 삽입한 그림은 반드시 문서에 포함하여 저장해야 합니다(미포함 시 감점 처리).
  ○ 각 항목은 지정된 페이지에 출력형태와 같이 정확히 작성하시기 바라며, 그렇지 않을 경우에 해당 항목은 0점 처리됩니다.
  ※ 페이지구분 : 1페이지 – 기능평가 I (1, 2번 문제번호 표시),
  　　　　　　　2페이지 – 기능평가 II (3, 4번 문제번호 표시),
  　　　　　　　3페이지 – 문서작성 능력평가
- 기능 평가
  ○ 문제와 《조건》은 입력하지 않으며 문제번호와 답(《출력형태》)만 작성합니다.
  ○ 4번 문제는 묶기를 했을 경우 0점 처리됩니다.
- 문서 작성 능력 평가
  ○ A4 용지(210mm×297mm) 1매 크기, 세로 서식 문서로 작성합니다.
  ○ 　　　 표시는 문서 작성에 대한 지시 사항이므로 작성하지 않습니다.

KPC 한국생산성본부
KOREA PRODUCTIVITY CENTER

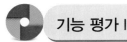
1. 다음의 《조건》에 따라 스타일 기능을 적용하여 《출력 형태》와 같이 작성하시오. (50점)

조건
(1) 스타일 이름: mobile
(2) 문단 모양: 첫 줄 들여쓰기: 10pt, 문단 아래 간격: 10pt
(3) 글자 모양: 글꼴: 한글(돋움)/영문(굴림), 크기: 10pt, 장평: 95%, 자간: -5%

출력 형태

A mobile operation system, mobile software platform, is the operating system that controls a mobile device or information appliance.

모바일 운영체제는 스마트폰, 태블릿 컴퓨터 및 정보 가전 등의 소프트웨어 플랫폼, 모바일 장치 또는 정보 기기를 제어하는 운영 체제이다.

2. 다음의 《조건》에 따라 《출력 형태》와 같이 표와 차트를 작성하시오. (100점)

표 조건
(1) 표 전체(표, 캡션) - 돋움, 10pt
(2) 정렬 - 문자: 가운데 정렬, 숫자: 오른쪽 정렬
(3) 셀 배경색: 노랑
(4) 한글의 계산 기능을 이용하여 빈 칸에 합계를 구하고, 캡션 기능을 사용할 것
(5) 선 모양은 《출력 형태》와 동일하게 처리할 것

출력 형태

스마트폰 운영체제 시장 점유율(단위 : %)

연도	심비안	안드로이드	iOS	RIM	윈도 모바일
2011년	27.41	36.04	16.82	12.88	3.64
2010년	37.62	22.69	15.73	16.04	4.18
2009년	46.88	3.89	14.39	19.94	8.74
합계					

(1) 차트 데이터는 표 내용에서 연도별 심비안, 안드로이드, iOS의 값만 이용할 것
(2) 종류: 〈묶은 세로 막대형〉으로 작업할 것
(3) 제목: 궁서, 진하게, 12pt, 배경 – 선 모양(한 줄로), 그림자(2pt)
(4) 제목 이외의 전체 글꼴: 궁서, 보통, 10pt
(5) 기타 나머지 사항은 ≪출력 형태≫와 동일하게 처리할 것

출력 형태

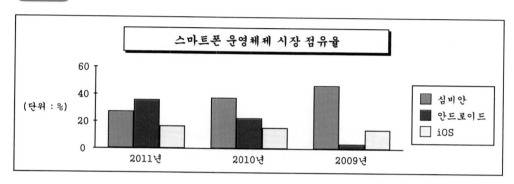

기능 평가 II

150점

3. 수식 편집기로 다음 수식 (1), (2)를 각각 입력하시오. (40점)

출력 형태

(1) $\begin{pmatrix} a & b & c \\ d & e & f \end{pmatrix}\begin{pmatrix} x \\ y \\ z \end{pmatrix} = \begin{pmatrix} ax+by+cz \\ dx+ey+fz \end{pmatrix}$ (2) $\int_{\alpha}^{\beta} A(x-\alpha)(x-\beta)dx = -\frac{A}{6}(\beta-\alpha)^3$

4. 다음의 ≪조건≫에 따라 ≪출력 형태≫와 같이 문서를 작성하시오. (110점)

(1) 그리기 도구를 이용하여 작성하고, 모든 도형(글맵시, 지정된 그림 포함)을 ≪출력 형태≫와 같이 작성하시오.
(2) 도형의 면 색은 지시 사항이 없으면 색 없음을 제외하고 서로 다르게 임의로 지정하시오.

출력 형태

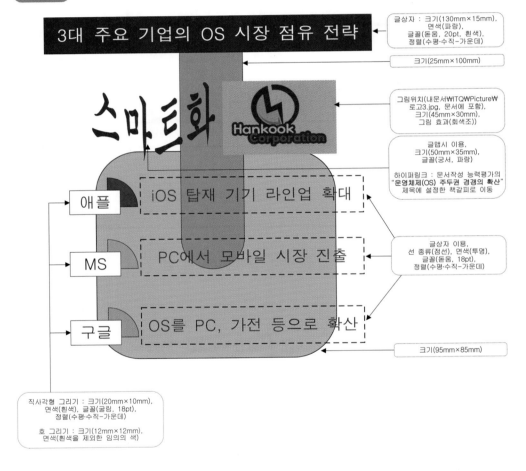

글상자 : 크기(130mm×15mm), 면색(파랑), 글꼴(돋움, 20pt, 흰색), 정렬(수평·수직-가운데)

크기(25mm×100mm)

그림위치(내문서₩ITQ₩Picture₩ 로고3.jpg, 문서에 포함), 크기(45mm×30mm), 그림 효과(회색조))

글맵시 이용, 크기(50mm×35mm), 글꼴(궁서, 파랑)

하이퍼링크 : 문서작성 능력평가의 "운영체제(OS) 주두권 경갱의 확산" 제목에 설정한 책갈피로 이동

글상자 이용, 선 종류(점선), 면색(투명), 글꼴(돋움, 18pt), 정렬(수평·수직-가운데)

크기(95mm×85mm)

직사각형 그리기 : 크기(20mm×10mm), 면색(흰색), 글꼴(굴림, 18pt), 정렬(수평·수직-가운데)

호 그리기 : 크기(12mm×12mm), 면색(흰색을 제외한 임의의 색)

글꼴 : 궁서, 16pt, 진하게, 가운데 정렬,
책갈피 이름 : 운영체제, 덧말 넣기

문단 첫 글자 장식 기능
글꼴 : 굴림, 면색 : 노랑

각주

모바일운영체제
운영체제(OS) 주도권 경쟁의 확산

그림위치(내문서\ITQ\Picture\그림5.jpg, 문서에 포함)
자르기 기능 이용, 크기(40mm×25mm), 바깥 여백 왼쪽 : 2mm

스마트폰이 활성화되면서 MS가 주도해온 운영체제⒜(OS) 시장에서 애플과 구글이 부상하는 등 지각변동이 일어나고 있다. 2007년 애플의 아이폰이 출시되면서 스마트폰 OS 시장은 심비안이 몰락(沒落)하고 멀티터치 스크린과 외부 개발자 생태계 등을 지원하는 애플 iOS가 스마트폰 OS 경쟁을 촉발하여 그 대항마로 안드로이드가 급부상하면서 다자간 경쟁으로 전환되었다.

OS 주도권을 장악하기 위해 사활을 건 승부가 벌어지고 있는 까닭은 첫째, OS가 필요한 기기의 수가 폭증하고 있기 때문이다. 인터넷에 연결되어 다양한 애플리케이션을 활용할 수 있는 기기는 2010년 125억 대에서 2020년에는 500억 대로 늘어날 전망이다. 다양한 기기에 장착되는 OS를 장악한 기업은 관련 산업 자체를 자사에 유리한 방향으로 이끄는 등 막대한 이익을 향유하게 될 것이다. 둘째, 서버에 저장된 애플리케이션과 콘텐츠를 다양한 기기로 접속해 이용하는 클라우드 서비스가 확산되고 있기 때문이다. 클라우드 환경에서 필요한 OS는 PC 환경에서의 OS와 성격이 다르다. 따라서 향후 최대의 수익원으로 부상할 클라우드 서비스에서 수익을 극대화하기 위해 이에 최적화된 OS의 개발(開發) 경쟁이 전개되고 있다.

◆ 운영체제 주도권 경쟁의 확산

글꼴 : 돋움, 18pt, 흰색
음영색 : 파랑

가) 스마트화가 진행되는 TV 시장
　a) 애플 : 2012년 iOS를 탑재할 TV 출시 확정
　b) MS의 윈도 8 : 스마트폰, 태블릿 PC뿐만 아니라 TV에도 탑재
나) 자동차용 OS의 경쟁 동향
　a) 구글 : 2010년 GM과 안드로이드 기반 텔레매틱스 서비스 개발 협력
　b) RIM : 2011년 블랙베리와 QNX를 통합한 BBX 공개

문단 번호 기능 사용,
왼쪽 여백 : 15pt(1수준),
25pt(2수준), 줄 간격 : 180%

◆ 모바일 OS 비교표

글꼴 : 돋움, 18pt,
밑줄, 강조점

표 전체 글꼴 : 굴림, 10pt, 가운데 정렬,
셀 배경색(그러데이션) : 유형(수평),
시작색(흰색), 끝색(노랑)

구분	안드로이드	iOS	윈도 모바일	블랙베리 OS
회사	구글	애플	마이크로소프트	RIM
운영체제 계열	리눅스	맥 OS X 라이온	윈도 CE 5.2	모바일 OS
공식 응용S/W 판매처	안드로이드 마켓	애플 스토어	윈도 마켓플레이스	앱 월드
데스크톱 동기화 여부	불가능	가능		
지원 CPU 아키텍처	ARM, MIPS, x86	ARM		

- 모바일 운영체제의 특징을 비교하여 사용자의 취향과 용도에 맞는 스마트폰을 결정할 수 있다.

모바일운영체제연구소

글꼴 : 궁서, 20pt, 진하게,
장평 120%, 가운데 정렬

⒜ 사용자가 컴퓨터 시스템 자원을 효율적으로 관리할 수 있도록 하는 프로그램

쪽 번호 매기기
4로 시작
▶ - D -

memo

ITQ 한글 모의고사 3회

한글
2007/2010

과목	코드	문제유형	시험시간	수험번호	성명
아래한글	1111		60분		

수험자 유의 사항

- 수험자는 문제지를 받는 즉시 문제지와 **수험표상의 시험과목(프로그램), 버전이 동일한지 반드시 확인**하여야 합니다.

- 파일명은 본인의 "수험번호–성명"으로 입력하여 답안폴더(내문서₩ITQ₩)에 하나의 파일로 저장해야 하며, 답안문서 파일명이 "수험번호–성명"과 일치하지 않거나, 답안파일을 전송하지 않아 미제출로 처리될 경우 실격 처리합니다(예 : 내문서₩ITQ₩12345678–홍길동.hwp).

- 답안 작성을 마치면 파일을 저장하고, '답안 전송' 버튼을 선택하여 감독위원 PC로 답안을 전송하십시오. 수험생 정보와 저장한 파일명이 다를 경우 전송되지 않으므로 주의하시기 바랍니다.

- 답안 작성 중에도 **주기적으로 저장하고, '답안 전송'**하여야 문제 발생을 줄일 수 있습니다. 작업한 내용을 저장하지 않고 전송할 경우 이전에 저장된 내용이 전송되오니 이점 유의하시기 바랍니다.

- 답안문서는 지정된 경로 외의 다른 보조기억장치에 저장하는 경우, 지정된 시험 시간 외에 작성된 파일을 활용할 경우, 기타 통신수단(이메일, 메신저, 네트워크 등)을 이용하여 타인에게 전달 또는 외부 반출하는 경우는 부정 처리합니다.

- 시험 중 부주의 또는 고의로 시스템을 파손한 경우는 수험자가 변상해야 하며, 〈수험자 유의사항〉에 기재된 방법대로 이행하지 않아 생기는 불이익은 수험생 당사자의 책임임을 알려 드립니다.

- 시험을 완료한 수험자는 답안파일이 전송되었는지 확인한 후 감독위원의 지시에 따라 문제지를 제출하고 퇴실합니다.

답안 작성 요령

- 온라인 답안 작성 절차
  수험자 등록 ⇒ 시험 시작 ⇒ 답안파일 저장 ⇒ 답안 전송 ⇒ 시험 종료

- 공통 부문
  ○ 글꼴에 대한 기본설정은 바탕(또는 신명조), 10포인트, 검정, 줄간격 160%, 양쪽정렬로 합니다.
  ○ 각 문항에 주어진 《조건》에 따라 작성하고 언급하지 않은 조건은 출력형태와 같이 작성합니다.
  ○ 용지여백은 왼쪽 · 오른쪽 11mm, 위쪽 · 아래쪽 · 머리말 · 꼬리말 10mm, 제본 0mm로 합니다.
  ○ 그림 삽입 문제의 경우 내문서₩ITQ₩Picture 폴더에서 지정된 파일을 선택하여 삽입하십시오.
  ○ 삽입한 그림은 반드시 문서에 포함하여 저장해야 합니다(미포함 시 감점 처리).
  ○ 각 항목은 지정된 페이지에 출력형태와 같이 정확히 작성하시기 바라며, 그렇지 않을 경우에 해당 항목은 0점 처리 됩니다.
  ※ 페이지구분 : 1페이지 – 기능평가 I (1, 2번 문제번호 표시),
  　　　　　　　　2페이지 – 기능평가 II (3, 4번 문제번호 표시),
  　　　　　　　　3페이지 – 문서작성 능력평가

- 기능 평가
  ○ 문제와 《조건》은 입력하지 않으며 문제번호와 답(《출력형태》)만 작성합니다.
  ○ 4번 문제는 묶기를 했을 경우 0점 처리됩니다.

- 문서 작성 능력 평가
  ○ A4 용지(210mm×297mm) 1매 크기, 세로 서식 문서로 작성합니다.
  ○ ⬚ 표시는 문서 작성에 대한 지시 사항이므로 작성하지 않습니다.

1. 다음의 ≪조건≫에 따라 스타일 기능을 적용하여 ≪출력 형태≫와 같이 작성하시오. (50점)

조건

(1) 스타일 이름: festival
(2) 문단 모양: 왼쪽 여백: 10pt, 문단 아래 간격: 10pt
(3) 글자 모양: 글꼴: 한글(궁서)/영문(돋움), 크기: 10pt, 장평: 110%, 자간: −5%

출력 형태

한국과학창의재단에서는 창의인성교육이 확산되고 정착될 수 있도록 교사들의 자발적인 연구모임을 지원하고 있으며 지원규모를 더욱 확대할 예정이다.

It is an educational activity which helps the students to choose careers and jobs and lead better lives through various active extra-curricula activities at schools.

2. 다음의 ≪조건≫에 따라 ≪출력 형태≫와 같이 표와 차트를 작성하시오. (100점)

표 조건

(1) 표 전체(표, 캡션): 돋움, 10pt
(2) 정렬: 문자: 가운데 정렬, 숫자: 오른쪽 정렬
(3) 셀 배경색: 노랑
(4) 한글의 계산 기능을 이용하여 빈 칸에 합계를 구하고, 캡션 기능을 사용할 것
(5) 선 모양은 ≪출력 형태≫와 동일하게 처리할 것

출력 형태

창의인성교육 자원 현황(단위 : 개)

구분	과학기술	예술	진로체험	녹색성장	역사문화
서울권	75	122	219	196	37
경상권	54	155	194	173	43
충청권	57	167	158	125	51
합계					

(1) 차트 데이터는 표 내용에서 권역별 과학 기술, 예술, 진로 체험, 녹색 성장의 값만
    이용할 것
(2) 종류: 〈묶은 세로 막대형〉으로 작업할 것
(3) 제목: 굴림, 진하게, 12pt, 배경 – 선 모양(한 줄로), 그림자(2pt)
(4) 제목 이외의 전체 글꼴 – 굴림, 보통, 10pt
(5) 기타 나머지 사항은 ≪출력 형태≫와 동일하게 처리할 것

출력 형태

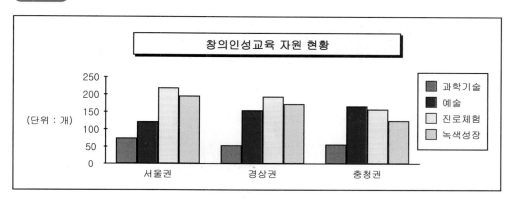

기능 평가 Ⅱ　　　　150점

3. 수식 편집기로 다음 수식 (1), (2)를 각각 입력하시오. (40점)

출력 형태

(1) $l = r\theta, S = \dfrac{1}{2}r^2\theta = \dfrac{1}{2}rl$　　　(2) $\sqrt{a^2} = |a| = \begin{cases} a(a \geq 0) \\ -a(a < 0) \end{cases}$

315

4. 다음의 ≪조건≫에 따라 ≪출력 형태≫와 같이 문서를 작성하시오. (110점)

조건

(1) 그리기 도구를 이용하여 작성하고, 모든 도형(글맵시, 지정된 그림 포함)을 ≪출력 형태≫와 같이 작성하시오.
(2) 도형의 면 색은 지시 사항이 없으면 색없음을 제외하고 서로 다르게 임의로 지정하시오.

출력 형태

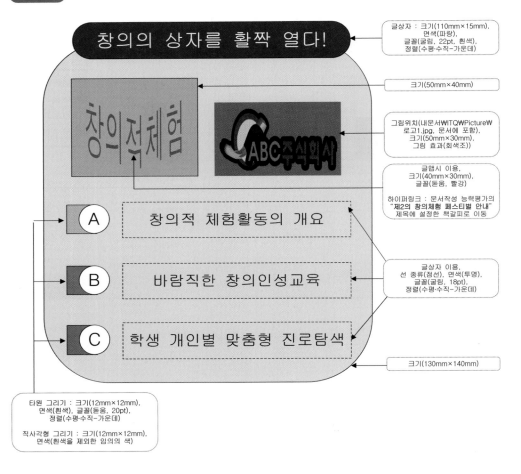

글상자 : 크기(110mm×15mm), 면색(파랑), 글꼴(굴림, 22pt, 흰색), 정렬(수평·수직-가운데)

크기(50mm×40mm)

그림위치(내문서₩ITQ₩Picture₩ 로고1.jpg, 문서에 포함), 크기(50mm×30mm), 그림 효과(회색조))

글맵시 이용, 크기(40mm×30mm), 글꼴(돋움, 빨강)

하이퍼링크 : 문서작성 능력평가의 "제2의 창의체험 페스티벌 안내" 제목에 설정한 책갈피로 이동

글상자 이용, 선 종류(점선), 면색(투명), 글꼴(굴림, 18pt), 정렬(수평·수직-가운데)

크기(130mm×140mm)

타원 그리기 : 크기(12mm×12mm), 면색(흰색), 글꼴(돋움, 20pt), 정렬(수평·수직-가운데)

직사각형 그리기 : 크기(12mm×12mm), 면색(흰색을 제외한 임의의 색)

200점

글꼴 : 굴림, 15pt, 진하게, 가운데 정렬,
책갈피 이름 : 페스티벌, 덧말 넣기

머리말 기능
돋움, 10pt, 오른쪽 정렬 → 창의체험

창의인성교육
제2회 창의체험 페스티벌 안내

문단 첫 글자 장식 기능
글꼴 : 돋움, 면색 : 노랑

각주

그림위치(내문서₩ITQ₩Picture₩그림4.jpg, 문서에 포함)
자르기 기능 이용, 크기(40mm×35mm), 바깥 여백 왼쪽 : 2mm

창 의적 체험활동Ⓐ의 활성화를 위하여 학생들이 주인이 되어 무한한 끼와 창의의 나래를 펼치는 제2의 창의체험 페스티벌이 개최됩니다. 이는 전국 초중고에서 활동하는 다양한 동아리가 모여 체험, 작품 전시, 유명 인사 강연 등의 다채로운 프로그램을 통해 보다 실질적인 창의적 체험활동이 전개되도록 마련된 교육의 장입니다.

 기존의 교과서 위주의 교육에서 중시하던 교과 성적과 결과 중심의 평가에서 벗어나 학생들의 흥미, 특기, 진로(進路)와 연계된 다양한 교과 외 활동을 확대시켜 학생들이 즐겁고 행복한 학교생활을 할 수 있도록 2011년 3월부터 창의적 체험활동을 각급 학교에서 시행하고 있습니다. 즉 학생 중심의 진로이해, 진로탐색, 진로개척능력을 함양시키기 위해 각 교육청, 연구기관, 지역사회(박물관, 미술관, 도서관, 과학관 등), 교육기관 등 학교 안팎의 인적, 물적, 자연 자원을 최대로 활용하여 질 높은 교육이 이루어지도록 지원하고 있습니다. 전국의 우수 동아리 활동을 통해 다양한 창의적(創意的) 체험을 함으로써 유익한 정보를 공유할 수 있는 창의체험 페스티벌 행사에 많은 학생들이 참여할 수 있도록 학교 차원에서 적극적으로 홍보하여 주시기 바랍니다.

글꼴 : 돋움, 18pt, 흰색
음영색 : 파랑

★ 페스티벌 개최 개요

  가) 일시 및 장소

    a) 일시 : 2012. 6. 5(화) - 6. 7(목) 10:00 - 17:00

    b) 장소 : 고양시 킨텍스 hall 6 - hall 7

  나) 주최/주관 및 협력기관

    a) 주최/주관 : 교육과학기술부, 한국과학창의재단, 문화체육관광부, 환경부

    b) 협력기관 : 한국교육학술정보원, 한국청소년활동진흥원, 각 시도 교육청

문단 번호 기능 사용,
왼쪽 여백 : 15pt(1수준),
25pt(2수준), 줄 간격 : 180%

글꼴 : 돋움, 18pt,
밑줄, 강조점

★ 페스티벌 행사 일정

표 전체 글꼴 : 굴림, 10pt, 가운데 정렬,
셀 배경색(그러데이션) : 유형(수직),
시작색(흰색), 끝색(노랑)

주요 행사	6. 5(화)	6. 6(수)	6. 7(목)	장소	시간
행사	개막행사	-		hall 6	10:30
전시 및 체험전	주제관 및 동아리 전시회, 시도 교육청 창의적 체험활동			hall 7	10:00 - 17:00
독서 PT 대회	-	초등부	중등부	hall 6 - A, B	10:00 - 12:00
멘토 강연	요리 분야	미디어 분야	연출 분야	hall 6 - C, D, F	14:00 - 16:00

- 자세한 내용의 문의는 전화(02-2111-6669)를 이용하기 바랍니다.

글꼴 : 굴림, 20pt, 진하게,
장평 120%, 가운데 정렬

창의체험페스티벌운영국

Ⓐ 기존의 재량활동과 특별활동을 창의적 체험활동으로 재구조화

쪽 번호 매기기
4로 시작

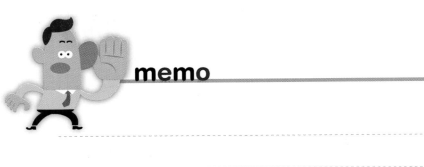
memo

ITQ 한글 모의고사 4회

<table>
<tr><td colspan="2">한글
2007/2010</td></tr>
</table>

과목	코드	문제유형	시험시간	수험번호	성명
아래한글	1111		60분		

수험자 유의 사항

- 수험자는 문제지를 받는 즉시 문제지와 **수험표상의 시험과목(프로그램), 버전이 동일한지 반드시 확인**하여야 합니다.

- 파일명은 본인의 "수험번호—성명"으로 입력하여 답안폴더(내문서\ITQ\)에 하나의 파일로 저장해야 하며, 답안문서 파일명이 "수험번호—성명"과 일치하지 않거나, 답안파일을 전송하지 않아 미제출로 처리될 경우 실격 처리합니다(예 : 내문서\ITQ\12345678—홍길동.hwp).

- 답안 작성을 마치면 파일을 저장하고, '답안 전송' 버튼을 선택하여 감독위원 PC로 답안을 전송하십시오. 수험생 정보와 저장한 파일명이 다를 경우 전송되지 않으므로 주의하시기 바랍니다.

- 답안 작성 중에도 **주기적으로 저장하고, '답안 전송'**하여야 문제 발생을 줄일 수 있습니다. 작업한 내용을 저장하지 않고 전송할 경우 이전에 저장된 내용이 전송되오니 이점 유의하시기 바랍니다.

- 답안문서는 지정된 경로 외의 다른 보조기억장치에 저장하는 경우, 지정된 시험 시간 외에 작성된 파일을 활용할 경우, 기타 통신수단(이메일, 메신저, 네트워크 등)을 이용하여 타인에게 전달 또는 외부 반출하는 경우는 부정 처리합니다.

- 시험 중 부주의 또는 고의로 시스템을 파손한 경우는 수험자가 변상해야 하며, 〈수험자 유의사항〉에 기재된 방법대로 이행하지 않아 생기는 불이익은 수험생 당사자의 책임임을 알려 드립니다.

- 시험을 완료한 수험자는 답안파일이 전송되었는지 확인한 후 감독위원의 지시에 따라 문제지를 제출하고 퇴실합니다.

답안 작성 요령

- 온라인 답안 작성 절차
  수험자 등록 ⇒ 시험 시작 ⇒ 답안파일 저장 ⇒ 답안 전송 ⇒ 시험 종료
- 공통 부문
  ○ 글꼴에 대한 기본설정은 바탕(또는 신명조), 10포인트, 검정, 줄간격 160%, 양쪽정렬로 합니다.
  ○ 각 문항에 주어진 ≪조건≫에 따라 작성하고 언급하지 않은 조건은 출력형태와 같이 작성합니다.
  ○ 용지여백은 왼쪽·오른쪽 11mm, 위쪽·아래쪽·머리말·꼬리말 10mm, 제본 0mm로 합니다.
  ○ 그림 삽입 문제의 경우 내문서\ITQ\Picture 폴더에서 지정된 파일을 선택하여 삽입하십시오.
  ○ 삽입한 그림은 반드시 문서에 포함하여 저장해야 합니다(미포함 시 감점 처리).
  ○ 각 항목은 지정된 페이지에 출력형태와 같이 정확히 작성하시기 바라며, 그렇지 않을 경우에 해당 항목은 0점 처리 됩니다.
  ※ 페이지구분 : 1페이지 – 기능평가 I (1, 2번 문제번호 표시),
  　　　　　　　 2페이지 – 기능평가 II (3, 4번 문제번호 표시),
  　　　　　　　 3페이지 – 문서작성 능력평가

- 기능 평가
  ○ 문제와 ≪조건≫은 입력하지 않으며 문제번호와 답(≪출력형태≫)만 작성합니다.
  ○ 4번 문제는 묶기를 했을 경우 0점 처리됩니다.
- 문서 작성 능력 평가
  ○ A4 용지(210mm×297mm) 1매 크기, 세로 서식 문서로 작성합니다.
  ○ ⬚ 표시는 문서 작성에 대한 지시 사항이므로 작성하지 않습니다.

한국생산성본부
KOREA PRODUCTIVITY CENTER

기능 평가 I 150점

1. 다음의 ≪조건≫에 따라 스타일 기능을 적용하여 ≪출력 형태≫와 같이 작성하시오. (50점)

조건

(1) 스타일 이름: yongdure
(2) 문단 모양: 왼쪽 여백: 10pt, 문단 아래 간격: 5pt
(3) 글자 모양: 글꼴: 한글(궁서)/영문(돋움), 크기: 10pt, 장평: 95%, 자간: −5%

출력 형태

Yongdure Village, Ganghwa Water Scoop Village : The home of boat-shaped scoops, where 'The Ganghwa water-scooping song' is heard, a unique cultural experience.

용두래 마을은 낮은 곳의 물을 높은 곳에 있는 천수답에 퍼올리기 위해 고안된 선조들의 지혜가 담긴 신기한 물푸기 용두래를 직접 체험하고 다양한 농촌 체험을 경험할 수 있습니다.

2. 다음의 ≪조건≫에 따라 ≪출력 형태≫와 같이 표와 차트를 작성하시오. (100점)

표 조건

(1) 표 전체(표, 캡션): 굴림, 10pt
(2) 정렬: 문자: 가운데 정렬, 숫자: 오른쪽 정렬
(3) 셀 배경색: 노랑
(4) 한글의 계산 기능을 이용하여 빈 칸에 합계를 구하고, 캡션 기능을 사용할 것
(5) 선 모양은 ≪출력 형태≫와 동일하게 처리할 것

출력 형태

농촌전통테마마을 방문객 현황(단위 : 천 명)

구분	2008년	2009년	2010년	2011년	평균
경기 지역	98	115	132	164	
강원 지역	104	131	172	189	
영남 지역	107	120	153	209	
호남 지역	121	144	179	233	

(1) 차트 데이터는 표 내용에서 연도별 경기 지역, 강원 지역, 영남 지역의 값만 이용할 것
(2) 종류: 〈묶은 세로 막대형〉으로 작업할 것
(3) 제목: 궁서, 진하게, 12pt, 배경 – 선 모양(두 줄로), 그림자(2pt)
(4) 제목 이외의 전체 글꼴: 궁서, 보통, 10pt
(5) 기타 나머지 사항은 ≪출력 형태≫와 동일하게 처리할 것

출력 형태

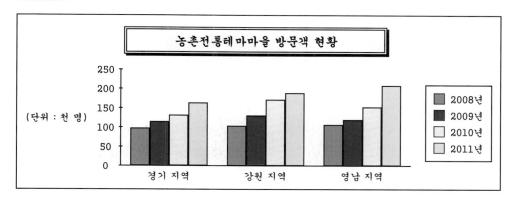

기능 평가 II   150점

3. 수식 편집기로 다음 수식 (1), (2)를 각각 입력하시오. (40점)

출력 형태

$(1)\ \int_{\alpha}^{\beta} A(x-\alpha)(x-\beta)dx = -\frac{A}{6}(\beta-\alpha)^3$ $(2)\ a^2 = b^2 + c^2 - 2bc\cos A \Leftrightarrow \cos A = \frac{b^2 + c^2 - a^2}{2bc}$

4. 다음의 ≪조건≫에 따라 ≪출력 형태≫와 같이 문서를 작성하시오. (110점)

조건

(1) 그리기 도구를 이용하여 작성하고, 모든 도형(글맵시, 지정된 그림 포함)을 ≪출력 형태≫와 같이 작성하시오.
(2) 도형의 면 색은 지시 사항이 없으면 색 없음을 제외하고 서로 다르게 임의로 지정하시오.

출력 형태

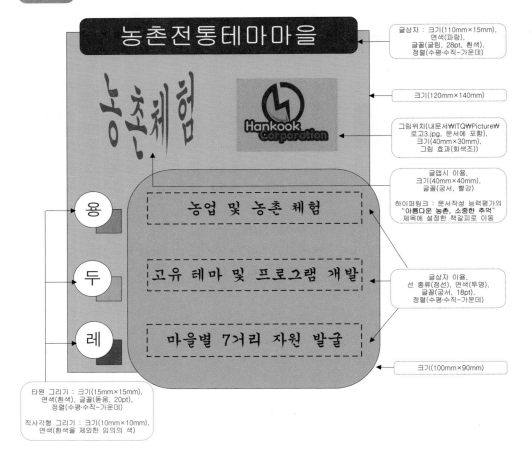

글상자 : 크기(110mm×15mm),
면색(파랑),
글꼴(굴림, 28pt, 흰색),
정렬(수평·수직-가운데)

크기(120mm×140mm)

그림위치(내문서₩ITQ₩Picture₩
로고3.jpg, 문서에 포함),
크기(40mm×30mm),
그림 효과(회색조))

글맵시 이용,
크기(40mm×40mm),
글꼴(궁서, 빨강)

하이퍼링크 : 문서작성 능력평가의
"아름다운 농촌, 소중한 추억"
제목에 설정한 책갈피로 이동

글상자 이용,
선 종류(점선), 면색(투명),
글꼴(궁서, 18pt),
정렬(수평·수직-가운데)

크기(100mm×90mm)

타원 그리기 : 크기(15mm×15mm),
면색(흰색), 글꼴(돋움, 20pt),
정렬(수평·수직-가운데)

직사각형 그리기 : 크기(10mm×10mm),
면색(흰색을 제외한 임의의 색)

글꼴 : 돋움, 22pt, 진하게, 가운데 정렬,
책갈피 이름 : 농촌, 덧말 넣기

머리말 기능
굴림, 10pt, 오른쪽 정렬 ▸ 농촌테마마을

정겨운 전통
아름다운 농촌, 소중한 추억

문단 첫 글자 장식 기능
글꼴 : 굴림, 면색 : 노랑

그림위치(내문서₩ITQ₩Picture₩그림4.jpg, 문서에 포함)
자르기 기능 이용, 크기(35mm×35mm), 바깥 여백 왼쪽 : 2mm

강 화군의 석모도 길목에 위치한 용두레마을은 행정상 내가면 황청1리에 속하며, 예로 부터 맑은 물이 흘러 큰 인물이 많이 난다는 전설이 전해 내려오는 마을이다. 농촌 전통테마마을 중 하나인 용두레마을은 구수한 노랫가락에 맞춰 물을 푸는 정겨운 전통을 간직한 곳으로, 남쪽과 동쪽은 봉화산과 국수산으로 포근하게 둘러싸여 있고 서쪽에는 석모도와 서해 바다가 펼쳐져 있어 아름다운 서해 낙조를 관망(觀望)할 수 있다.

이 마을의 이름인 용두레는 영농 방법이 기계화되기 이전에 낮은 곳의 물을 높은 곳의 천수답으로 퍼 올리는 연장으로서 농경지 구조에 알맞게 5단계까지 설치하여 물푸기를 하였던 재래식 양수(揚水) 시설을 말한다. 강화도의 특이한 토질과 기후 덕분에 맛 좋고 영양이 풍부한 농산물이 다양하게 준비되어 있는 용두레마을에서 강화섬 쌀밥, 순무김치, 망둥이와 밴댕이 무침, 상수리묵과 두부 등을 직접 만들고 먹어 보면서 시골 음식의 참맛을 만끽해 보는 것도 좋은 여행이 될 듯하다. 더불어 흥겨운 가락의 사물놀이⊙ 경운기 타기 등 도시에서는 접할 수 없는 색다른 놀이와 다양한 농촌 체험 프로그램을 즐길 수 있어 각박한 일상에서 벗어나 소소한 행복의 여유를 느끼며 소중한 추억을 만들 수 있을 것이다.

각주

◆ **용두레마을 체험**

글꼴 : 굴림, 18pt, 흰색
음영색 : 빨강

   가) 테마 체험과 전통놀이 체험

     ⓐ 용두레 체험, 용두레 가락 배우기, 한여름 밤의 음악회

     ⓑ 연 날리기, 사물놀이, 갯벌 체험, 망둥이 잡기

   나) 음식 문화 체험과 농심 체험

     ⓐ 강화섬 쌀밥 체험, 순무김치 만들기, 상수리묵과 두부 체험

     ⓑ 벼농사 체험, 속노랑고구마 캐기, 순무 심기

문단 번호 기능 사용,
왼쪽 여백 : 15pt(1수준),
25pt(2수준), 줄 간격 : 180%

◆ *테마별 주요 농촌마을*

글꼴 : 굴림, 18pt,
기울임, 강조점

표 전체 글꼴 : 굴림, 10pt, 가운데 정렬,
셀 배경색(그러데이션) : 유형(수평),
시작색(흰색), 끝색(노랑)

구분	테마	주요 마을
자연	산	초록지기마을, 산두른마을, 덕풍계곡마을, 산야초마을
	바다	볏가리마을, 조개부리마을, 돌산갓장터마을, 감풀마을
	강	강언덕마을, 소금강장천마을, 한반도뗏목마을
정서	전통	황토구들마을, 달고개모시마을, 삼베길쌈마을, 필봉굿마을
	건강과 휴식	호박돌불마을, 청정신흥마을, 대관령눈꽃마을
	고향의 맛	수라상마을, 거봉마을, 황금두부마을, 백련흑콩마을

- 농촌전통테마마을 홈페이지에서 보다 다양한 마을의 정보를 확인할 수 있습니다.

농촌전통테마마을

글꼴 : 궁서, 24pt, 진하게,
장평 105%, 가운데 정렬

⊙ 네 사람이 각기 꽹과리, 징, 장구, 북을 가지고 어우러져 치는 놀이

쪽 번호 매기기
2로 시작 ▸ - 나 -

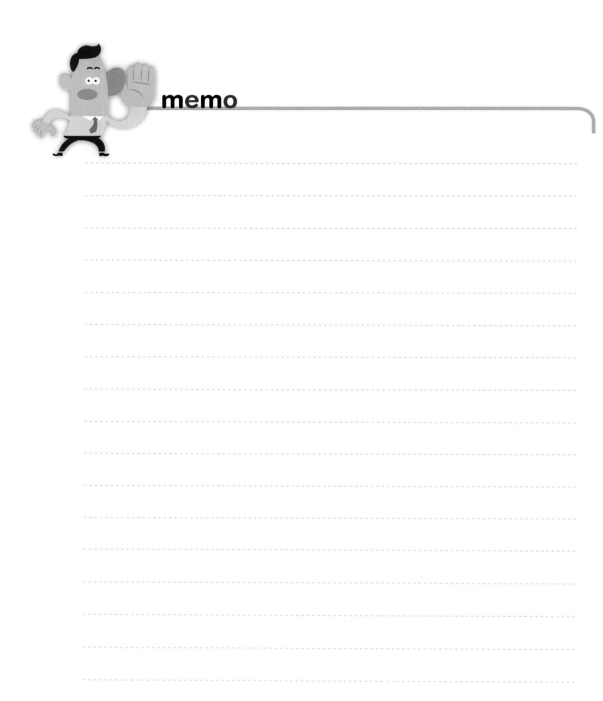

memo

ITQ 한글 모의고사 5회

	한글
	2007/2010

과목	코드	문제유형	시험시간	수험번호	성명
아래한글	1111		60분		

수험자 유의 사항

- 수험자는 문제지를 받는 즉시 문제지와 **수험표상의 시험과목(프로그램), 버전이 동일한지 반드시 확인**하여야 합니다.

- 파일명은 본인의 "수험번호-성명"으로 입력하여 답안폴더(내문서\ITQ\)에 하나의 파일로 저장해야 하며, 답안문서 파일명이 "수험번호-성명"과 일치하지 않거나, 답안파일을 전송하지 않아 미제출로 처리될 경우 실격 처리합니다(예 : 내문서\ITQ\12345678-홍길동.hwp).

- 답안 작성을 마치면 파일을 저장하고, '답안 전송' 버튼을 선택하여 감독위원 PC로 답안을 전송하십시오. 수험생 정보 와 저장한 파일명이 다를 경우 전송되지 않으므로 주의하시기 바랍니다.

- 답안 작성 중에도 **주기적으로 저장하고, '답안 전송'**하여야 문제 발생을 줄일 수 있습니다. 작업한 내용을 저장하지 않 고 전송할 경우 이전에 저장된 내용이 전송되오니 이점 유의하시기 바랍니다.

- 답안문서는 지정된 경로 외의 다른 보조기억장치에 저장하는 경우, 지정된 시험 시간 외에 작성된 파일을 활용할 경우, 기타 통신수단(이메일, 메신저, 네트워크 등)을 이용하여 타인에게 전달 또는 외부 반출하는 경우는 부정 처리합니다.

- 시험 중 부주의 또는 고의로 시스템을 파손한 경우는 수험자가 변상해야 하며, 〈수험자 유의사항〉에 기재된 방법대로 이행하지 않아 생기는 불이익은 수험생 당사자의 책임임을 알려 드립니다.

- 시험을 완료한 수험자는 답안파일이 전송되었는지 확인한 후 감독위원의 지시에 따라 문제지를 제출하고 퇴실합니다.

답안 작성 요령

- 온라인 답안 작성 절차
  수험자 등록 ⇒ 시험 시작 ⇒ 답안파일 저장 ⇒ 답안 전송 ⇒ 시험 종료

- 공통 부문
  ○ 글꼴에 대한 기본설정은 바탕(또는 신명조), 10포인트, 검정, 줄간격 160%, 양쪽정렬로 합니다.
  ○ 각 문항에 주어진 ≪조건≫에 따라 작성하고 언급하지 않은 조건은 출력형태와 같이 작성합니다.
  ○ 용지여백은 왼쪽 · 오른쪽 11mm, 위쪽 · 아래쪽 · 머리말 · 꼬리말 10mm, 제본 0mm로 합니다.
  ○ 그림 삽입 문제의 경우 내문서\ITQ\Picture 폴더에서 지정된 파일을 선택하여 삽입하십시오.
  ○ 삽입한 그림은 반드시 문서에 포함하여 저장해야 합니다(미포함 시 감점 처리).
  ○ 각 항목은 지정된 페이지에 출력형태와 같이 정확히 작성하시기 바라며, 그렇지 않을 경우에 해당 항목은 0점 처리 됩니다.
  ※ 페이지구분 : 1페이지 - 기능평가 I (1, 2번 문제번호 표시),
  　　　　　　　 2페이지 - 기능평가 II (3, 4번 문제번호 표시),
  　　　　　　　 3페이지 - 문서작성 능력평가

- 기능 평가
  ○ 문제와 ≪조건≫은 입력하지 않으며 문제번호와 답(≪출력형태≫)만 작성합니다.
  ○ 4번 문제는 묶기를 했을 경우 0점 처리됩니다.

- 문서 작성 능력 평가
  ○ A4 용지(210mm×297mm) 1매 크기, 세로 서식 문서로 작성합니다.
  ○ 　　　 표시는 문서 작성에 대한 지시 사항이므로 작성하지 않습니다.

kpc 한국생산성본부
KOREA PRODUCTIVITY CENTER

1. 다음의 ≪조건≫에 따라 스타일 기능을 적용하여 ≪출력 형태≫와 같이 작성하시오. (50점)

조건

(1) 스타일 이름: sunshin
(2) 문단 모양: 왼쪽 여백: 15pt, 문단 아래 간격: 10pt
(3) 글자 모양: 글꼴: 한글(돋움)/영문(굴림), 크기: 10pt, 장평: 95%, 자간: −5%

출력 형태

Lee Sun-Shin began his first official service as the Gwonggwan of Donggubibo the same year, but his life as a public official wasn't smooth.

이순신 장군은 조선 선조 때의 무신으로 시호는 충무이며 32세에 무과에 급제한 후 전라좌도 수군절도사에 임명되어 거북선을 제작하는 등 군비 확충에 힘쓴 인물이다.

2. 다음의 ≪조건≫에 따라 ≪출력 형태≫와 같이 표와 차트를 작성하시오. (100점)

표 조건

(1) 표 전체(표, 캡션): 돋움, 10pt
(2) 정렬: 문자: 가운데 정렬, 숫자: 오른쪽 정렬
(3) 셀 배경색: 노랑
(4) 한글의 계산 기능을 이용하여 빈 칸에 합계를 구하고, 캡션 기능을 사용할 것
(5) 선 모양은 ≪출력 형태≫와 동일하게 처리할 것

출력 형태

이순신 장군 축제 관람객 현황(단위 : 백 명)

구분	2008년	2009년	2010년	2011년	합계
주제 행사	837	1,160	1,049	1,356	
전시/체험 행사	728	893	1,086	932	
부대 행사	521	653	606	1,063	
기타	326	433	512	397	

(1) 차트 데이터는 표 내용에서 연도별 주제 행사, 전시/체험 행사, 부대 행사의 값만
   이용할 것
(2) 종류: 〈묶은 세로 막대형〉으로 작업할 것
(3) 제목: 궁서, 진하게, 12pt, 배경 – 선 모양(한 줄로), 그림자(2pt)
(4) 제목 이외의 전체 글꼴: 궁서, 보통, 10pt
(5) 기타 나머지 사항은 ≪출력 형태≫와 동일하게 처리할 것

출력 형태

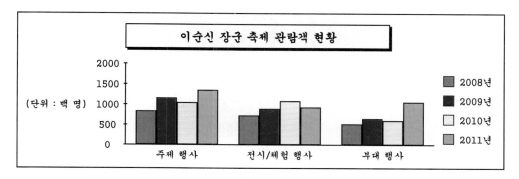

이순신 장군 축제 관람객 현황

(단위 : 백 명)

2008년
2009년
2010년
2011년

주제 행사   전시/체험 행사   부대 행사

기능 평가 Ⅱ   150점

3. 수식 편집기로 다음 수식 (1), (2)를 각각 입력하시오. (40점)

출력 형태

(1) $\dfrac{c}{\sqrt{a} \pm \sqrt{b}} = \dfrac{c(\sqrt{a} \mp \sqrt{b})}{a-b}$ (2) $f'(x) = \lim\limits_{\triangle x \to 0} \dfrac{f(x + \triangle x) + f(x)}{\triangle x}$

4. 다음의 ≪조건≫에 따라 ≪출력 형태≫와 같이 문서를 작성하시오. (110점)

조건

(1) 그리기 도구를 이용하여 작성하고, 모든 도형(글맵시, 지정된 그림 포함)을 ≪출력 형태≫와 같이 작성하시오.

(2) 도형의 면 색은 지시 사항이 없으면 색 없음을 제외하고 서로 다르게 임의로 지정하시오.

출력 형태

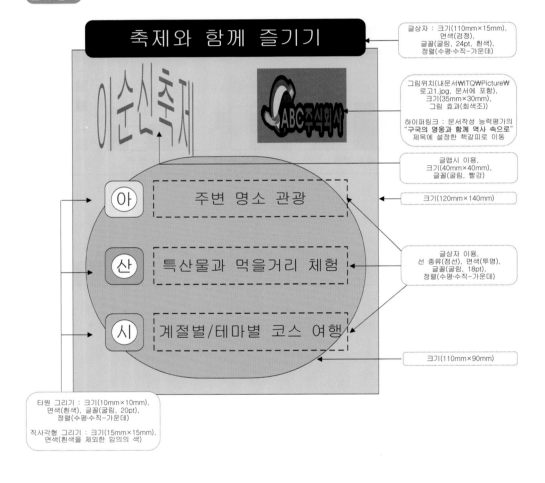

글상자 : 크기(110mm×15mm), 면색(검정), 글꼴(굴림, 24pt, 흰색), 정렬(수평·수직-가운데)

그림위치(내문서₩ITQ₩Picture₩ 로고1.jpg, 문서에 포함), 크기(35mm×30mm), 그림 효과(회색조))

하이퍼링크 : 문서작성 능력평가의 "구국의 영웅과 함께 역사 속으로" 제목에 설정한 책갈피로 이동

글맵시 이용, 크기(40mm×40mm), 글꼴(굴림, 빨강)

크기(120mm×140mm)

글상자 이용, 선 종류(점선), 면색(투명), 글꼴(굴림, 18pt), 정렬(수평·수직-가운데)

크기(110mm×90mm)

타원 그리기 : 크기(10mm×10mm), 면색(흰색), 글꼴(굴림, 20pt), 정렬(수평·수직-가운데)

직사각형 그리기 : 크기(15mm×15mm), 면색(흰색을 제외한 임의의 색)

글꼴 : 궁서, 22pt, 진하게, 가운데 정렬, 진하게
책갈피 이름 : 충무공, 덧말 넣기

머리말 기능
돋움, 10pt, 오른쪽 정렬 → 역사 기행

성웅 이순신
구국의 영웅과 함께 역사 속으로

문단 첫 글자 장식 기능
글꼴 : 돋움, 면색 : 노랑

그림위치(내문서\ITQ\Picture\그림4.jpg, 문서에 포함)
자르기 기능 이용, 크기(45mm×30mm), 바깥 여백 왼쪽 : 2mm

지난 1961년에 시작되어 올해로 51회를 맞은 아산성웅이순신축제가 4월 27일부터 29일까지 3일간 성황리에 개최되었다. 이순신 장군의 탄신(誕辰) 기념일인 4월 28일에 착안한 이번 축제는 관련 행사들을 통하여 충무공 이순신 장군에 대한 역사적 의미를 되새기고 애국 애족의 정신을 함양하고자 마련되었으며, 지역축제 사상 최초로 428명이 참여하는 대합창단을 구성해 축제의 개막을 선포하는 화합의 목소리로 시작하였다.

매년 회를 거듭할수록 그 열기를 더해 가는 이 행사는 아산시의 도심지(都心地) 일대를 축제의 거리로 조성하여 아산 시민은 물론 전 국민과 외국인 관광객까지 문화의 교류를 마음껏 즐길 수 있도록 열정의 공간을 제공하고 있다. 이곳 아산에서 학문적 소양과 인격을 기르며 청년 시절을 보낸 이순신 장군은 출중한 무예, 즉 무관㉮의 실력과 탁월한 지략, 즉 문관의 자질을 겸비한 조선의 뛰어난 선비로서 위기에 처한 나라를 구하고자 목숨을 바친 역사적 인물이다. 나라를 지키는 것만큼 부모에 대한 효와 가족에 대한 애정도 남달랐기에 후대에 길이 남을 소중한 정신의 본향으로서 우리의 마음속에 크나큰 족적을 남긴 불멸의 영웅 이순신을 재발견할 수 있기를 기대한다.

각주

글꼴 : 굴림, 18pt, 흰색
음영색 : 파랑

■ 축제 개요

(ㄱ) 기간 및 장소

　(1) 기간 : 2012년 4월 27일부터 29일까지

　(2) 장소 : 충남 아산시 온양온천역 광장 및 시내 일원

(ㄴ) 주최/주관 및 후원

　(1) 주최/주관 : 아산시, (재)아산문화재단

　(2) 후원 : 문화체육관광부, 충청남도, 아산시의회, 아산교육지원청

문단 번호 기능 사용,
왼쪽 여백 : 20pt(1수준),
30pt(2수준), 줄 간격 : 180%

글꼴 : 굴림, 18pt,
기울임, 강조점

표 전체 글꼴 : 돋움, 10pt, 가운데 정렬,
셀 배경색(그러데이션) : 유형(왼쪽 대각선),
시작색(흰색), 끝색(노랑)

■ *주요 축제 프로그램 일정*

장소	행사 항목	4월 27일 - 4월 28일	4월 29일
온양온천역	주제 행사	이순신 장군 출정 및 시민 퍼레이드	폐막식
온양온천역	전시/체험 행사	이순신 장군 탄신 축하 콘서트	폐막식
온양온천초	주제 행사	무과 재연 퍼포먼스	폐막식
온양온천초	전시/체험 행사	무과 체험, 조선 수군 병영문화 체험	폐막식
시내 일원	부대 행사	농특산물 전시 판매(시민문화복지센터), 거리 공연 및 퍼포먼스	폐막식
시내 일원	전시/체험 행사	전통민속마을(외암마을), 전통 생활사 전시(온양민속박물관)	폐막식

- 사전 행사로 이순신 장군의 동상 친수식과 학술 세미나가 개최되었다.

아산시청

글꼴 : 돋움, 25pt, 진하게,
장평 110%, 가운데 정렬

㉮ 군에 적을 두고 군사 일을 맡아보는 관리 또는 무과 출신의 벼슬아치

쪽 번호 매기기
2로 시작 → - B -

memo

ITQ 한글 최신 기출문제 1회

한글
2007/2010

과목	코드	문제유형	시험시간	수험번호	성명
아래한글	1111		60분		

수험자 유의 사항

- 수험자는 문제지를 받는 즉시 문제지와 **수험표상의 시험과목(프로그램), 버전이 동일한지 반드시 확인**하여야 합니다.

- 파일명은 본인의 "수험번호–성명"으로 입력하여 답안폴더(내문서₩ITQ₩)에 하나의 파일로 저장해야 하며, 답안문서 파일명이 "수험번호–성명"과 일치하지 않거나, 답안파일을 전송하지 않아 미제출로 처리될 경우 실격 처리합니다(예 : 내문서₩ITQ₩12345678–홍길동.hwp).

- 답안 작성을 마치면 파일을 저장하고, '답안 전송' 버튼을 선택하여 감독위원 PC로 답안을 전송하십시오. 수험생 정보와 저장한 파일명이 다를 경우 전송되지 않으므로 주의하시기 바랍니다.

- 답안 작성 중에도 **주기적으로 저장하고, '답안 전송'**하여야 문제 발생을 줄일 수 있습니다. 작업한 내용을 저장하지 않고 전송할 경우 이전에 저장된 내용이 전송되오니 이점 유의하시기 바랍니다.

- 답안문서는 지정된 경로 외의 다른 보조기억장치에 저장하는 경우, 지정된 시험 시간 외에 작성된 파일을 활용할 경우, 기타 통신수단(이메일, 메신저, 네트워크 등)을 이용하여 타인에게 전달 또는 외부 반출하는 경우는 부정 처리합니다.

- 시험 중 부주의 또는 고의로 시스템을 파손한 경우는 수험자가 변상해야 하며, 〈수험자 유의사항〉에 기재된 방법대로 이행하지 않아 생기는 불이익은 수험생 당사자의 책임임을 알려 드립니다.

- 시험을 완료한 수험자는 답안파일이 전송되었는지 확인한 후 감독위원의 지시에 따라 문제지를 제출하고 퇴실합니다.

답안 작성 요령

- 온라인 답안 작성 절차
  수험자 등록 ⇒ 시험 시작 ⇒ 답안파일 저장 ⇒ 답안 전송 ⇒ 시험 종료
- 공통 부문
  ○ 글꼴에 대한 기본설정은 바탕(또는 신명조), 10포인트, 검정, 줄간격 160%, 양쪽정렬로 합니다.
  ○ 각 문항에 주어진 《조건》에 따라 작성하고 언급하지 않은 조건은 출력형태와 같이 작성합니다.
  ○ 용지여백은 왼쪽·오른쪽 11mm, 위쪽·아래쪽·머리말·꼬리말 10mm, 제본 0mm로 합니다.
  ○ 그림 삽입 문제의 경우 내문서₩ITQ₩Picture 폴더에서 지정된 파일을 선택하여 삽입하십시오.
  ○ 삽입한 그림은 반드시 문서에 포함하여 저장해야 합니다(미포함 시 감점 처리).
  ○ 각 항목은 지정된 페이지에 출력형태와 같이 정확히 작성하시기 바라며, 그렇지 않을 경우에 해당 항목은 0점 처리됩니다.
  ※ 페이지구분 : 1페이지 – 기능평가 I (1, 2번 문제번호 표시),
  　　　　　　　　2페이지 – 기능평가 II (3, 4번 문제번호 표시),
  　　　　　　　　3페이지 – 문서작성 능력평가

- 기능 평가
  ○ 문제와 《조건》은 입력하지 않으며 문제번호와 답(《출력형태》)만 작성합니다.
  ○ 4번 문제는 묶기를 했을 경우 0점 처리됩니다.

- 문서 작성 능력 평가
  ○ A4 용지(210mm×297mm) 1매 크기, 세로 서식 문서로 작성합니다.
  ○ ☐ 표시는 문서 작성에 대한 지시 사항이므로 작성하지 않습니다.

1. 다음의 ≪조건≫에 따라 스타일 기능을 적용하여 ≪출력 형태≫와 같이 작성하시오. (50점)

조건

(1) 스타일 이름: travel
(2) 문단 모양: 왼쪽 여백: 10pt, 문단 아래 간격: 10pt
(3) 글자 모양 ㅍ 글꼴: 한글(굴림)/영문(돋움), 크기: 10pt, 장평: 105%, 자간: 5%

출력 형태

외국 관광객 방한 현황을 집계하기 시작한 1955년, 부산에서 캐나다인이 첫발을 내디딘 이후 2012년 한 해에 우리나라를 방문한 외국 관광객 수가 1,100만 명을 넘어섰다.

In 2013 the South Korean government announced that it will concentrate its energy on developing high value tourism products.

2. 다음의 ≪조건≫에 따라 ≪출력 형태≫와 같이 표와 차트를 작성하시오. (100점)

표 조건

(1) 표 전체(표, 캡션): 굴림, 10pt
(2) 정렬: 문자: 가운데 정렬, 숫자: 오른쪽 정렬
(3) 셀 배경색: 노랑
(4) 한글의 계산 기능을 이용하여 빈 칸에 합계를 구하고, 캡션 기능을 사용할 것
(5) 선 모양은 ≪출력 형태≫와 동일하게 처리할 것

출력 형태

연도별 지역관광홍보관 방문객 현황(단위 : 천 명)

구분	2008년	2009년	2010년	2011년	2012년
영남권	171.4	215.7	342.6	296.1	434.7
호남권	252.6	340.3	228.3	590.8	362.6
수도권	330.2	475.9	563.7	384.5	539.3
합계					

(1) 차트 데이터는 표 내용에서 구분별 2008년, 2009년, 2010년, 2011년의 값만 이용
   할 것
(2) 종류: 〈묶은 세로 막대형〉으로 작업할 것
(3) 제목: 궁서, 진하게, 12pt, 배경 – 선 모양(한 줄로), 그림자(2pt)
(4) 제목 이외의 전체 글꼴 – 궁서, 보통, 10pt
(5) 기타 나머지 사항은 ≪출력 형태≫와 동일하게 처리할 것

출력 형태

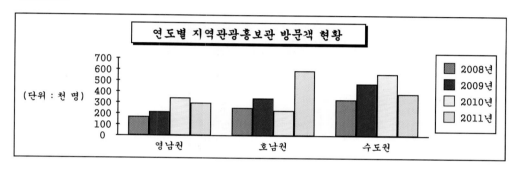

기능 평가 Ⅱ   150점

3. 다음 (1), (2)의 수식을 수식 편집기로 각각 입력하시오. (40점)

출력 형태

(1) $\dfrac{V_2}{V_1} = \dfrac{0.90 \times 10^3}{1.0 \times 10^3} = 0.80$

(2) $E = mc^2 = \dfrac{m_0 c^2}{\sqrt{1 - \dfrac{s^2}{c^2}}}$

4. 다음의 ≪조건≫에 따라 ≪출력 형태≫와 같이 문서를 작성하시오. (110점)

조건

(1) 그리기 도구를 이용하여 작성하고, 모든 도형(글맵시, 지정된 그림 포함)을 ≪출력 형태≫와 같이 작성하시오.

(2) 도형의 면 색은 지시 사항이 없으면 색 없음을 제외하고 서로 다르게 임의로 지정하시오.

출력 형태

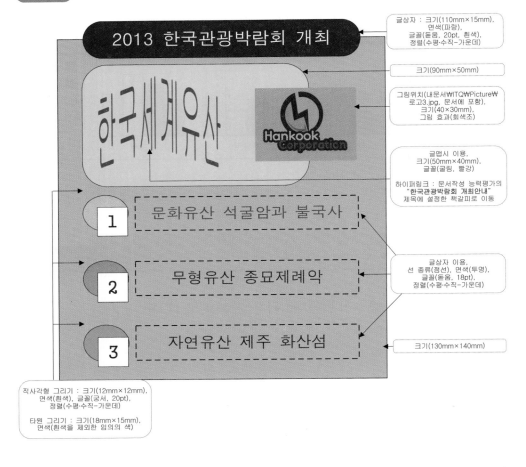

글상자 : 크기(110mm×15mm), 면색(파랑), 글꼴(돋움, 20pt, 흰색), 정렬(수평·수직-가운데)

크기(90mm×50mm)

그림위치(내문서₩ITQ₩Picture₩ 로고3.jpg, 문서에 포함), 크기(40×30mm), 그림 효과(회색조)

글맵시 이용, 크기(50mm×40mm), 글꼴(굴림, 빨강)

하이퍼링크 : 문서작성 능력평가의 "한국관광박람회 개최안내" 제목에 설정한 책갈피로 이동

글상자 이용, 선 종류(점선), 면색(투명), 글꼴(돋움, 18pt), 정렬(수평·수직-가운데)

크기(130mm×140mm)

직사각형 그리기 : 크기(12mm×12mm), 면색(흰색), 글꼴(궁서, 20pt), 정렬(수평·수직-가운데)

타원 그리기 : 크기(18mm×15mm), 면색(흰색을 제외한 임의의 색)

2013 한국관광박람회 개최

한국세계유산

1 문화유산 석굴암과 불국사

2 무형유산 종묘제례악

3 자연유산 제주 화산섬

문서 작성 능력 평가

글꼴 : 굴림, 16pt, 진하게, 가운데 정렬,
책갈피 이름 : 관광박람회, 덧말 넣기

머리말 기능
돋움, 10pt, 오른쪽 정렬 → 한국여행

2013년
한국관광박람회 개최안내

문단 첫 글자 장식 기능
글꼴 : 굴림, 면색 : 노랑

각주

그림위치(내문서\ITQ\Picture\그림4.jpg, 문서에 포함)
자르기 기능 이용, 크기(40mm×25mm), 바깥 여백 왼쪽 : 2mm

외래 관광객 천만 시대를 맞이하여 한국관광박람회㉮가 여행지 홍보, 지역 특산물 (特産物) 전시, 한국의 음식문화 체험 등의 행사와 함께 올림픽공원 체조경기장에서 개최됩니다. 2004년에 가족과 함께하는 국내 여행이라는 주제로 시작된 한국관광박람회가 올해로 10회를 맞아 세계적인 이벤트로 격상되면서 외국 관광객 1,200만 명 유치에 중추적인 역할을 할 것으로 보입니다.

해외여행 수요(需要)를 국내 여행으로 전환하고 외국 관광객 유치를 통해 지역경제 발전을 도모하기 위한 이번 박람회는 각 지방자치단체에서 324개 팀이 참가할 것으로 예상되며 관광홍보관, 지역특산물전시관, 전통음식체험관 등이 운영될 예정입니다. 부대 행사로는 환영 만찬, 지상파 생방송, 지역관광 활성화 포럼 등이 2시부터 3시 50분까지, 트래블마트에서는 여행 정보 제공 및 단체관광 활성화를 위한 단체여행 마트 및 연계 상품 개발 등의 설명회가 4시부터 5시까지 각각 행사 기간에 진행됩니다. 본 박람회의 참가를 희망하는 지자체와 상품 기획력을 갖춘 여행사 그리고 관광 분야에 관심 있는 시민 여러분의 많은 참여를 바라며, 기타 자세한 사항은 한국관광엑스포공사로 문의하기 바랍니다.

♣ **관광박람회 행사 개요**

글꼴 : 궁서, 18pt, 흰색,
음영색 : 빨강

1. 행사 기간 및 장소
   가. 기간 : 1월 23일(수) - 1월 26일(토) 09:30 - 17:00
   나. 장소 : 올림픽공원 체조경기장
2. 주요 행사 내용
   가. 우리나라 지자체별 국내외 수학여행 설명회(1월 25일)
   나. 한류문화 확산을 위한 지역예술단체 공연 및 이벤트

문단 번호 기능 사용,
왼쪽 여백 : 15pt(1수준),
25pt(2수준), 줄 간격 : 180%

♣ **관람객 참가 예상 규모**

글꼴 : 궁서, 18pt,
밑줄, 강조점

표 전체 글꼴 : 돋움, 10pt, 가운데 정렬,
셀 배경색(그러데이션) : 유형(수평),
시작색(흰색), 끝색(노랑)

구분	내국인		외국인	
	테마관광홍보관	지역특산물전시관	지역관광홍보관	전통음식체험관
1월 23일	중학생 39개교	어머니회 24개 단체	북미 지역 34개 단체	개인 8,900여 명
1월 24일	지역관광연합회 17개 단체			남미 지역 12개 단체
1월 25일	수도권 고등학생 46개교		중국 68개 단체	유럽 지역 25개 단체
1월 26일	동아리 49개 단체	개인 14,000여 명	일본 57개 단체	

- 박람회 관람 신청 기한은 2013년 1월 21일까지로 3일을 연장합니다.

한국관광엑스포공사

글꼴 : 굴림, 20pt, 진하게,
장평 125%, 가운데 정렬

㉮ 상세한 내용은 한국관광엑스포공사 사이트 참고 요망

쪽 번호 매기기
4로 시작 → - iv -

memo

ITQ 한글 최신 기출문제 2회

한글
2007/2010

과목	코드	문제유형	시험시간	수험번호	성명
아래한글	1111		60분		

수험자 유의 사항

- 수험자는 문제지를 받는 즉시 문제지와 **수험표상의 시험과목(프로그램), 버전이 동일한지 반드시 확인**하여야 합니다.

- 파일명은 본인의 "수험번호-성명"으로 입력하여 답안폴더(내문서₩ITQ₩)에 하나의 파일로 저장해야 하며, 답안문서 파일명이 "수험번호-성명"과 일치하지 않거나, 답안파일을 전송하지 않아 미제출로 처리될 경우 실격 처리합니다(예 : 내문서₩ITQ₩12345678-홍길동.hwp).

- 답안 작성을 마치면 파일을 저장하고, '답안 전송' 버튼을 선택하여 감독위원 PC로 답안을 전송하십시오. 수험생 정보와 저장한 파일명이 다를 경우 전송되지 않으므로 주의하시기 바랍니다.

- 답안 작성 중에도 **주기적으로 저장하고, '답안 전송'**하여야 문제 발생을 줄일 수 있습니다. 작업한 내용을 저장하지 않고 전송할 경우 이전에 저장된 내용이 전송되오니 이점 유의하시기 바랍니다.

- 답안문서는 지정된 경로 외의 다른 보조기억장치에 저장하는 경우, 지정된 시험 시간 외에 작성된 파일을 활용할 경우, 기타 통신수단(이메일, 메신저, 네트워크 등)을 이용하여 타인에게 전달 또는 외부 반출하는 경우는 부정 처리합니다.

- 시험 중 부주의 또는 고의로 시스템을 파손한 경우는 수험자가 변상해야 하며, 〈수험자 유의사항〉에 기재된 방법대로 이행하지 않아 생기는 불이익은 수험생 당사자의 책임임을 알려 드립니다.

- 시험을 완료한 수험자는 답안파일이 전송되었는지 확인한 후 감독위원의 지시에 따라 문제지를 제출하고 퇴실합니다.

답안 작성 요령

- 온라인 답안 작성 절차
  수험자 등록 ⇒ 시험 시작 ⇒ 답안파일 저장 ⇒ 답안 전송 ⇒ 시험 종료
- 공통 부문
  ○ 글꼴에 대한 기본설정은 바탕(또는 신명조), 10포인트, 검정, 줄간격 160%, 양쪽정렬로 합니다.
  ○ 각 문항에 주어진 《조건》에 따라 작성하고 언급하지 않은 조건은 출력형태와 같이 작성합니다.
  ○ 용지여백은 왼쪽 · 오른쪽 11mm, 위쪽 · 아래쪽 · 머리말 · 꼬리말 10mm, 제본 0mm로 합니다.
  ○ 그림 삽입 문제의 경우 내문서₩ITQ₩Picture 폴더에서 지정된 파일을 선택하여 삽입하십시오.
  ○ 삽입한 그림은 반드시 문서에 포함하여 저장해야 합니다(미포함 시 감점 처리).
  ○ 각 항목은 지정된 페이지에 출력형태와 같이 정확히 작성하시기 바라며, 그렇지 않을 경우에 해당 항목은 0점 처리됩니다.
  ※ 페이지구분 : 1페이지 – 기능평가 I (1, 2번 문제번호 표시),
  　　　　　　　 2페이지 – 기능평가 II (3, 4번 문제번호 표시),
  　　　　　　　 3페이지 – 문서작성 능력평가
- 기능 평가
  ○ 문제와 《조건》은 입력하지 않으며 문제번호와 답(《출력형태》)만 작성합니다.
  ○ 4번 문제는 묶기를 했을 경우 0점 처리됩니다.
- 문서 작성 능력 평가
  ○ A4 용지(210mm×297mm) 1매 크기, 세로 서식 문서로 작성합니다.
  ○ ▭ 표시는 문서 작성에 대한 지시 사항이므로 작성하지 않습니다.

(kpc) 한국생산성본부
KOREA PRODUCTIVITY CENTER

기능 평가 Ⅰ　　　　　　　　　　　　　　　　　　　　　150점

1. 다음의 ≪조건≫에 따라 스타일 기능을 적용하여 ≪출력 형태≫와 같이 작성하시오. (50점)

조건

   (1) 스타일 이름: statistics
   (2) 문단 모양: 왼쪽 여백: 15pt, 문단 아래 간격: 10pt
   (3) 글자 모양: 글꼴: 한글(돋움)/영문(궁서), 크기: 10pt, 장평: 105%, 자간: 5%

출력 형태

Statistics is the science of making effective use of numerical data relating to groups of individuals or experiments.

교육통계란 교육에 관련된 집단의 특정 성질이 변하는 상황을 숫자로 나타낸 집계 상황으로 교육 관련 현상을 객관적, 과학적, 실증적으로 고찰하기 위한 것이다.

2. 다음의 ≪조건≫에 따라 ≪출력 형태≫와 같이 표와 차트를 작성하시오. (100점)

표 조건

   (1) 표 전체(표, 캡션): 돋움, 10pt
   (2) 정렬: 문자: 가운데 정렬, 숫자: 오른쪽 정렬
   (3) 셀 배경색: 노랑
   (4) 한글의 계산 기능을 이용하여 빈 칸에 합계를 구하고, 캡션 기능을 사용할 것
   (5) 선 모양은 ≪출력 형태≫와 동일하게 처리할 것

출력 형태

교육통계 활용률 현황(단위 : %)

구분	초중등통계	고등통계	특수통계	평생통계	합계
2008년	22.9	20.5	21.3	25.6	
2009년	20.7	29.4	32.3	42.1	
2010년	26.9	29.2	37.5	45.7	
2011년	34.6	32.9	43.6	48.2	

차트 조건

(1) 차트 데이터는 표 내용에서 구분별 2008년, 2009년, 2010년의 값만 이용할 것
(2) 종류: 〈묶은 세로 막대형〉으로 작업할 것
(3) 제목: 굴림, 진하게, 12pt, 배경 – 선 모양(한 줄로), 그림자(2pt)
(4) 제목 이외의 전체 글꼴: 굴림, 보통, 10pt
(5) 기타 나머지 사항은 ≪출력 형태≫와 동일하게 처리할 것

출력 형태

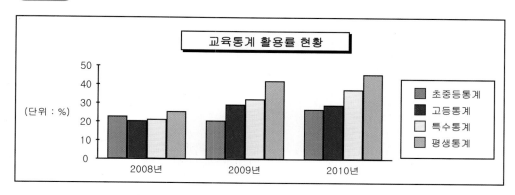

기능 평가 Ⅱ   150점

3. 다음 (1), (2)의 수식을 수식 편집기로 각각 입력하시오. (40점)

출력 형태

(1) $\Delta W = \dfrac{1}{2} m (f_x)^2 + \dfrac{1}{2} m (f_y)^2$ (2) $\lambda = \dfrac{h}{mh} = \dfrac{h}{\sqrt{2meV}}$

4. 다음의 ≪조건≫에 따라 ≪출력 형태≫와 같이 문서를 작성하시오. (110점)

조건

(1) 그리기 도구를 이용하여 작성하고, 모든 도형(글맵시, 지정된 그림 포함)을 ≪출력 형태≫와 같이 작성하시오.
(2) 도형의 면 색은 지시 사항이 없으면 색 없음을 제외하고 서로 다르게 임의로 지정하시오.

출력 형태

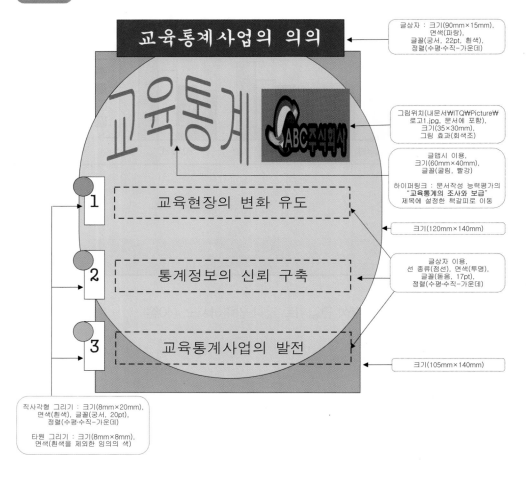

글상자 : 크기(90mm×15mm), 면색(파랑), 글꼴(궁서, 22pt, 흰색), 정렬(수평·수직-가운데)

그림위치(내문서\ITQ\Picture\로고1.jpg, 문서에 포함), 크기(35×30mm), 그림 효과(회색조)

글맵시 이용, 크기(60mm×40mm), 글꼴(굴림, 빨강)

하이퍼링크 : 문서작성 능력평가의 "교육통계의 조사와 보급" 제목에 설정한 책갈피로 이동

크기(120mm×140mm)

글상자 이용, 선 종류(점선), 면색(투명), 글꼴(돋움, 17pt), 정렬(수평·수직-가운데)

크기(105mm×140mm)

직사각형 그리기 : 크기(8mm×20mm), 면색(흰색), 글꼴(궁서, 20pt), 정렬(수평·수직-가운데)

타원 그리기 : 크기(8mm×8mm), 면색(흰색을 제외한 임의의 색)

340

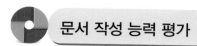

글꼴 : 궁서, 21pt, 진하게, 가운데 정렬,
책갈피 이름 : 교육통계, 덧말 넣기

머리말 기능
돋움, 10pt, 오른쪽 정렬 → 통계조사사업

교육현황과 통계정보
교육통계의 조사와 보급

문단 첫 글자 장식 기능
글꼴 : 돋움, 면색 : 노랑

그림위치(내문서₩ITQ₩Picture₩그림4.jpg, 문서에 포함)
자르기 기능 이용, 크기(50mm×30mm), 바깥 여백 왼쪽 : 2mm

교육통계란 교육에 관련된 집단의 특정 성질이 변하는 상황을 숫자로 나타낸 집계(集計) 상황으로 교육 관련 현상을 객관적, 과학적, 실증적으로 고찰하기 위한 것이다. 측정 및 조사의 대상이 되는 집단의 통계는 보다 고차적인 집단에 관한 내용을 추측하거나 장래 또는 미지의 일을 계획하는 데 참고가 된다.

교육통계에 대한 조사는 교육에 관한 기본적 사항을 조사하여 교육연구 및 정책의 기초 자료를 획득할 목적으로 한국교육개발원장이 교육과학기술부장관의 위탁을 받아 매년 실시한다. 이는 교육현황 전반을 포괄하는 통계정보를 산출, 보급하는 국가의 공식 통계사업으로 전국의 각급 학교, 사설 학원 및 교육행정기관 등을 대상으로 한다. 학교는 초중등교육법㉮ 제2조와 고등교육법 제2조의 규정에 의한 학교를 말하며 교육행정기관은 교육과학기술부와 그 소속기관, 서울특별시 및 광역시도 교육청(教育廳)과 그 소속기관, 시도의 하급 교육행정기관과 그 소속기관을 말한다. 조사 기간은 매년 3월 15일부터 6월 10일, 조사의 기준일은 매년 4월 1일로 하되 자료의 성격상 필요하다고 인정되는 경우에는 교육과학기술부장관이 이를 변경할 수 있다.

각주

♠ 통계조사의 추진 근거와 사업 목적

글꼴 : 굴림, 18pt, 흰색,
음영색 : 파랑

① 추진 근거
  (ㄱ) 통계법(2010년 3월 31일 일부 개정)
  (ㄴ) 교육기본통계조사에 관한 훈령
② 사업 목적
  (ㄱ) 교육통계조사 및 데이터베이스 구축
  (ㄴ) 교육정책 수립과 연구를 위한 기초 자료 제공

문단 번호 기능 사용,
왼쪽 여백 : 20pt(1수준),
30pt(2수준), 줄 간격 : 180%

♠ *기관별 주요 역할*

글꼴 : 굴림, 18pt,
기울임, 강조점

표 전체 글꼴 : 돋움, 10pt, 가운데 정렬,
셀 배경색(그러데이션) : 유형(수직),
시작색(흰색), 끝색(노랑)

기관명	주요 역할	세부 업무
교육과학기술부	사업 지원	기본 계획 수립 및 사업 관련 정책 설정
한국교육개발원	사업 주관	입출력 프로그램, 조사 지침 등 조사 도구 개발
시도 교육청		관할 기관 교육통계 담당자 연수
지역 교육청	조사 시행	지역 교육청 주요 업무 통계 조사
각급 학교		조사 결과 집계 및 검증

- 교육통계는 교육기본통계조사의 규정에 따라 수행되는 법정 통계이다.

교육통계서비스

글꼴 : 굴림, 25pt, 진하게,
장평 110%, 가운데 정렬

㉮ 교육기본법 제9조에 따라 초중등 교육에 관한 사항을 정함을 목적으로 하는 법령

쪽 번호 매기기
2로 시작 → - ② -

memo

ITQ 한글 최신 기출문제 3회

한글
2007/2010

과목	코드	문제유형	시험시간	수험번호	성명
아래한글	1111		60분		

수험자 유의 사항

- 수험자는 문제지를 받는 즉시 문제지와 **수험표상의 시험과목(프로그램), 버전이 동일한지 반드시 확인**하여야 합니다.

- 파일명은 본인의 "수험번호–성명"으로 입력하여 답안폴더(내문서₩ITQ₩)에 하나의 파일로 저장해야 하며, 답안문서 파일명이 "수험번호–성명"과 일치하지 않거나, 답안파일을 전송하지 않아 미제출로 처리될 경우 실격 처리합니다(예 : 내문서₩ITQ₩12345678–홍길동.hwp).

- 답안 작성을 마치면 파일을 저장하고, '답안 전송' 버튼을 선택하여 감독위원 PC로 답안을 전송하십시오. 수험생 정보와 저장한 파일명이 다를 경우 전송되지 않으므로 주의하시기 바랍니다.

- 답안 작성 중에도 **주기적으로 저장하고, '답안 전송'**하여야 문제 발생을 줄일 수 있습니다. 작업한 내용을 저장하지 않고 전송할 경우 이전에 저장된 내용이 전송되오니 이점 유의하시기 바랍니다.

- 답안문서는 지정된 경로 외의 다른 보조기억장치에 저장하는 경우, 지정된 시험 시간 외에 작성된 파일을 활용할 경우, 기타 통신수단(이메일, 메신저, 네트워크 등)을 이용하여 타인에게 전달 또는 외부 반출하는 경우는 부정 처리합니다.

- 시험 중 부주의 또는 고의로 시스템을 파손한 경우는 수험자가 변상해야 하며, 〈수험자 유의사항〉에 기재된 방법대로 이행하지 않아 생기는 불이익은 수험생 당사자의 책임임을 알려 드립니다.

- 시험을 완료한 수험자는 답안파일이 전송되었는지 확인한 후 감독위원의 지시에 따라 문제지를 제출하고 퇴실합니다.

답안 작성 요령

- 온라인 답안 작성 절차
  수험자 등록 ⇒ 시험 시작 ⇒ 답안파일 저장 ⇒ 답안 전송 ⇒ 시험 종료
- 공통 부문
  ○ 글꼴에 대한 기본설정은 바탕(또는 신명조), 10포인트, 검정, 줄간격 160%, 양쪽정렬로 합니다.
  ○ 각 문항에 주어진 ≪조건≫에 따라 작성하고 언급하지 않은 조건은 출력형태와 같이 작성합니다.
  ○ 용지여백은 왼쪽 · 오른쪽 11mm, 위쪽 · 아래쪽 · 머리말 · 꼬리말 10mm, 제본 0mm로 합니다.
  ○ 그림 삽입 문제의 경우 내문서₩ITQ₩Picture 폴더에서 지정된 파일을 선택하여 삽입하십시오.
  ○ 삽입한 그림은 반드시 문서에 포함하여 저장해야 합니다(미포함 시 감점 처리).
  ○ 각 항목은 지정된 페이지에 출력형태와 같이 정확히 작성하시기 바라며, 그렇지 않을 경우에 해당 항목은 0점 처리됩니다.
  ※ 페이지구분 : 1페이지 – 기능평가 I (1, 2번 문제번호 표시),
  　　　　　　　 2페이지 – 기능평가 II (3, 4번 문제번호 표시),
  　　　　　　　 3페이지 – 문서작성 능력평가
- 기능 평가
  ○ 문제와 ≪조건≫은 입력하지 않으며 문제번호와 답(≪출력형태≫)만 작성합니다.
  ○ 4번 문제는 묶기를 했을 경우 0점 처리됩니다.
- 문서 작성 능력 평가
  ○ A4 용지(210mm×297mm) 1매 크기, 세로 서식 문서로 작성합니다.
  ○ ▭ 표시는 문서 작성에 대한 지시 사항이므로 작성하지 않습니다.

kpc 한국생산성본부
KOREA PRODUCTIVITY CENTER

1. 다음의 ≪조건≫에 따라 스타일 기능을 적용하여 ≪출력 형태≫와 같이 작성하시오. (50점)

조건

   (1) 스타일 이름: leisure
   (2) 문단 모양: 왼쪽 여백: 15pt, 문단 아래 간격: 10pt
   (3) 글자 모양: 글꼴: 한글(궁서)/영문(돋움), 크기: 10pt, 장평: 95%, 자간: 5%

출력 형태

Leisure or free time, is a period of time spent out of work and essential domestic activity. Most people enjoy socializing with friends for dinner or a drink after a hard day at work.

풍요로운 생활과 함께 삶의 질적 수준을 높이고자 하는 현세대의 가치관과 맞물려 다양한 분야의 여가가 그 수요를 높이고 있다.

2. 다음의 ≪조건≫에 따라 ≪출력 형태≫와 같이 표와 차트를 작성하시오. (100점)

표 조건

   (1) 표 전체(표, 캡션): 돋움, 10pt
   (2) 정렬: 문자: 가운데 정렬, 숫자: 오른쪽 정렬
   (3) 셀 배경색: 노랑
   (4) 한글의 계산 기능을 이용하여 빈 칸에 합계를 구하고, 캡션 기능을 사용할 것
   (5) 선 모양은 ≪출력 형태≫와 동일하게 처리할 것

출력 형태

국내 여가활동 지출 현황(단위 : 백만 원)

구분	2008년	2009년	2010년	2011년	평균
문화/운동	1,037	1,260	1,149	1,356	
교육/종교	978	1,093	891	1,232	
취미	1,121	953	1,006	1,363	
기타	1,396	1,233	1,012	1,407	

(1) 차트 데이터는 표 내용에서 연도별 문화/운동, 교육/종교, 취미의 값만 이용할 것
(2) 종류: 〈묶은 세로 막대형〉으로 작업할 것
(3) 제목: 굴림, 진하게, 12pt, 배경 – 선 모양(한 줄로), 그림자(2pt)
(4) 제목 이외의 전체 글꼴: 굴림, 보통, 10pt
(5) 기타 나머지 사항은 ≪출력 형태≫와 동일하게 처리할 것

출력 형태

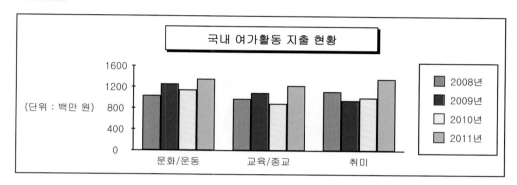

기능 평가 Ⅱ　　　　150점

3. 다음 (1), (2)의 수식을 수식 편집기로 각각 입력하시오. (40점)

출력 형태

(1) $\lim_{n \to \infty} (a_1 + a_2 + a_3 + \cdots + a_n) = \lim_{n \to \infty} \sum_{k=1}^{n} a_k$

(2) $\sqrt{a^2} = |a| = \begin{cases} a(a \geq 0) \\ -a(a < 0) \end{cases}$

4. 다음의 ≪조건≫에 따라 ≪출력 형태≫와 같이 문서를 작성하시오. (110점)

조건

(1) 그리기 도구를 이용하여 작성하고, 모든 도형(글맵시, 지정된 그림 포함)을 ≪출력 형태≫와 같이 작성하시오.
(2) 도형의 면 색은 지시 사항이 없으면 색 없음을 제외하고 서로 다르게 임의로 지정하시오.

출력 형태

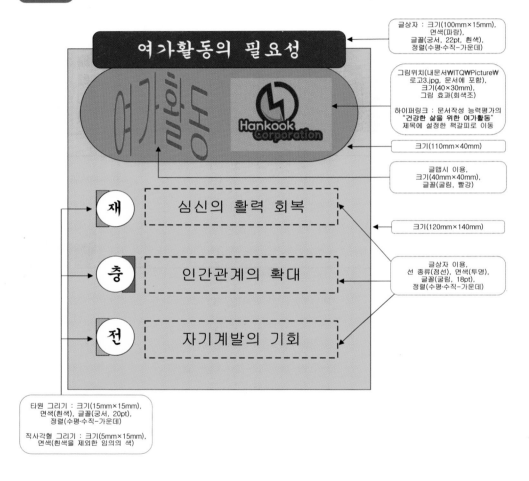

글상자 : 크기(100mm×15mm), 면색(파랑), 글꼴(궁서, 22pt, 흰색), 정렬(수평·수직-가운데)

그림위치(내문서₩ITQ₩Picture₩ 로고3.jpg, 문서에 포함), 크기(40×30mm), 그림 효과(회색조)

하이퍼링크 : 문서작성 능력평가의 "건강한 삶을 위한 여가활동" 제목에 설정한 책갈피로 이동

크기(110mm×40mm)

글맵시 이용, 크기(40mm×40mm), 글꼴(굴림, 빨강)

크기(120mm×140mm)

글상자 이용, 선 종류(점선), 면색(투명), 글꼴(굴림, 18pt), 정렬(수평·수직-가운데)

타원 그리기 : 크기(15mm×15mm), 면색(흰색), 글꼴(궁서, 20pt), 정렬(수평·수직-가운데)

직사각형 그리기 : 크기(5mm×15mm), 면색(흰색을 제외한 임의의 색)

문서 작성 능력 평가

200점

글꼴 : 돋움, 21pt, 진하게, 가운데 정렬,
책갈피 이름 : 여가활동, 덧말 넣기

머리말 기능
돋움, 10pt, 오른쪽 정렬 → 생활의 재충전

여유와 활력
건강한 삶을 위한 여가활동

문단 첫 글자 장식 기능
글꼴 : 돋움, 면색 : 노랑

각주

그림위치(내문서\ITQ\Picture\그림5.jpg, 문서에 포함)
자르기 기능 이용, 크기(35mm×35mm), 바깥 여백 왼쪽 : 2mm

일 을 하지 않는 여가에 이루어지는 활동을 여가활동이라고 한다. 즉 의무적인 행동이 아닌 남는 시간에 자유롭게 행하는 활동으로서 공연 관람 등의 문화생활, 배움을 목적으로 한 강좌 수강, 나눔을 위한 자원봉사㉮ 등 자신의 만족을 위한 자발적인 모든 것이 이에 포함된다. 고도의 경제 성장으로 선진국 진입의 발판이라는 1인당 국민소득(國民所得) 2만 달러 시대를 맞은 우리나라도 이제 이 여가활동이 국가 경쟁력의 핵심이 되고 있다. 여가는 노동과 대립되는 의미이지만 노동력을 향상시키기 위한 에너지를 재충전한다는 관점에서 상호 보완적 관계에 있다고도 할 수 있다.

산업 기술의 혁신과 노동 환경의 변화에 따라 육체적인 작업보다 정신적인 업무가 증가하면서 이에 수반되는 스트레스를 해소하고 마음의 여유와 생활의 활력을 찾기 위한 여가활동의 필요성도 점점 강조되고 있다. 풍요로운 생활과 함께 삶의 질적 수준을 높이고자 하는 현세대(現世代)의 가치관과 맞물려 다양한 분야의 여가가 그 수요를 높이고 있는 것이다. 개인의 삶의 질을 향상시키는 역할은 물론 국가 경쟁력을 키우는 핵심 국정 사안으로 인식되어 국가적 차원의 지원과 활성화가 이루어지기를 기대한다.

◆ 여가활동의 종류

글꼴 : 굴림, 18pt, 흰색,
음영색 : 파랑

A. 신체적 여가활동
　① 의의 : 현대인의 신체적 불균형 해소
　② 종류 : 등산, 하이킹, 캠핑, 야영, 각종 스포츠
B. 사회적 여가활동
　① 의의 : 인간성의 회복과 건전한 사회 풍토 조성
　② 종류 : 자원봉사, 캠페인 전개, 사회운동 참여

문단 번호 기능 사용,
왼쪽 여백 : 20pt(1수준),
30pt(2수준), 줄 간격 : 180%

◆ 여가활동별 유형 분석

글꼴 : 굴림, 18pt,
기울임, 강조점

표 전체 글꼴 : 돋움, 10pt, 가운데 정렬,
셀 배경색(그러데이션) : 유형(왼쪽 대각선),
시작색(흰색), 끝색(노랑)

구분		내용
탐구형	성향	분석적, 이지적, 독립적, 독창적, 개방적
	활동 예	아이디어 개발, 과학 실험, 곤충 채집, 조류 관찰, 바둑, 체스
예술형	성향	낭만적, 표현적, 직관적, 풍부한 상상력, 예민한 감수성
	활동 예	문화 공연 및 박물관/미술관 등 관람, 사진 찍기, 악기 연주
진취형	성향	열정적, 경쟁적, 낙천적, 사교적, 권력지향적
	활동 예	야외 스포츠, 일대일 운동 경기, 토론 참여, 사교 모임

- 개인적 성향에 맞거나 새롭게 도전하고 싶은 관심 분야의 여가활동을 권한다.

여가정책연구실

글꼴 : 궁서, 24pt, 진하게,
장평 110%, 가운데 정렬

㉮ 국가나 사회 또는 남을 위해 어떤 일을 자발적으로 참여하여 대가 없이 돕는 활동

쪽 번호 매기기
2로 시작 → - B -

memo

ITQ 한글 최신 기출문제 4회

		한글
		2007/2010

과목	코드	문제유형	시험시간	수험번호	성명
아래한글	1111		60분		

수험자 유의 사항

- 수험자는 문제지를 받는 즉시 문제지와 **수험표상의 시험과목(프로그램), 버전이 동일한지 반드시 확인**하여야 합니다.

- 파일명은 본인의 "수험번호-성명"으로 입력하여 답안폴더(내문서\ITQ\)에 하나의 파일로 저장해야 하며, 답안문서 파일명이 "수험번호-성명"과 일치하지 않거나, 답안파일을 전송하지 않아 미제출로 처리될 경우 실격 처리합니다(예 : 내문서\ITQ\12345678-홍길동.hwp).

- 답안 작성을 마치면 파일을 저장하고, '답안 전송' 버튼을 선택하여 감독위원 PC로 답안을 전송하십시오. 수험생 정보와 저장한 파일명이 다를 경우 전송되지 않으므로 주의하시기 바랍니다.

- 답안 작성 중에도 **주기적으로 저장하고, '답안 전송'**하여야 문제 발생을 줄일 수 있습니다. 작업한 내용을 저장하지 않고 전송할 경우 이전에 저장된 내용이 전송되오니 이점 유의하시기 바랍니다.

- 답안문서는 지정된 경로 외의 다른 보조기억장치에 저장하는 경우, 지정된 시험 시간 외에 작성된 파일을 활용할 경우, 기타 통신수단(이메일, 메신저, 네트워크 등)을 이용하여 타인에게 전달 또는 외부 반출하는 경우는 부정 처리합니다.

- 시험 중 부주의 또는 고의로 시스템을 파손한 경우는 수험자가 변상해야 하며, 〈수험자 유의사항〉에 기재된 방법대로 이행하지 않아 생기는 불이익은 수험생 당사자의 책임임을 알려 드립니다.

- 시험을 완료한 수험자는 답안파일이 전송되었는지 확인한 후 감독위원의 지시에 따라 문제지를 제출하고 퇴실합니다.

답안 작성 요령

- 온라인 답안 작성 절차
  수험자 등록 ⇒ 시험 시작 ⇒ 답안파일 저장 ⇒ 답안 전송 ⇒ 시험 종료
- 공통 부문
  ○ 글꼴에 대한 기본설정은 바탕(또는 신명조), 10포인트, 검정, 줄간격 160%, 양쪽정렬로 합니다.
  ○ 각 문항에 주어진 《조건》에 따라 작성하고 언급하지 않은 조건은 출력형태와 같이 작성합니다.
  ○ 용지여백은 왼쪽 · 오른쪽 11mm, 위쪽 · 아래쪽 · 머리말 · 꼬리말 10mm, 제본 0mm로 합니다.
  ○ 그림 삽입 문제의 경우 내문서\ITQ\Picture 폴더에서 지정된 파일을 선택하여 삽입하십시오.
  ○ 삽입한 그림은 반드시 문서에 포함하여 저장해야 합니다(미포함 시 감점 처리).
  ○ 각 항목은 지정된 페이지에 출력형태와 같이 정확히 작성하시기 바라며, 그렇지 않을 경우에 해당 항목은 0점 처리됩니다.
  ※ 페이지구분 : 1페이지 - 기능평가 I (1, 2번 문제번호 표시),
  　　　　　　　　2페이지 - 기능평가 II (3, 4번 문제번호 표시),
  　　　　　　　　3페이지 - 문서작성 능력평가
- 기능 평가
  ○ 문제와 《조건》은 입력하지 않으며 문제번호와 답(《출력형태》)만 작성합니다.
  ○ 4번 문제는 묶기를 했을 경우 0점 처리됩니다.
- 문서 작성 능력 평가
  ○ A4 용지(210mm×297mm) 1매 크기, 세로 서식 문서로 작성합니다.
  ○ ▭ 표시는 문서 작성에 대한 지시 사항이므로 작성하지 않습니다.

한국생산성본부
KOREA PRODUCTIVITY CENTER

1. 다음의 ≪조건≫에 따라 스타일 기능을 적용하여 ≪출력 형태≫와 같이 작성하시오. (50점)

조건

(1) 스타일 이름: ozone
(2) 문단 모양: 왼쪽 여백: 15pt, 문단 아래 간격: 10pt
(3) 글자 모양: 글꼴: 한글(돋움)/영문(궁서), 크기: 10pt, 장평: 105%, 자간: 5%

출력 형태

> Ground-level ozone is an air pollutant with harmful effects on the respiratory systems of animals.
>
> 대기오염주의경보제도는 대기오염이 현저해질 우려가 있는 지역에 단계적으로 내리는 경보로 우리나라에서는 대기환경보전법에 의해 1995년 7월 1일부터 서울을 시작으로 오존경보제가 도입되었다.

2. 다음의 ≪조건≫에 따라 ≪출력 형태≫와 같이 표와 차트를 작성하시오. (100점)

표 조건

(1) 표 전체(표, 캡션): 돋움, 10pt
(2) 정렬: 문자: 가운데 정렬, 숫자: 오른쪽 정렬
(3) 셀 배경색: 노랑
(4) 한글의 계산 기능을 이용하여 빈 칸에 합계를 구하고, 캡션 기능을 사용할 것
(5) 선 모양은 ≪출력 형태≫와 동일하게 처리할 것

출력 형태

도시별 오존 대기오염도(단위 : ppm)

구분	2011년 11월	2011년 12월	2012년 1월	2012년 2월	합계
서울	0.012	0.010	0.011	0.015	
부산	0.020	0.019	0.022	0.022	
광주	0.016	0.015	0.017	0.022	
대전	0.014	0.012	0.013	0.018	

(1) 차트 데이터는 표 내용에서 월별 서울, 부산, 광주의 값만 이용할 것
(2) 종류: 〈묶은 세로 막대형〉으로 작업할 것
(3) 제목: 궁서, 진하게, 12pt, 배경 – 선 모양(한 줄로), 그림자(2pt)
(4) 제목 이외의 전체 글꼴 – 궁서, 보통, 10pt
(5) 기타 나머지 사항은 ≪출력 형태≫와 동일하게 처리할 것

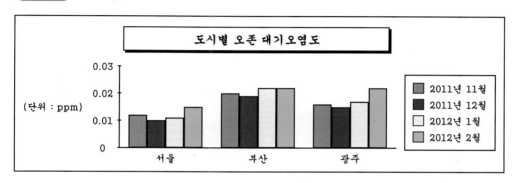

 기능 평가 Ⅱ   150점

3. 다음 (1), (2)의 수식을 수식 편집기로 각각 입력하시오. (40점)

(1) $\vec{F} = \dfrac{m(\vec{v_2} - \vec{v_1})}{\triangle t}$

(2) $\dfrac{x}{\sqrt{a} - \sqrt{b}} = \dfrac{x(\sqrt{a} + \sqrt{b})}{a - b}$

4. 다음의 ≪조건≫에 따라 ≪출력 형태≫와 같이 문서를 작성하시오. (110점)

조건

(1) 그리기 도구를 이용하여 작성하고, 모든 도형(글맵시, 지정된 그림 포함)을 ≪출력 형태≫와 같이 작성하시오.
(2) 도형의 면 색은 지시 사항이 없으면 색 없음을 제외하고 서로 다르게 임의로 지정하시오.

출력 형태

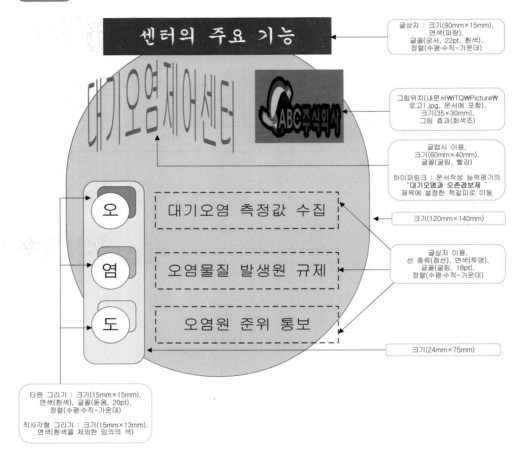

글상자 : 크기(90mm×15mm),
면색(파랑),
글꼴(궁서, 22pt, 흰색),
정렬(수평·수직-가운데)

그림위치(내문서₩ITQ₩Picture₩
로고1.jpg, 문서에 포함),
크기(35×30mm),
그림 효과(회색조)

글맵시 이용,
크기(60mm×40mm),
글꼴(굴림, 빨강)

하이퍼링크 : 문서작성 능력평가의
"대기오염과 오존경보제"
제목에 설정한 책갈피로 이동

크기(120mm×140mm)

글상자 이용,
선 종류(점선), 면색(투명),
글꼴(굴림, 18pt)
정렬(수평·수직-가운데)

크기(24mm×75mm)

타원 그리기 : 크기(15mm×15mm),
면색(흰색), 글꼴(돋움, 20pt),
정렬(수평·수직-가운데)

직사각형 그리기 : 크기(15mm×13mm),
면색(흰색을 제외한 임의의 색)

글꼴 : 궁서, 21pt, 진하게, 가운데 정렬,
책갈피 이름 : 오존경보제, 덧말 넣기

문단 첫 글자 장식 기능
글꼴 : 돋움, 면색 : 노랑

머리말 기능
돋움, 10pt, 오른쪽 정렬 → 대기오염의 영향

대기오염경보
대기오염과 오존경보제

그림위치(내문서\ITQ\Picture\그림4.jpg, 문서에 포함)
자르기 기능 이용, 크기(50mm×30mm), 바깥 여백 왼쪽 : 2mm

대　기오염주의경보제도는 대기오염이 현저해질 우려가 있는 지역에 단계적으로 내리는 경보(警報)로 미국에서는 로스앤젤레스의 대기오염통제국 시스템에 의해 1955년부터 실시되었다. 제1단계 경보는 안전하지만 예방 수단이 필요하다고 인정될 때, 제2단계는 초기적인 건강 피해의 발생 우려가 있을 때, 제3단계는 위험한 건강 피해의 발생 우려가 있을 때 발령되며 오염가스 대상은 일산화탄소, 질소산화물, 황산화물, 오존 등이다. [각주]

　우리나라에서는 대기환경보전법 제8조(대기오염경보)의 규정에 의해 1995년 7월 1일부터 서울을 시작으로 오존경보제가 도입되었다. 대기 중의 오존㉮ 농도(濃度)가 환경기준치를 초과하여 인체의 건강이나 동식물 등의 생태계에 중대한 위험을 초래할 것으로 판단될 경우 환경부가 대기오염경보를 발령하도록 한 것이다. 환경기준치는 1시간 평균치로 오존 0.1ppm 이하, 일산화탄소 25ppm 이하, 아황산가스 0.15ppm 이하 등이다. 오존 농도가 0.3ppm 이상일 때는 호흡기를 자극하고 가슴을 압박하며 0.5ppm 이상일 때는 폐의 기능이 저하되는 등 심각한 영향을 미치므로 자극에 민감한 호흡기 질환자나 노약자는 이러한 상황에 노출되지 않도록 주의해야 한다.

◆ **대기오염제어센터**

글꼴 : 굴림, 18pt, 흰색,
음영색 : 파랑

　1) 우리나라의 관련 기관
　　가) 환경부 산하 7개 지방환경관리청
　　나) 환경부 산하 6개 지방환경출장소
　2) 미국과 일본
　　가) 대표적 설치 지역 : 로스앤젤레스와 도쿄
　　나) 각 지점에 설치한 전광판으로 오염 준위 통보

문단 번호 기능 사용,
왼쪽 여백 : 20pt(1수준),
30pt(2수준), 줄 간격 : 180%

◆ *오염경보의 단계별 대책*

글꼴 : 굴림, 18pt,
기울임, 강조점

표 전체 글꼴 : 돋움, 10pt, 가운데 정렬,
셀 배경색(그러데이션) : 유형(왼쪽 대각선),
시작색(흰색), 끝색(노랑)

경보 단계	대책	비고
제1단계 경보	일반 진개소각로의 운용 중지	제3단계 경보 이후 재해법 발동
제1단계 경보	중요한 공장의 조업 정지 준비	제3단계 경보 이후 재해법 발동
제2단계 경보	공장의 조업 정지와 자동차 교통의 최소한의 규제	제3단계 경보 이후 재해법 발동
제3단계 경보	긴급 사용의 자동차에 한한 운행	제3단계 경보 이후 재해법 발동
제3단계 경보	대기오염방지위원회의 요청에 따라 긴급사태 선포	제3단계 경보 이후 재해법 발동

－ 지역별 대기오염 정도는 대기오염제어센터의 측정치를 참고한다.

대기오염제어센터

글꼴 : 궁서, 25pt, 진하게,
장평 110%, 가운데 정렬

㉮ 3개의 산소 원자로 이루어진 푸른빛의 산소 동소체

쪽 번호 매기기
2로 시작　　→ － B －

memo

ITQ 한글 최신 기출문제 5회

한글 2007/2010					

과목	코드	문제유형	시험시간	수험번호	성명
아래한글	1111		60분		

수험자 유의 사항

- 수험자는 문제지를 받는 즉시 문제지와 **수험표상의 시험과목(프로그램), 버전이 동일한지 반드시 확인**하여야 합니다.

- 파일명은 본인의 "수험번호—성명"으로 입력하여 답안폴더(내문서\ITQ\)에 하나의 파일로 저장해야 하며, 답안문서 파일명이 "수험번호—성명"과 일치하지 않거나, 답안파일을 전송하지 않아 미제출로 처리될 경우 실격 처리합니다(예 : 내문서\ITQ\12345678—홍길동.hwp).

- 답안 작성을 마치면 파일을 저장하고, '답안 전송' 버튼을 선택하여 감독위원 PC로 답안을 전송하십시오. 수험생 정보와 저장한 파일명이 다를 경우 전송되지 않으므로 주의하시기 바랍니다.

- 답안 작성 중에도 **주기적으로 저장하고, '답안 전송'**하여야 문제 발생을 줄일 수 있습니다. 작업한 내용을 저장하지 않고 전송할 경우 이전에 저장된 내용이 전송되오니 이점 유의하시기 바랍니다.

- 답안문서는 지정된 경로 외의 다른 보조기억장치에 저장하는 경우, 지정된 시험 시간 외에 작성된 파일을 활용할 경우, 기타 통신수단(이메일, 메신저, 네트워크 등)을 이용하여 타인에게 전달 또는 외부 반출하는 경우는 부정 처리합니다.

- 시험 중 부주의 또는 고의로 시스템을 파손한 경우는 수험자가 변상해야 하며, 〈수험자 유의사항〉에 기재된 방법대로 이행하지 않아 생기는 불이익은 수험생 당사자의 책임임을 알려 드립니다.

- 시험을 완료한 수험자는 답안파일이 전송되었는지 확인한 후 감독위원의 지시에 따라 문제지를 제출하고 퇴실합니다.

답안 작성 요령

- 온라인 답안 작성 절차
  수험자 등록 ⇒ 시험 시작 ⇒ 답안파일 저장 ⇒ 답안 전송 ⇒ 시험 종료
- 공통 부문
  ○ 글꼴에 대한 기본설정은 바탕(또는 신명조), 10포인트, 검정, 줄간격 160%, 양쪽정렬로 합니다.
  ○ 각 문항에 주어진 ≪조건≫에 따라 작성하고 언급하지 않은 조건은 출력형태와 같이 작성합니다.
  ○ 용지여백은 왼쪽 · 오른쪽 11mm, 위쪽 · 아래쪽 · 머리말 · 꼬리말 10mm, 제본 0mm로 합니다.
  ○ 그림 삽입 문제의 경우 내문서\ITQ\Picture 폴더에서 지정된 파일을 선택하여 삽입하십시오.
  ○ 삽입한 그림은 반드시 문서에 포함하여 저장해야 합니다(미포함 시 감점 처리).
  ○ 각 항목은 지정된 페이지에 출력형태와 같이 정확히 작성하시기 바라며, 그렇지 않을 경우에 해당 항목은 0점 처리됩니다.
  ※ 페이지구분 : 1페이지 – 기능평가 I (1, 2번 문제번호 표시),
  　　　　　　　 2페이지 – 기능평가 II (3, 4번 문제번호 표시),
  　　　　　　　 3페이지 – 문서작성 능력평가
- 기능 평가
  ○ 문제와 ≪조건≫은 입력하지 않으며 문제번호와 답(≪출력형태≫)만 작성합니다.
  ○ 4번 문제는 묶기를 했을 경우 0점 처리됩니다.
- 문서 작성 능력 평가
  ○ A4 용지(210mm×297mm) 1매 크기, 세로 서식 문서로 작성합니다.
  ○ ▢ 표시는 문서 작성에 대한 지시 사항이므로 작성하지 않습니다.

kpc 한국생산성본부
KOREA PRODUCTIVITY CENTER

기능 평가 I

150점

1. 다음의 ≪조건≫에 따라 스타일 기능을 적용하여 ≪출력 형태≫와 같이 작성하시오. (50점)

조건

(1) 스타일 이름: youth
(2) 문단 모양: 왼쪽 여백: 15pt, 문단 아래 간격: 10pt
(3) 글자 모양: 글꼴: 한글(돋움)/영문(굴림), 크기: 10pt, 장평: 97%, 자간: −5%

출력 형태

The Youth Media Center provides a variety of cultural understanding and international exchange programs for the youth of the multicultural era in order to support their growth as global citizens.

대한민국청소년미디어대전은 전국의 청소년들이 제작한 영상 콘텐츠를 매개로 청소년 문화의 공감대를 형성하고 소통과 교류의 장을 제공하기 위한 미디어 축제의 장이다.

2. 다음의 ≪조건≫에 따라 ≪출력 형태≫와 같이 표와 차트를 작성하시오. (100점)

표 조건

(1) 표 전체(표, 캡션): 돋움, 10pt
(2) 정렬: 문자: 가운데 정렬, 숫자: 오른쪽 정렬
(3) 셀 배경색: 노랑
(4) 한글의 계산 기능을 이용하여 빈 칸에 합계를 구하고, 캡션 기능을 사용할 것
(5) 선 모양은 ≪출력 형태≫와 동일하게 처리할 것

출력 형태

청소년의 주관적 정신건강 인지율(단위 : %)

구분	중학생(여)	중학생(남)	고등학생(여)	고등학생(남)	합계
2011년	62.9	73.1	56.7	70.3	
2010년	61.1	70.8	51.2	67.4	
2009년	64.2	70.5	53.5	67.8	
2008년	63.6	67.5	58.8	65.3	✕

(1) 차트 데이터는 표 내용에서 구분별 2011년, 2010년, 2009년의 값만 이용할 것
(2) 종류: 〈묶은 세로 막대형〉으로 작업할 것
(3) 제목: 궁서, 진하게, 12pt, 배경 – 선 모양(한 줄로), 그림자(2pt)
(4) 제목 이외의 전체 글꼴: 궁서, 보통, 10pt
(5) 기타 나머지 사항은 ≪출력 형태≫와 동일하게 처리할 것

출력 형태

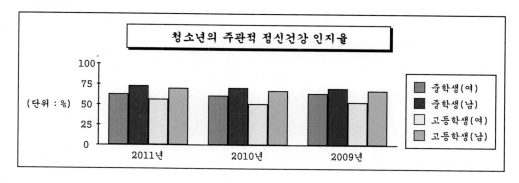

 기능 평가 Ⅱ   150점

3. 다음 (1), (2)의 수식을 수식 편집기로 각각 입력하시오. (40점)

출력 형태

(1) $\overline{AB} = \sqrt{(x_2 - x_1)^2 + (y_2 - y_1)^2}$ (2) $S_n = \dfrac{a(r^n - 1)}{r - 1} = \dfrac{a(1 + r^n)}{1 - r}(r \neq 1)$

4. 다음의 ≪조건≫에 따라 ≪출력 형태≫와 같이 문서를 작성하시오. (110점)

조건

(1) 그리기 도구를 이용하여 작성하고, 모든 도형(글맵시, 지정된 그림 포함)을 ≪출력 형태≫와 같이 작성하시오.

(2) 도형의 면 색은 지시 사항이 없으면 색 없음을 제외하고 서로 다르게 임의로 지정하시오.

출력 형태

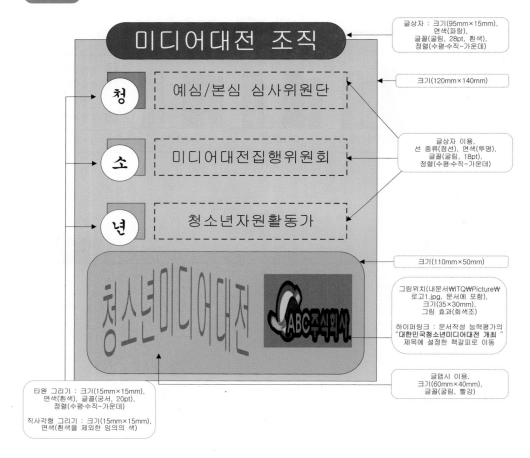

글상자 : 크기(95mm×15mm), 면색(파랑), 글꼴(굴림, 28pt, 흰색), 정렬(수평·수직-가운데)

크기(120mm×140mm)

글상자 이용, 선 종류(점선), 면색(투명), 글꼴(굴림, 18pt), 정렬(수평·수직-가운데)

크기(110mm×50mm)

그림위치(내문서₩ITQ₩Picture₩ 로고1.jpg, 문서에 포함), 크기(35×30mm), 그림 효과(회색조)

하이퍼링크 : 문서작성 능력평가의 "대한민국청소년미디어대전 개최 " 제목에 설정한 책갈피로 이동

글맵시 이용, 크기(60mm×40mm), 글꼴(굴림, 빨강)

타원 그리기 : 크기(15mm×15mm), 면색(흰색), 글꼴(궁서, 20pt), 정렬(수평·수직-가운데)

직사각형 그리기 : 크기(15mm×15mm), 면색(흰색을 제외한 임의의 색)

문서 작성 능력 평가

200점

글꼴 : 궁서, 20pt, 진하게, 가운데 정렬,
책갈피 이름 : 미디어대전, 덧말 넣기

머리말 기능
돋움, 10pt, 오른쪽 정렬 ──► 미래의 꿈나무

청소년과 미디어
대한민국청소년미디어대전 개최

문단 첫 글자 장식 기능
글꼴 : 돋움, 면색 : 노랑

그림위치(내문서₩ITQ₩Picture₩그림4.jpg, 문서에 포함)
자르기 기능 이용, 크기(40mm×40mm), 바깥 여백 왼쪽 : 2mm

청 소년은 미래를 이끌어 갈 주역(主役)이라는 사실을 모르는 이는 없을 것이다. 그 만큼 당연한 말이기에 더 이상 강조할 필요가 없을 정도이다. 이렇게 우리의 꿈 나무로 건강하게 자라나야 할 청소년들이 미디어의 홍수 속에서 유해한 정보와 부적절한 환경에 노출되어 이를 무분별하게 수용하는 가운데 인터넷 중독과 같은 부작용이 발생하고 있다. 심각한 사회 문제로 대두되고 있는 이 같은 문제를 해결하기 위해서는 건전한 미디어 환경을 조성하고 이를 올바르게 사용하도록 지도하는 사회적 제도가 필수적으로 마련되어야 할 것이다.

각주

제12회 대한민국청소년미디어대전㉮은 이러한 제도적 수반의 필요성을 일깨우고, 바람직한 미디어 활용에 대한 분위기를 조성함과 동시에 그 방법을 제시하기 위한 축제의 장이다. 전국의 청소년들이 제작한 영상 콘텐츠를 매개로 청소년 문화의 공감대를 형성하는 본 대전은 영상 미디어를 통해 청소년들의 소통과 교류(交流)의 장을 제공하고 영상 교육과 참여 문화의 발전을 도모하며, 이를 통해 세상에 대한 이해를 넓혀 가는 데에 그 목적이 있다. 관심 있는 청소년들의 많은 참여를 바란다.

◆ 행사 개요 ◀──
글꼴 : 굴림, 18pt, 흰색,
음영색 : 파랑

   A. 일시 및 장소

     ① 일시 : 2012년 10월 27일부터 28일까지

     ② 장소 : 금나래아트홀(금천구청)

   B. 주최 및 주관

     ① 주최 : 서울특별시

     ② 주관 : 서울시립청소년미디어센터, 금천구청

문단 번호 기능 사용,
왼쪽 여백 : 20pt(1수준),
30pt(2수준), 줄 간격 : 180%

표 전체 글꼴 : 돋움, 10pt, 가운데 정렬,
셀 배경색(그러데이션) : 유형(왼쪽 대각선),
시작색(흰색), 끝색(노랑)

◆ 청소년미디어대전 시상 내용 ◀──
글꼴 : 굴림, 18pt,
기울임, 강조점

구분		시상 내역	수여
영상 부문	본상	대상, 최우수상(3편), 우수상(5편)	서울특별시장상, 행정안전부장관상 등
	입선 및 특별상	관객상, 심사위원특별상, 네티즌상 등	금천구청, 한국영화배우협회 등
사진 부문	본상	대상, 최우수상, 우수상	여성가족부장관상, 청예단상 등
	입선 및 특별상	인기상, 본선 입선	후원 기업 등

- 작품의 형식은 참가 대상인 청소년 본인이 제작한 모든 영상과 사진을 대상으로 한다.

글꼴 : 궁서, 20pt, 진하게,
장평 110%, 가운데 정렬

서울시립청소년미디어센터 ◀

㉮ 만 19세 이하인 대한민국 청소년의 개인 및 팀 단위 참가 가능

쪽 번호 매기기
2로 시작 ──► - B -

359

스타트업 ITQ 한글 2010

Information Technology Qualification

"ITQ 시험 준비를 위한 완벽 대비서"

1 검정 기준과 동일한 예제로 쉽게 따라 해보기
합격 필수 요소로 구성된 쉽고 알찬 따라 하기 예제

2 현장 경험을 토대로 한 사용자 눈높이의 교수 학습으로 전개
수업 현장에서 얻은 경험을 토대로 초보자의 입장과 상황을 고려한 책 구성

3 감점되기 쉬운 부분 알아보기로 A등급
직접 ITQ 시험 감독을 하면서 얻은 합격 노하우를 콕 집어넣은 TIP

4 매 챕터마다 연습문제와 학습정리로 학습을 더욱 단단하게
다양한 예제와 학습정리를 통해 학습 흐름을 파악할 수 있게 구성

5 풀이 과정을 상세하고 깔끔하게 설명
시험에서 많이 틀리는 부분도 상세하게 기록된 내용별 풀이 과정

Contents

ITQ HANGUL

정가 13,000 원

9 788982 417962   13000

ISBN 978-89-8241-796-2 13000

취업상식 100개월 베스트셀러 1위!
취업 상식·논술·면접·교양을 위한 최적의 선택!

취업에 강한

에듀윌 시사상식

2023 04

April

COVER STORY

국민의힘 신임 당 대표에 김기현
한국 반도체 '사면초가'

'아들 학폭' 정순신 임명 취소
정부, 강제징용 피해 배상 해법 발표
한국, WBC 3회 연속 1라운드 탈락
코리아 헤럴드·대전 MBC
러시아-우크라이나 전쟁 1년
CBDC를 도입해야 하는가
일본, 적이거나 이웃이거나

eduwill

매달 업데이트!
에듀윌 최신 시사상식 무료강의

☑ **이종학 교수의 합격에 필요한 상식 강의**

• 정치·경제·사회 등 분야별 이슈를 명쾌하게!
• 시험에 나오는 이슈와 상식만 빠르게!

☑ **무료강의 수강 경로**

• 에듀윌 도서몰(book.eduwill.net) > 동영상강의실 Click
• 에듀윌 시사상식 앱 다운로드 > 동영상강의 Click

| 수강경로

| 에듀윌 도서몰(book.eduwill.net) 로그인 | ▶ | 동영상강의실 클릭 | ▶ | 시사/일반상식 클릭 |

※ 강의는 매월 업데이트됩니다.

무료특강
수강신청

누적 판매량 66만 부 돌파
상식 베스트셀러 1위 1,076회 달성

수많은 취준생이 선택한
에듀윌 상식 교재 막강 라인업!

[월간] 취업에 강한 에듀윌 시사상식

多통하는 일반상식 통합대비서

공기업기출 일반상식

기출 금융경제 상식

언론사 기출 최신 일반상식

하루아침에 완성되지 않는 상식, 에듀윌 시사상식 정기구독이 답!

정기구독 신청 시 10% 할인

매월 자동 결제
정가 10,000원   9,000원

6개월 한 번에 결제
정가 60,000원   54,000원

12개월 한 번에 결제
정가 120,000원   108,000원

도서정가 및 정기구독료 변경 안내

2023년 5월 25일부터 <에듀윌 시사상식> 정가 및 정기구독료가 아래와 같이 변경됩니다.

정가 변경(2023년 6월호부터) 정가 10,000원 ▶ 12,000원
6개월 정기구독 정가 60,000원 ▶ 72,000원
12개월 정기구독 정가 120,000원 ▶ 144,000원

※ 정기구독 시 위 정가의 10% 할인 혜택은 유지됩니다.

더 나은 상식 콘텐츠로 보답하겠습니다.

정기구독 신청 방법

인터넷
에듀윌 도서몰(book.eduwill.net) 접속 ▶
시사상식 정기구독 신청 ▶
매월 자동 결제 or 6개월/12개월 한 번에 결제

전화
02-397-0178
(평일 09:30~18:00 / 토·일·공휴일 휴무)

입금계좌
국민은행 873201-04-208883 (예금주 : 에듀윌)

정기구독 신청·혜택
바로가기

· 정기구독 시 매달 배송비가 무료입니다.
· 구독 중 정가가 올라도 추가 부담 없이 이용하실 수 있습니다.
· '매월 자동 결제'는 매달 20일 카카오페이로 자동 결제되며, 6개월/12개월/무기한 기간 설정이 가능합니다.